Günter und Luise Auferbauer

100 Ausflüge um Graz

Band West • Vom Weinland zum Dachstein

Touren 51–100

Günter und Luise Auferbauer

100 Ausflüge um Graz

Band West
Vom Weinland zum Dachstein

Touren 51–100

Wandern mit Bus und Bahn

Herausgegeben in Zusammenarbeit mit der Steirischen Verkehrsverbund GmbH

VERBUND LINIE

:STYRIA

Fotos:
Günter Auferbauer
Kodak Retina IIc und Leica R5

Streckenprofile:
Günter Auferbauer
Maßstab 1:200.000 (1 cm = 2 km)

Wanderkarten:
Auf Grundlage der ÖK
Maßstab 1:50.000 (1 cm = 500 m)
© BEV – 2009, vervielfältigt mit Genehmigung des BEV – Bundesamtes für Eich- und Vermessungswesen in Wien, EB 2005/00687
Übersichtskarte Vorsatz:
© Freytag-Berndt u. Artaria, 1230 Wien
4., völlig neu gestaltete Auflage 2009

Layout und Produktion:
Helmut Lenhart
Projektleitung: Anneliese Kainer
Druck: Ueberreuter Print GmbH, Korneuburg

ISBN 978-3-222-13241-4

Titelfoto:
Schloss Hollenegg (Tour 65)

Titel-Bildleiste:
Lipizzanergestüt Piber (Tour 62)
Von der Wiesenmahd zu den Gamskögeln (Tour 98)
Packer Stausee (Touren 70, 71)
Weinried Zieregg (Tour 53)

Umschlagklappe vorne:
Karte mit allen 100 Ausflügen (Band 1 und Band 2)

Umschlagklappe hinten:
Ausklang nach steirischer Art:
Am Dachstein (Tour 100).

Bild auf Seite 1:
Am Hitzendorfer Schlösserweg (Tour 75)

Bild auf Seite 2:
Ein steirisches Wahrzeichen:
Der Klapotetz beim Moserhof (Tour 51).

Inhalt

Symbol-Erläuterung

- • Gehzeit bis zu 3 Stunden
- •• Gehzeit bis zu 4 Stunden
- ••• Gehzeit bis zu 5 Stunden und länger

Südsteirisches Weinland

Weststeirisches Berg- und Hügelland

Grazer Umland

Alle beschriebenen Wanderstrecken wurden von den Autoren persönlich begangen, und sämtliche Touren wurden nach bestem Wissen und Gewissen ausgearbeitet.

Vorwort

Wer im Großraum Graz wohnt, darf punkto Ausflugs-Tourismus auf glückhafte Umstände vertrauen. Folgender Vorteil steht im Vordergrund: Innerhalb eines Radius von rund einhundert Kilometern gibt es so viele Ausflugsziele, dass zehn Menschenleben nicht ausreichen, sie alle zu erkunden.
Als ein ähnlich gewichtiges Argument ist die verlässliche Verfügbarkeit des Erholungsraumes zu bewerten: Jede der vier Jahreszeiten ermöglicht Ausflüge um Graz.
Zögerliche Gäste mögen sich ermutigen lassen. Faktisch ganzjährig stehen Ausflugsziele jeder Dimension zur Verfügung. Die vom Steirischen Rebenland bis in die hochalpine Region des Dachstein-Massivs reichende Vielzahl an Pfaden, Steigen und Wegen spiegelt die für die Steiermark landesweit typische „Harmonie der Kontraste“ wider.
Damit untrennbar verbunden sind der hohe Erlebniswert und der ebenso verlässlich anhaltende Erholungswert; beide Werte sind der Hauptinhalt jedes Ausfluges.
Freilich beeinflussen Trends die Zielauswahl; auch gibt es sogenannte „Klassiker“. Deren Bereiche liegen im Nah-Erholungsbereich westwärts der Landeshauptstadt Graz ebenso wie im Weststeirischen Hügelland, im Südsteirischen Weinland, am Südsteirischen Grenzkamm, in den waldreichen Landschaften der Koralpe sowie in den hohen Almen der Stubalpe und der Gleinalpe. Ausflüge um Graz erstrecken sich, nicht zuletzt dank zügiger Mobilität von Bus und Bahn, auch in die Umgebung der Bezirksstädte Bruck an der Mur und Leoben sowie außerdem in die Hochschwabgruppe.
Erst recht verlockt das Relief der Niederen Tauern: Insbesondere die Umgebungsbereiche des Lachtals, des Schoberpasses und der Rottenmanner Hütte ziehen Tages-Ausflugsgäste aus dem Grazer Raum an. Schließlich gipfelt die Auswahl der „100 Ausflüge um Graz“ unter dem Himmel des Hohen Dachsteins.
Alle diese Ziele eint dasselbe Prädikat: „Erlebenswert!“
Jeder Ausflug enthält Merkmale des Neuen. Das Neue wird von der Einheit „Land und Leute“ be-

einflusst, auch vom wechselhaften Zusammenspiel aus Wind, Wetter und Witterung. Jedoch das wahre Neue entsteht wortecht Schritt-weise.
Der Vergleich macht sichtbar: Am selben Ort und an derselben Stelle gleicht kein Ausflug dem anderen. Denn die *objektiven* Faktoren – wie insbesondere Informationswert, Landschaftsstimmung, Wegverhältnisse, Zeitpunkt – und die *subjektiven* Faktoren – wie beispielsweise Emotion, Freundeskreis, Gehrichtung, Interessens-Sphären, Kommunikation, Kondition, Tagesverfassung – prägen gemeinsam den Ablauf eines jeden Ausfluges. Aus diesem Zusammenspiel entsteht Nachhaltigkeit. Sie ist der wahre – „innere" – Wert jedes Ausfluges. Er motiviert den Menschen, „naturnahe Ziele aus eigener Kraft zu erreichen".
Seit jüngerer Zeit beeinflusst ein neuer Fakt die Wertschätzung: Die Logistik dominiert zunehmend als Auswahlkriterium. In gleichem Aufschwung prosperiert das Reisen auf der „Freizeit-Schiene", konkret das „Wandern mit Bus und Bahn".
Ausflugsziele gibt es sonder Zahl. Jedes Ziel ist würdig, in angemessenem Umfang dargestellt zu werden. Aus diesem Grund teilen sich die „100 Ausflüge um Graz" in einen Band Ost und in den hiermit vorliegenden Band West: Darin animieren die Touren 51 bis 100 zu Ausflugs-Träumen und Ausflugs-Räumen, welche großteils westlich der Mur liegen. Einige der Ausflugsziele sind aus der Obersteiermark erreichbar.
Es heißt nicht von ungefähr, „mit dem Essen wächst der Appetit". Dieser darf anwachsen: Wandern und Rasten sind untrennbar verbunden; es mangelt weder an Erlebnispunkten noch an Einkehrstätten.
Zu allen „Ausflügen um Graz" wünschen wir viel Freude!

Günter und Luise Auferbauer

Graz, im Frühjahr 2009

Die Autoren: Luise und Günter Auferbauer.

Bitte einsteigen

zum „Wandern mit Bus und Bahn“

Logistik ist das Um und Auf. An dieser Prämisse führt auch keine Wanderung vorbei. Aktuelle Bewusstseins-Standards, wie insbesondere jene bezüglich Energie, Kostenwahrheit, Sicherheit und Umwelt, beeinflussen zunehmend das Reise-Verhalten.

Dieseltriebwagenzug „Desiro“: Aufschwung für die Ostbahn.

Goutiert werden im Tages-Ausflugsverkehr Auto-Fahrzeiten bis zu eineinhalb Stunden. Bevorzugt werden Fahrtstrecken innerhalb eines Radius von einer Stunde Fahrzeit.

Annähernd in jenem Maß, wie längere Reisestrecken zunehmend vermieden werden, erhöht sich die Akzeptanz für „Wandern mit Bus und Bahn“. Diese Reise-Philosophie gewinnt an Zuspruch; dies lässt sich anhand der vom Steirischen Verkehrsverbund aufgelegten Serien nachweisen: Die Nachfrage an den Verbund-Wanderfoldern und Verbund-Freizeitbroschüren ist groß und die Tendenz der Nachfrage steigend. Einer der Hauptgründe wurzelt in der Erkenntnis:

„Wandern mit Bus und Bahn“ fördert die Geselligkeit.

Auf das Vorurteil heißt die Antwort „jein“

Weit verbreitet ist der vorgefasste Eindruck: Fahrten mit öffentlichen Verkehrsmitteln dauern länger. Die Antwort lautet schlicht: „jein“.

Dieses Vorurteil – es entspringt den im Unterbewusstsein abgespeicherten Erfahrungen – trifft insofern zu, wenn Haltestellen und Bahnhöfe abseits liegen vom individuell erwählten Startpunkt bzw. Zielpunkt. Der Umstand, dass es im ÖV-System schmerzhafte Schwachstellen gibt, hält das Produzieren solcher Vorurteile in Schwung.

Dennoch keimt Hoffnung: Das übergeordnete Ziel, ein bundesweit tadellos funktionierendes „Bus-und-Bahn-Verbundsystem“ einzurichten, wird – endlich – politisch ernstgenommen.

Unser Lösungs-Vorschlag: „Nutze das aktuelle ÖV-Angebot“

Es ist müßig, nicht vorhandene Buslinien bzw. man-

gelnde Bus-Bahn-Umsteige-Verbindungen zu monieren.
Vielmehr ist es zielführend, die im aktuellen Fahrplan angebotenen Leistungen wahrzunehmen. Das heißt, man plant „Ausflüge mit Bus und Bahn" bzw. mit dem Öffentlichen Verkehr (ÖV) auf Grundlage der realen Bus- und Zugsverbindungen. Demzufolge heißt der Leitgedanke:
„Nutze das aktuelle ÖV-Angebot."

Stark im Aufwind: Wandern mit Bus und Bahn.

Ziel-Auswahl für „Wandern mit Bus und Bahn"
Auf mehreren Auswahl-Ebenen lassen sich Ziele finden, welche im Sinne der Logistik-Philosophie „Wandern mit Bus und Bahn" erreichbar sind.

Der vorliegende „Band West" bietet eine einfache Lösung:
Zu jeder Tour gibt es ein Streckenprofil. Ist darin ein Haltestellen-Symbol eingefügt, kann die Anreise bzw. die Rückreise per Bahn oder per Bus erfolgen.
Das ÖV-Angebot ist oft besser als angenommen: Sogar in der Einschicht liegende Zielgebiete sind per Bus erreichbar. Dies setzt jedoch in manchen Fällen voraus, dass man sich auf einen speziell dem ***Schülerverkehr*** dienenden Fahrplan anpassen muss.
Nutzt man schließlich für „Wandern mit Bus und Bahn" alle Fahrplanangebote in geschickter Weise aus, erweitert sich der Aktionsradius bis in sogenannte „versteckte Winkel".

Bahnhaltestelle Prenning an der Übelbacher Bahn.

www.verbundlinie.at
Die Homepage des Steirischen Verkehrsverbundes ist der landesweit beste Schlüssel zu touristisch relevanten Bus- und Bahnverbindungen.

Internet-Fahrplanauskunft
www.busbahnbim.at
Das österreichweit modernste Auskunftssystem.
Alle Linien der in der Steiermark nutzbaren öffentlichen Verkehrsmittel (Bus, Tram, Anrufbus, Zug) sind in dieses System integriert.
Das sind die zwei wichtigsten Fahrplanprodukte:

- ***Online-Fahrplanauskunft „von Tür zu Tür":*** Nach der Eingabe von Start- und Zielort (wahlweise von

Haltestelle zu Haltestelle oder von Adresse zu Adresse) werden – landesweit für die Steiermark – alle Verbindungen, welche vom Reise-Startpunkt zum Reise-Zielpunkt führen, aufgelistet. Jeweils samt allen wichtigen Zusatzinformationen, wie beispielsweise detaillierte Abfahrts- und Ankunftszeiten, die Gesamtdauer der Reise, der Zeitbedarf auf dem Fußweg zur Haltestelle bzw. in Umsteigebereichen, die Anzahl der Tarifzonen. Auch Stadtpläne bzw. Ortspläne sind eingefügt.
Auf Mausklick wird ebenso die umgekehrte Reiserichtung dargestellt.

Das jüngste Rollmaterial der Österreichischen Bundesbahnen (ÖBB) für den Nahverkehr.

• ***Linienfahrpläne:*** Für jede Buslinie und jede Bahnlinie steht der jeweils gesamte Linienfahrplan mit allen Haltestellen als PDF zur Verfügung und kann ausgedruckt werden.
Ebenso ersichtlich sind Anschlüsse zu weiterführenden Linien.

Mobil Zentral in Graz
Bus&Bahn, Fahrkartenverkauf, Mobilitätsberatung, Fahrrad(anhänger)verleih.
Alle Informationen zu Fahrplänen und Tickets.
Graz, Jakoministraße 1

Bürozeiten		***Telefondienst***	
Mo–Fr	8–18 Uhr	Mo–Fr	7–19 Uhr
Sa	9–13 Uhr	Sa	9–13 Uhr

Tel. 050-678910 (aus dem Festnetz zum Ortstarif)
E-Mail: service@mobilzentral.at
www.mobilzentral.at

Zusammenfassung
Die im vorliegenden „Band West" dargestellten „Ausflüge um Graz" basieren auf ausgewählten, allesamt empfehlenswerten Wege-Kombinationen. Viele Ausflüge sind geeignet für das „Wandern mit Bus und Bahn".
Wer aus dem Großraum Graz ausschwärmen und sein Zielgebiet in umweltfreundlichem Stil kennenlernen will, lehnt sich bereits im voraus zurück: Wandern mit Bus und Bahn wirkt entspannend.
Bitte einsteigen!

Ihre
VERBUND LINIE

Die Verkehrsverbund-Folder

Der Steirische Verkehrsverbund ist der Herausgeber zweier Folder-Serien. Unter *www.verbundlinie.at* sind alle Wanderfolder und alle Freizeit-Broschüren aufgelistet und zum Download bereit gestellt. Die Wanderfolder und Freizeit-Broschüren sind kostenlos erhältlich und auch der Versand erfolgt kostenlos. Ausgabe und Bestellung bei Mobil Zentral.

Serie „Wandern mit Bus und Bahn"
Derzeit liegen 38 Wanderfolder auf. Jeder Folder (Umfang 6–8 Seiten) enthält eine genau beschriebene Wanderstrecke, samt Kartenausschnitt und mit allen wichtigen Informationen einschließlich Einkehrstätten.

Serie „Freizeit-Broschüren"
Ab dem Frühjahr 2009 liegen 14 Ausgaben auf, womit rund zwei Drittel des steirischen Bahnnetzes abgedeckt sind. Die Freizeit-Broschüren (Umfang bis zu 64 Seiten) enthalten Radtouren und Wanderwege, außerdem Spaziergänge zu ebenfalls bahnnahen Erlebnispunkten. Alle Rad- und Fußwege – sie verlaufen von Bahnstation zu Bahnstation – sind mit allen wichtigen Zusatzinformationen beschrieben sowie auf Kartenausschnitten dargestellt.

Entspannend: Reisen auf der „Freizeit-Schiene"

Reale „Zugkunft" bei Wettmannstätten: Stockwagenzug der GKB-Wieserbahn auf der Trasse der Koralmbahn.

Die „Verbund Linie“ – der Verkehrsverbund Steiermark

Züge der GKB bedienen fleißig die Weststeiermark.

Am 28. Februar 1994 startete der Verkehrsverbund vorerst im Großraum Graz. Die Ausweitung auf die gesamte Steiermark erfolgte mit 1. März 1997. Seither können alle Steirerinnen und Steirer ein landesweit einheitlich strukturiertes und dazu einfach anwendbares Tarifsystem in Anspruch nehmen.

Verbundpartner
Mehr als 60 Verkehrsunternehmen sind steiermarkweit Partner im Verkehrsverbund, darunter die Grazer Verkehrsbetriebe (GVB), die Österreichischen Bundesbahnen (ÖBB) mit ihrer Personenverkehrs-AG, die Graz-Köflacher Bahn und Busbetrieb GmbH (GKB), die ÖBB-Postbus GmbH, die Steiermärkischen Landesbahnen (STLB) und viele private Busunternehmen, darunter die für den Grazer Raum wichtigen Firmen Gruber, Grünerbus, Niederl, Tropper, Watzke und Weiss.
Finanziert wird der Verkehrsverbund vom Bund, dem Land Steiermark und der Stadt Graz.

Zonen und Zeit bilden den Fahrpreis
Die gesamte Steiermark ist in Tarifzonen eingeteilt. Der Fahrpreis richtet sich nach der Anzahl der befahrenen Zonen und nach der Zeit, in der Sie das Angebot nützen wollen. Die Palette reicht von der 1-Stunden-Karte für eine Zone bis zur Jahreskarte.

Die System-Vorzüge
- In jeder Zone, für welche das gelöste Ticket gilt, können alle öffentlichen Verkehrsmittel benützt werden. Innerhalb der Geltungsdauer und Zone(n) kann man beliebig oft „kreuz und quer“ oder „hin und zurück“ fahren.
- Die Verbundfahrkarten sind übertragbar. Halbjahres- und Jahreskarten gibt es wahlweise auch in persönlicher Form mit Foto.
- Die Fahrpreise bei den Zeitkarten (Wochen-, Monats-, Halbjahres- und Jahreskarten) sind im Vergleich zu anderen Landeshauptstädten sehr niedrig.
- Die Zeitkarten weisen ein sogenanntes „Fließdatum“ auf. Das heißt, dass Sie den Beginn der Geltungsdauer selbst bestimmen. Wochenkarten sind also nicht an eine Kalenderwoche und Monatskarten nicht an einen Kalendermonat gebunden.

Zügig auf Schiene: Die Steiermärkischen Landesbahnen.

Die Fahrkarten:

- Stundenkarten sind in Tram und Bus, an Bahnhöfen und Fahrkartenautomaten sowie im Mobilitätszentrum Graz, Jakoministraße 1, erhältlich.
  In den GVB-Fahrzeugen erhalten Sie ausschließlich Stundenkarten für die Zone 101 (Graz); diese Karten – gültig eine Stunde lang im Liniennetz der Verbundzone 101 – entwerten Sie bitte unmittelbar nach Fahrtbeginn beim Entwerter im Fahrzeug.
- Die 10-Zonen-Karte (auch als „Stundenkarte auf Vorrat" in der gesamten Steiermark nutzbar) erhalten Sie bei allen GVB-Vorverkaufsstellen, an Bahnhöfen, bei Fahrkartenautomaten und bei wichtigen Trafiken in der Region.
  Achtung: Achten Sie auf den „Trick mit dem Knick"! Entwerten Sie die Karte in aufsteigender Richtung (wie die Pfeile) und ab dem Feld Nummer eins.
  Fahren Sie beispielsweise drei Zonen weit, dann entwerten Sie bitte bei einer neuen Karte das dritte Feld. Beachten Sie bitte: Durch den Stempelaufdruck gelten das abgestempelte Feld und alle Felder mit niedrigerer Nummer als entwertet.
- Die 24-Stunden-Karte gilt ab der Entwertung 24 Stunden. Diese Karten sind ideal bei langen Einkäufen oder für die Freizeit. Für die Zone 101 (Großraum Graz) erhalten Sie die 24-Stunden-Karte in der Tram und im Stadtbus. An Bahnhöfen, Fahrkartenautomaten und in Regionalbussen können Sie 24-Stunden-Karten für beliebige Zonen erwerben.
- Wochen- und Monatskarten für die Zone 101 (Großraum Graz) gibt es im Vorverkauf, für die übrige Steiermark in Regionalbussen und an Bahnhöfen. Das gesamte Fahrkarten-Sortiment inklusive Halbjahres- und Jahreskarten ist auch im Mobilitätszentrum Graz, Jakoministraße 1, erhältlich.
- Die für den Stadtverkehr gültigen Verbund-Tickets sind mit weiterführenden Fahrkarten vorteilhaft ergänzbar. Das heißt, eine Bahn- oder Busfahrkarte muss erst ab jener Zone hinzugekauft werden, wo der Gültigkeitsbereich des im Stadtverkehr benutzten Verbund-Tickets endet. Ein Beispiel aus der Verbundzone 101 Graz: Von zu Hause fährt man mit dem Verbund-Ticket (Stundenkarte, Senioren-Streifenkarte, 10-Zonen-Karte, Wochenkarte o. ä.) zum Hauptbahnhof. Für die anschließende Strecke kauft man ein Verbund-Ticket ab der Zonengrenze 101 hinzu. Wer in Richtung Bruck an der Mur fährt, löst ein weiterführendes Ticket ab der Bahnstation Judendorf-Straßengel (Zonengrenze). Es ist also vorteilhaft, beim Kauf eines weiterführenden Tickets am ÖBB-Schalter auf ein bereits vorhandenes Verbund-Ticket hinzuweisen.

Viel Spaß
im Netz der „Verbund Linie"

Züge der Übelbacher Bahn verkehren auch ab Graz Hauptbahnhof.

Im Aufwind: Wandern mit der Gleichenberger Bahn. (Siehe Band Ost.)

Drehscheibe im steirischen Zentralraum für den Nah- und Fernverkehr: Graz Hauptbahnhof.

Das Rückgrat im Öffentlichen Verkehr (ÖV): Die „starken Linien"

Jene Bus- und Bahnlinien, welche täglich – oder zumindest saisonal – gut bedient werden, heißen im Verkehrs-Fachjargon „starke Linien".
Grundsätzlich sind alle Bahnlinien gleichermaßen stark. Die Züge verkehren kontinuierlich auch an Wochenenden und Feiertagen. Diese schätzenswerte Kontinuität stützt ganzjährig den Ausflugsverkehr. Hingegen schwankt innerhalb der Buslinien die touristische Nutzbarkeit erheblich.

Alle Buslinien und alle Bahnlinien werden auch in der Gegenrichtung bedient.

Bahnlinien mit Schnellzug- und REX-Verkehr

250 Schoberpass-Linie und Ennstalbahn
Graz Hbf. – Leoben Hbf. – St. Michael – Stadt Rottenmann – Selzthal – Liezen – Stainach-Irdning – Schladming (– Bischofshofen);
IC-Züge verkehren täglich (Touren 92, 99, 100).

600+250 Obersteirertakt-Linie Mürztal – Ennstal
Mürzzuschlag – Bruck an der Mur – Leoben Hbf. – St. Michael – Wald am Schoberpass – Selzthal – Schladming (– Radstadt);
in Bruck an der Mur Anschlüsse Richtung Graz;
REX-Züge verkehren täglich (Touren 90, 92, 96–100).

Triebwagenzug „Talent": Eingesetzt als Regional-Express (REX) oder S-Bahn-Zug.

600 Obersteirertakt-Linie Mürztal – Neumarkter Sattel
Mürzzuschlag – Bruck an der Mur – Leoben Hbf. – St. Michael – Knittelfeld – Zeltweg – Judenburg – Unzmarkt – Neumarkt in Steiermark (– Villach);
in Bruck an der Mur, Leoben und St. Michael Anschlüsse Richtung Graz;
REX-Züge verkehren täglich (Touren 90, 92, 94, 95).

Bahnlinien mit Schnellzug-, S-Bahn- und REX-Verkehr

S1 • 501 S-Bahn • Steirische Südbahn; Abschnitt Nord
Graz Hbf. – Peggau-Deutschfeistritz – Bruck an der Mur (Touren 77–79, 81–83, 86, 91, 92, 96–100);
a) in Peggau-Deutschfeistritz umsteigen in die Übelbacherbahn:
siehe Linie S11 (Touren 81, 82, 83, 86);
b) in Bruck an der Mur umsteigen in Züge des Obersteirertaktes:
siehe Linie 600+250 (Touren 90, 92, 96–100) oder
siehe Linie 600 (Touren 90, 92, 94, 95);
IC-Züge, S-Bahn-Züge und REX-Züge verkehren täglich.

S5 • 501 S-Bahn • Steirische Südbahn, Abschnitt Süd
Graz Hbf. – Wildon – Leibnitz – Ehrenhausen – Spielfeld-Straß;
IC-Züge und S-Bahn-Züge verkehren täglich (Touren 51, 53–58).

Bahnlinien mit S-Bahn-Verkehr

S6 • 550 S-Bahn • Wieserbahn
Graz Hbf. – Lieboch – Deutschlandsberg – Wies-Eibiswald;
S-Bahn-Züge verkehren täglich (Touren 59,63,65,66,67).

S7 • 550 S-Bahn • Köflacherbahn
Graz Hbf. – Lieboch – Voitsberg – Köflach;
S-Bahn-Züge verkehren täglich (Touren 61, 62).

S11 • 540 S-Bahn • Übelbacherbahn
Graz Hbf. – Peggau-Deutschfeistritz – Übelbach;
a) S-Bahn-Züge bedienen Montag bis Samstag, wenn Werktag, im Stundentakt die Linie Peggau – Übelbach – Peggau (Touren 81, 82, 83, 86);
b) zwei Zugpaare bedienen Montag bis Freitag die Linie Übelbach – Graz – Übelbach (Touren 81, 82, 83, 86).

Erhöhter Reise-Komfort: Auch mit GKB-Stockwagenzügen in die Weststeiermark.

Regionalbuslinien

Es gibt, verhältnismäßig, nur wenige „starke Buslinien“, jedoch an Schultagen verkehren Regionalbusse bis in entlegenste Siedlungsbereiche. Um so mehr lohnt es, solch „exotische Busverbindungen“ zu nutzen. Ein Beispiel anhand der Destination Spitzmühle (Tour 51): Während der Schulzeiten ist dieses Ausflugsziel aus Richtung Graz via Leibnitz mit Zug und Bus fein erreichbar.
(In Klammer Hinweise auf Anschlüsse, welche für das Anreisen bzw. Rückreisen bei der nachgenannten Tour nützlich sein können.)

Korridor 100

Buslinie Ort/Haltestelle

100 Graz/Andreas-Hofer-Platz – Graz/Hauptbahnhof – Peggau/Bahnhof – Bruck an der Mur/Bahnhof;
Bus verkehrt von Montag bis Freitag (Touren 81, 90).

110 Graz/Lendplatz – Weinzödlbrücke (GVB-Anschluss) – Gratwein/P+R (Zuganschluss) – Rein/Gemeinde – Enzenbach/Heilstätte;
Bus verkehrt täglich (Touren 77, 78, 79).

150 Graz/Andreas-Hofer-Platz – Graz/Hauptbahnhof – Peggau/Bahnhof – Deutschfeistritz/Gemeindeamt – Zitoll/GH Peinhauer – Waldstein/Ort – Übelbach/GH Zum Hirschen – Neuhof/GH Wallner;
Bus verkehrt täglich; jedoch am Wochenende verkehrt ein Bus nur um Mittag ab Graz (Touren 81, 82, 83, 86).

Bullig: Taurus-Lok am Semmering. (Siehe Band Ost.)

Wendezug: Auf der Linie Graz – Mürzzuschlag.

Korridor 600

Buslinie Ort/Haltestelle

600 Graz/Andreas-Hofer-Platz – Graz/Griesplatz – Kaindorf an der Sulm/HTL (Anschluss zu Buslinie 605) – Leibnitz/Bahnhof (Busanschluss, Zuganschluss) – Spielfeld/Bahnhof (Zuganschluss) – Bad Radkersburg/Busbahnhof;
Bus verkehrt täglich (Touren 54, 55, 58).

605 Leibnitz/Bahnhof – Kaindorf an der Sulm/HTL (Busanschluss, Zuganschluss) – Großklein/Postamt – Arnfels/Postamt – Leutschach/Postamt – Schloßberg/Lagerhaus (– Schloßberg/Spitzmühle) – Langegg;
Bus verkehrt an Werktagen; Frühkurs bei Bedarf bis Haltestelle Spitzmühle (Touren 51, 55).

605/650 Leibnitz/Bahnhof (Zuganschluss) – Großklein/Postamt – Maierhof/Gleinstätten GH Sackl – Gleinstätten/Sulmtalerhof (Busanschluss) – Graz/Griesplatz – Graz/Andreas-Hofer-Platz;
Bus verkehrt an Werktagen (Tour 57).

619 Leibnitz/Postamt – Leibnitz/Bahnhof – Ehrenhausen/Hauptplatz (Zuganschluss mit Fußweg) – Berghausen/Gemeinde – Platsch/GH Polz – Glanz/GH Mahorko;
Bus verkehrt an Schultagen; erste Anfahrtmöglichkeit nach Platsch ab Ehrenhausen erst zu Mittag (Tour 53).

620 Graz/Griesplatz – Kalsdorf bei Graz/Ort – Wildon/Hauptplatz – St. Georgen an der Stiefing/GH Aulibauer – Wolfsberg im Schwarzautal/Postamt GH Gottinger;
Bus verkehrt an Werktagen (Tour 58).

644 Gleinstätten/Busbahnhof – Sattlerkreuz – Plöderlberg – Mitterriegel/Franz-Josef-Kapelle – Höch/Schloss Harrachegg – Mitterriegel/Theresienschlössl – Gleinstätten/Busbahnhof;
Bus verkehrt als Rundkurs, an Schultagen sowie an Dienstagen, wenn schulfrei; eingeschränkt nützlich (Tour 57).

650 Graz/Andreas-Hofer-Platz – Graz/Griesplatz – Preding in Weststeiermark/Postamt – Gleinstätten/Sulmtalerhof – Großklein/Postamt – Arnfels/Postamt – Leutschach/Postamt;
Bus verkehrt Montag bis Freitag (Touren 55, 57).

653 Leutschach/Postamt (Busanschluss) – Schloßberg/Spitzmühle;
Bus verkehrt an Schultagen und an Samstagen, in Kombination mit Linie 605 (Tour 51).

Korridor 700

Buslinie Ort/Haltestelle

700 Graz/Griesplatz – Graz/Don Bosco Bahnhof – Graz/Straßgang Zentrum – Lieboch – Söding – Krottendorf bei Ligist/Ort – Gaisfeld/Trafik – Voitsberg/Hauptplatz – Köflach/Sparkasse – Köflach/Bahnhof;
Bus verkehrt täglich (Touren 61, 62).

710 Graz/Lendplatz – Graz/Hauptbahnhof – Steinberg – Hitzendorf – Neudorf/Hitzendorf Waldbauer (Busanschluss) – Bernau – Stallhofen/GH Reinisch – Voitsberg/Hauptplatz – Köflach/Sparkasse – Köflach/Bahnhof;
Bus verkehrt Mo bis Sa, wenn Werktag (Touren 75, 76).

760 Graz/Griesplatz – Stainz Weststeiermark/Hauptplatz – Bad Gams/Ort (Busanschluss Richtung Sallegg) – Frauental-Bad Gams/Bahnhof (Zuganschluss) – Deutschlandsberg/Rathaus;
Bus verkehrt an Werktagen (Touren 60, 65, 66, 68).

Abseits der Bahn: Mit dem Bus zum Ausgangspunkt oder heimwärts (Foto: Postbus).

Korridor 800

Buslinie Ort/Haltestelle

2 Judenburg/Robert-Stolz-Gasse – Judenburg/Stahlwerk Bahnhof (Zuganschluss, ab Bahnhof 5 Min. Fußweg) – Fohnsdorf/Schulungszentrum – Fohnsdorf/Hauptplatz – Fohnsdorf/Stadion;
Bus verkehrt Montag bis Samstag (Tour 94).

3 Knittelfeld/Bahnhof (Zuganschluss) – Zeltweg/Aichfeldgasse (Zuganschluss, ab Bahnhof Fußweg 7 Min.) – Fohnsdorf/Schulungszentrum – Fohnsdorf/Hauptplatz – Hetzendorf/Schloss Gabelhofen – Wasendorf/Therme Fohnsdorf;
Bus verkehrt Montag bis Samstag (Tour 94).

Busse der Graz-Köflacher-Bahn-Gesellschaft bedienen starke Linien in der Weststeiermark (Foto: GKB).

820 Leoben/Hauptbahnhof (Zuganschluss) – St. Peter-Freienstein – Trofaiach – Vordernberg/Markt – Präbichl/Passhöhe – Gsollkehre/Gsoll Abzweigung – Eisenerz;
Bus verkehrt täglich (Tour 92).

830 St. Michael/Bahnhof (Zuganschluss) – Kammern/Bahnhof – Mautern/Bahnhof – Wald am Schoberpass/Schule – Wald am Schoberpass/Bahnhof;
Bus verkehrt Montag bis Freitag (Touren 96, 97, 98).

Korridor 900

Buslinie Ort/Haltestelle

960 Schladming/Bahnhof (Zuganschluss) – Leiten – Ramsau/Kulm – Ramsau/Ort – Mautstelle – Dachstein Gletscherbahn/Talstation bzw. Türlwandhütte;
Bus verkehrt täglich (Tour 100).

51

Jüngeres Ziel in der südsteirischen Gemeinde Schloßberg.

Am südlichsten Punkt der Steiermark

Zu verborgen stehenden Grenzsteinen

In der Gemeinde Schloßberg bürgert sich seit dem Jahr 2004 der Begriff „Südlichster Punkt der Steiermark" zunehmend ein. Auch lenken wir, freilich behutsam, die Schritte in Richtung Huber-Klamm. Schließlich etabliert sich der Moserhof auch als Fokus für Ausflugsgäste, welche gern wandern: Vom Moserhof ausgehend, erschließen naturbelassene Wege und Pfade den grenznahen Bereich der Gemeinde Schloßberg.

Der hier vorgestellte Ausflug, welcher zu mitunter verborgen stehenden Grenzsteinen führt, setzt rücksichtsvollen Unternehmungsgeist voraus sowie profund ausgebildeten Orientierungssinn.

Die Wanderstrecke

Unterschiedlich markiert und beschildert
Gehzeit 3.30 Std.
Weglänge 12 km
Anstieg 475 Hm
Abstieg 475 Hm
Höchster Punkt Kirche Heiligengeist/Sveti Duh (906 m)
Tiefster Punkt Heiligengeistklamm, Abzweigung Moserhof (635 m)

Ausgangs-/Zielpunkt

Hotel Moserhof (692 m)

Ab dem **Moserhof** (692 m) am Rand des Weingartens – dieser breitet sich unterhalb der Panoramastraße – zum Nachbargehöft Wresnik und noch zur Straßengabelung (Wegtafel). Hier abwärts zum **Wresnikkreuz** (660 m) in einem kleinen Talboden. Linker Hand dem ebenen Flurweg kurz folgen, jedoch wiederum linker Hand – auf die blasse weiß-grüne Markierung achten! –, nun auf einem Pfad, in die **Huber-Klamm.** Nahe am Großwalzer Grenzbach klammeinwärts. Stellenweise betritt man den Bachlauf. Ab dem Grenzstein X-290 leitet der Steig deutlich bergan. Nach dem Grenzstein X-297 überquert man weglos eine Schlagfläche und erreicht beim Grenzstein X-299 die **Knapp-Quelle** (800 m). Der

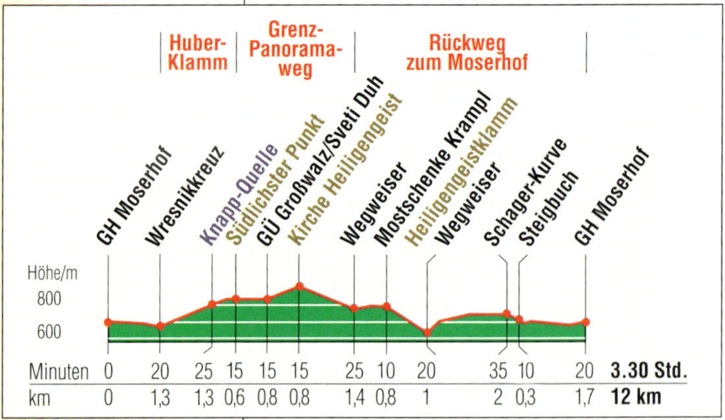

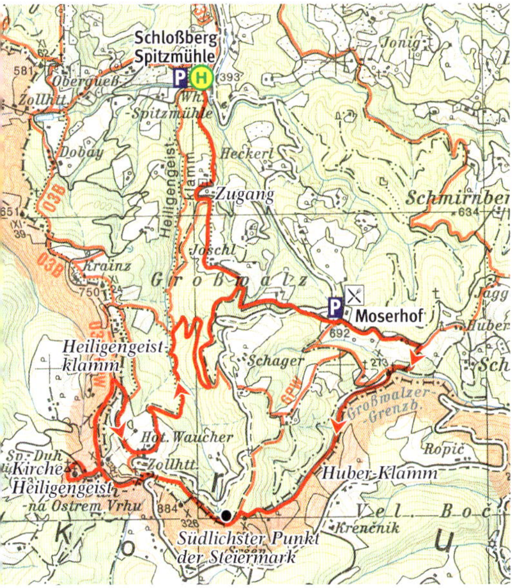

hier ansetzende Waldweg leitet von der slowenischen Seite her zum **Rastplatz** (840 m) bei den Grenzsteinen X-304 und X-305. Eine Tafel verweist auf den **„Südlichsten Punkt der Steiermark"**; dieser ist identisch mit dem von hier nur kurz entfernt stehenden Grenzstein X-314. Dorthin gelangt man über eine kleine Wegkuppe und auf dem anschließenden Grenz-Panoramaweg. Man folgt diesem durch Waldgelände und erreicht schließlich die **Grenzübertrittstelle Großwalz – Sveti Duh** (830 m); sie ist grundsätzlich unbesetzt. Nun, auf slowenischem Boden, zum benachbarten Bauernhof („mit

Anfahrt und Zugang

Mit dem Auto A9 Pyhrnautobahn, Ausfahrt Vogau; über Ehrenhausen – Gamlitz – Leutschach – Schloßberg – Spitzmühle zum Moserhof;
ab Leutschach 6 km

Mit dem Zug ÖBB; S-Bahn-Linie 5, IC-Bahnhof Leibnitz; umsteigen in den Bus

Mit dem Regionalbus
Linie 605 Leibnitz – Langegg; auf Verlangen bis Haltestelle Schloßberg Spitzmühle
Linie 653 Leutschach – Schloßberg Spitzmühle

Fußweg zum Moserhof
Bezeichneter Wanderweg: Spitzmühle (393 m) – Gehöft Joschl – Moserhof; Gehzeit 1 Std.; Anstieg 300 Hm

Transfer und Taxi

Rebenland-Taxi
Fa. Musger, Tel. 03454/3472

Idealer Ausgangspunkt am Südsteirischen Grenzkamm: Der Moserhof.

Einkehrstätten

Hotel & Restaurant Moserhof in Großwalz; Mitte März bis Dezember (in der Vor- und Nachsaison Ruhetag: Mi); frei zugänglicher Pool: 7,5 x 18 x 1,35 m; „sonnenwarm“ von Mai bis September; Familie Schlatte, Tel. 03454/6661 – www.moserhof.at

Mostschenke Krampl nahe GÜ Großwalz – Sveti Duh; Ostern bis Anfang November (Ruhetage: Mi, Do); Tel. 03454/491 oder 70093

Im Ort Heiligengeist/Sveti Duh (SLO)

Gasthaus Heric mit Bushaltestelle; Buslinie Maribor – Sveti Duh

Valiser Izletniska Kmetija / Bewirtung am Bauernhof, nahe der Grenzübertrittstelle

Grenzübertritt

Die Staatsgrenze Österreich/Slowenien darf grundsätzlich ganzjährig und frei überquert werden. Die Mitnahme eines gültigen Reisedokuments wird empfohlen.

Information/Orientierung

Fahrplan im Internet
www.busbahnbim.at

Gemeindeamt Schloßberg
Tel. 03454/7055 – www.schlossberg.steiermark.at

Tourismusverband Rebenland
Leutschach, Hauptplatz 2, Tel. 03454/7070-10 – www.rebenland.at

Wanderkarten
ÖK, BMN-Blatt 207 oder UTM-Blatt 4111; FB-WK 411

Bewirtung“). Die Straße bergan zum Sektor-Grenzstein XI-1 und zum Gasthaus Heric. Ab der Volksschule gelangt man über eine Treppe in den Kirchhof von **Heiligengeist/Sveti Duh** (906 m).

Abstieg: Zurück zum **Sektor-Grenzstein XI-1** (850 m); ab hier, linker Hand, anfangs am Waldrand, abwärts zu einem Wegweiser (770 m); Staatsgrenze. Nun, wieder auf steirischem Boden, dem Weitwanderweg 03 folgend bzw. auf einem Feldweg, leicht ansteigend, zur **Mostschenke Krampl**. Davor steht die Schautafel „Sveti Duh“; sie enthält einen kurzen Abriss zur Chronik des zweisprachigen Grenzdorfes Heiligengeist/Sveti Duh.

Ab dem benachbarten **Gehöft Waucher** talwärts in die Heiligengeistklamm: Man geht jedoch nur bis zum Standplatz der ehemaligen Kure-Mühle (635 m). Nächst davon zeigt ein **Wegweiser** zum Moserhof: Die Wanderroute führt zunächst steil bergan, anschließend folgt man einem Fahrweg und gelangt nach drei Kehren zum weiß-grün markierten „Weg um den Schagerkogel“. Auf ihm, linkshaltend, bis in Höhe der **Schager-Kurve** (740 m). Auf dem Waldsteig abwärts zu dem von der Bergwacht Leutschach hinterlegten **Steigbuch** (710 m). Kurz bergab zu einer Flurstraße. Bergseitig über eine Wegkuppe abwärts zur Großwalzer Straße und von dieser kurz bergan zum **Moserhof** (692 m).

Erlebnispunkte

Heiligengeist am Osterberg/Sveti Duh na Ostrem vrhu: Wallfahrtskirche, errichtet 1667–1669 (gestiftet von Anna Crescentia von Stubenberg bzw. über Ansuchen des Grafen Stubenberg zu Schmirnberg) als Filialkirche der Pfarre Leutschach. 1709 geweiht; seit 1892 eigenständige Pfarrgemeinde. Ort und Kirche wurden abgetrennt von Österreich infolge des nach dem Ersten Weltkrieg entstandenen SHS-Staates (Slowenien, Kroatien, Serbien) und der damit verbundenen Grenzziehung, wirksam geworden per 10. September 1919 (Vertrag von St. Germain).

Huber-Klamm: Benannt nach dem Gehöftnamen des Grundeigentümers. Steigspuren leiten durch ein klammähnliches, uriges Gelände; dieses liegt am Oberlauf des Großwalzer Grenzbaches. Er entspringt nächst dem Grenzstein X-299, in Höhe der Knapp-Quelle.

Südlichster Punkt der Steiermark: Exakt beim Grenzstein X-314, am Grenz-Panoramaweg in Großwalz; Gemeinde Schloßberg.

Geo-Wanderweg Oberhaag

52

Ein gewichtiges Argument

Die Gemeinde Oberhaag grenzt südwärts an Slowenien, folglich liegen etliche Ausflugsziele im Nahbereich der Staatsgrenze. Diese ist nunmehr völlig offen; entsprechend weit reicht der Bewegungsraum: Wanderwege leiten ostwärts in Richtung Remschnigg, hingegen westwärts zur Kirche St. Pongratzen und darüber hinaus in Richtung Radlpass. Oberhaag „fesselt" jedoch unmittelbar, weil mit einem gewichtigen Argument: dem „Geo-Wanderweg". Ein zweites potenzielles Ausflugsziel bahnt sich an ab dem Jahr 2009: Der Steig durch die Altenbachklamm. Beide Routen vereinen sich beim Buschenschank Mukonig: Hier breiten sich Panoramen in ungeahnte Weiten. Klare Tage überzeugen nachhaltig.

Wer eine Buggy-taugliche Strecke als Wanderweg bevorzugt, hält sich an folgende Route: Ab dem **Buschenschank Altenbacher** (440 m) zur Lourdeskapelle (460 m). Die Altenbachstraße bergwärts, vorbei an einem stattlichen Klapotetz, zur **Mostschenke Mukonig** (700 m). Hier weist eine Info-Tafel zum Geo-Wanderweg ein.
Oberhalb der Mostschenke leitet ein rot-weiß-rot markierter Wanderweg – er ist identisch mit dem Grenz-Panoramaweg bzw. WW 03 und Weg 560 – durch Waldgelände zum kleinen **Gehöft Kefer**

Schaustück oberhalb des Diabas-Steinbruchs: Ein Eklogit-Amphibolit aus Gressenberg.

Die Wanderstrecke

Unterschiedlich beschildert; stellenweise markiert
Gehzeit 3.45 Std.
Weglänge 11,7 km
Anstieg 510 Hm
Abstieg 510 Hm
Höchster Punkt Gehöft Kefer (770 m); Staatsgrenze
Tiefster Punkt Buschenschank Altenbacher (440 m)

Südsteirischer Panoramablick: Von der Mostschenke Mukonig in Richtung Saggautal.

Südlich von Oberhaag: Der Diabas-Steinbruch.

(760 m); Grenzstein XII-23. Man folgt der Hofzufahrt nur kurz. Linker Hand zweigt ein Waldweg ab, er führt zur Grenzübertrittstelle Oberhaag/Remšnik; Grenzstein XII-35. Hier steht die **Lanfriedkapelle** (717 m); mit Jahreszahl 1881. Man folgt der Info-Tafel: Der Geo-Wanderweg verläuft über den **Zöllnersteig.** Auf ihm abwärts zu einem Wiesenhang. Dem Pfad folgend bergab zum kleinen Wohnhaus der Familie Konrad vlg. Untermaggiger. Einen Steinwurf entfernt, kragt die **Schaukanzel** (550 m) weit aus: Sie gewährt tiefen Einblick in den Diabas-Steinbruch.

Nun, beim Zurückgehen, nimmt man den gesamten Inhalt des **Geo-Wanderweges** wahr: Insgesamt 20 Monolithen (jeder wiegt zwischen drei und fünf Tonnen) säumen die Strecke. Einer der Felsbrocken steht am oberen Rand des Steinbruchs.

Ab der **Mostschenke Mukonig** (700 m) folgt man dem markierten Weg (Nr. 03 bzw. 560) ostwärts und gelangt zur sogenannten **Zieglereben** (720 m),

Ausgangs-/Zielpunkt

Buschenschank Altenbacher (440 m)

Anfahrt

Mit dem Auto A9 Pyhrnautobahn, Ausfahrt Leibnitz; über Kaindorf – Heimschuh – Saggau – Unterhaag nach Altenbach

Einkehrstätten

Buschenschank Altenbacher (Ruhetag: Mo); Familie Stelzl, Tel. 03455/6118

Mostschenke Mukonig (Ruhetag: Mi); Familie Tertinek, Tel. 03455/6145 www.tertinek.at

Information/Orientierung

Gemeindeamt Oberhaag
Tel. 03455/8028
www.oberhaag.com

Wanderkarten
ÖK, BMN-Blätter 206 und 207 oder UTM-Blätter 4110 und 4111; FB-WK 411

Zum Geo-Wanderweg Oberhaag

Benutzbar seit dem Jahr 2007. Entlang des Weges stehen 20 gewichtige Monolithen; zu jedem dieser Felsbrocken gibt es eine Infotafel.

Die Schaukanzel kragt in den Diabas-Steinbruch; dessen Bruchwand ist 140 m hoch und enthält sieben Etagen. 2500 kg Sprengstoff lösen bei einer Sprengung bis zu 7300 Kubikmeter Gestein aus dem Gebirge.

Der Lieschengraben war vor 450 Millionen Jahren vom Meer bedeckt. Aus Spalten und Klüften drang basaltisches (basisches) Magma; dieses erstarrte durch das Meerwasser zu Gabbro. Die daraus entstandenen Strukturen sind sichtbar erhalten.

Das Koralm-Kristallin hat ein Alter von rund 250 Millionen Jahren.

Die Auffaltung der Alpen vollzog sich vor 120 bis 80 Millionen Jahren.

Der Diabas, auch Grünstein genannt, entstand infolge Umwandlung (Metamorphose). Das hochwertige Mineral findet u. a. Verwendung als Asphalt-Zuschlagstoff. Diabas-Steinmehl dient als Dünger.

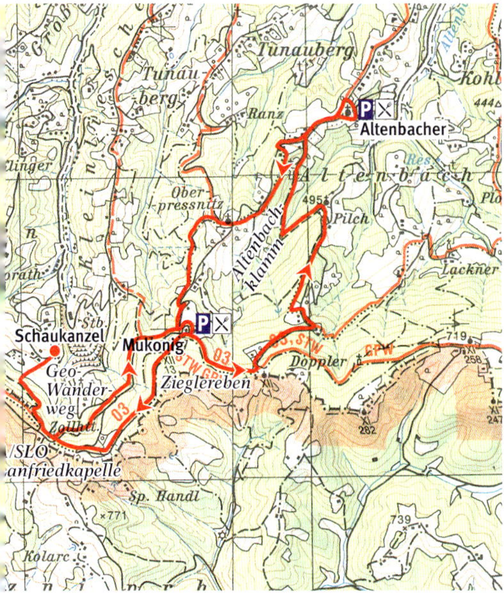

einem Wiesensattel; unweit davon steht der Sektor-Grenzstein XII.

Aus demselben Sattel den Fahrweg bergab zu einem Gehöft. Nun orientiert man sich an den Wegen Nr. 2 und Nr. 3: Beim Wohnhaus Pilch-Hiasl zum Waldrand und einen Hohlweg abwärts zum stattlichen **Gehöft Pilch** (495 m). Vor dessen Marienkapelle (erbaut 1800, saniert 2006) linker Hand, einem Waldweg folgend, in die **Altenbachklamm** (460 m), deren Grund man überquert. Leicht bergan zu einem Gehöft mit Wegkreuz. Entlang der Hofzufahrt zur **Altenbachstraße** (490 m). Am Rand eines Weingartens zu einer Rastbank. In Sichtweite befindet sich der **Buschenschank Altenbacher** (440 m).

Erlebnispunkte

Altenbachklamm: Ausgangspunkt beim BS Altenbacher; Zielpunkt an der Mostschenke Mukonig. Durchwegs begehbar voraussichtlich ab dem Frühjahr 2009. Für die Steiganlage sind geplant eine Hängebrücke (Länge 28 m, Stahlkonstruktion) und mehrere Holzstege (Länge 3–5 m). Bauherr und Erhalter: Gemeinde Oberhaag.

Oberhaag: Badeteich und Kneipp-Anlage „Loamtrattl". Die in der Kaiser-Franz-Josef-Jubiläumsschule (von 1908) eingerichtete Mineralien-Ausstellung ist ab Anfang Mai bis Ende Oktober zugänglich. Anmeldung zu Führungen unter: Handy 0664/2429593 E-Mail: tourismus.oberhaag@aon.at www.oberhaag.com

Südsteirischer Panoramablick: Von der Mostschenke Mukonig. Ein Fernglas ist vorteilhaft.

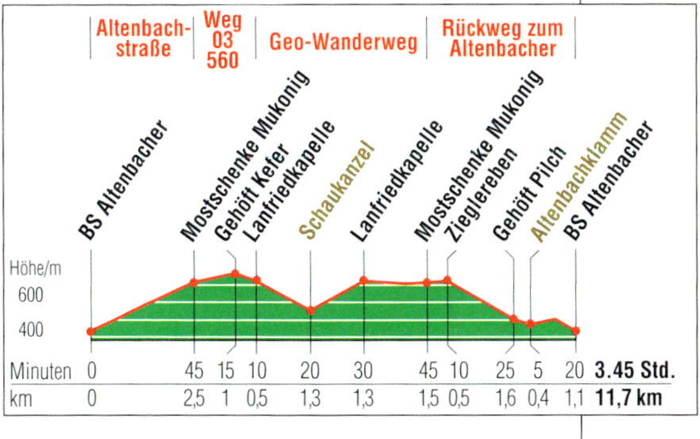

53

Spielfelder Weingärten und Platscher Berg

Erkenntnisreich, nahrhaft, erlebenswert

Die Wanderstrecke

Spezielle Beschilderung
Gehzeit 2.30 Std.
Weglänge 6,4 km
Anstieg 310 Hm
Abstieg 310 Hm
Höchster Punkt Platscher Berg, Aussichtswarte (524 m)
Tiefster Punkt Katzengraben (300 m)

Ausgangs-/Zielpunkt

Weingut Manfred Tement (440 m); davon gegenüber der Beginn des Themenweges „Spielfelder Weingärten"

Der die „Spielfelder Weingärten" auszeichnende, weil einzigartige Landschafts-Charakter wirkt so nachhaltig wie stimulierend: Auf die Frage, welches Ziel im Südsteirischen Weinland dieses Mal in Betracht gezogen werden soll, rücken sich der Platscher Berg und das ihn umgebende Weinbaugebiet in den Vordergrund. Zu Recht, wie die Erfahrung lehrt: Die hier zurückzulegenden Fußwege entpuppen sich als eine gleichermaßen erkenntnisreiche wie nahrhafte, daher umso mehr erlebenswerte Ausflugsstrecke.

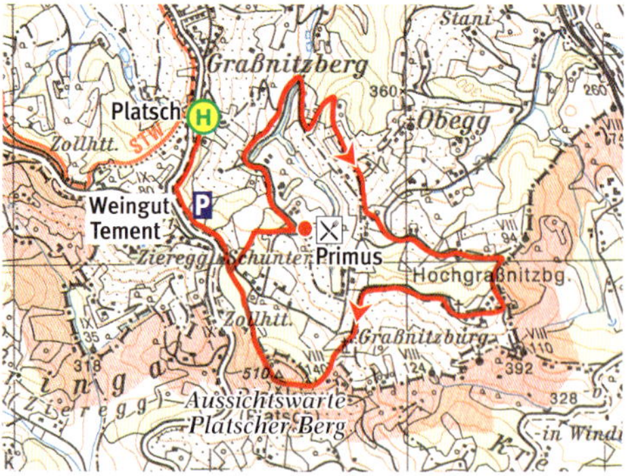

An der Südseite des Platscher Berges zur Aussichtswarte.

Gegenüber vom **Weingut Tement** (440 m) steht eine große **Übersichtstafel** und auf dieser wird das Projekt „Spielfelder Weingärten“ erklärt.
Vom Standort „Blick auf den Obeggberg“ geht man an der Flurstraße 150 Meter ostwärts.

Ein Waldweg leitet abwärts, und man gelangt zum **Weingut Primus** (380 m). Nun entlang der Straße abwärts in den **Katzengraben** (300 m). Nahe der Tafel Nr. 7 zweigt man rechter Hand ab. Eine Hofzufahrt führt bergan zum Weingut Obegg (343 m). Ab hier, nun wieder auf einem Waldsteig – oder, direkt und daher sehr steil, durch einen Weingarten – zum Höhenrücken von **Obegg** (405 m). Die Straße ein kurzes Stück abwärts – gleich wie der Rebenwanderweg – zu einem Gehöft und hier, linker Hand und abkürzend, zur Hofzufahrt, welche

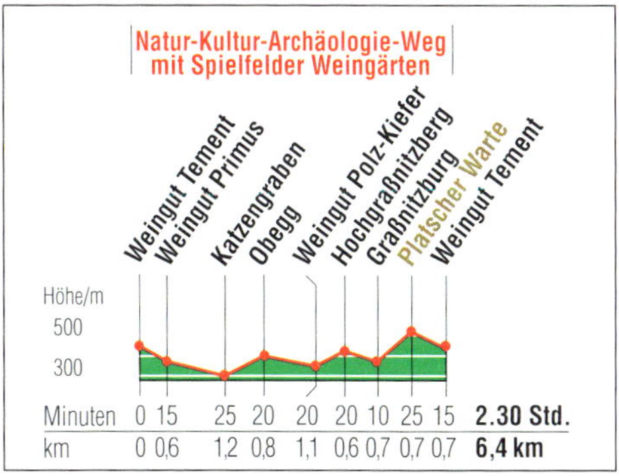

Vollmundiger Begriff: Weinried Zieregg.

Anfahrt und Zugang

Mit dem Auto A9 Pyhrnautobahn, Ausfahrt Spielfeld; auf der Südsteirischen Weinstraße über Graßnitzberg zum Weingut Tement
Mit dem Zug ÖBB; S-Bahn-Linie 5, Bahnhaltestelle Ehrenhausen; umsteigen in den Bus (kurzer Fußweg zur Bushaltestelle am Hauptplatz)
Mit dem Regionalbus Linie 619 Leibnitz – Glanz; ab Ehrenhausen Hauptplatz bis Haltestelle Platsch/Gasthaus Polz
Fußweg zum Tement Entlang der Straße: Bushaltestelle Platsch/Gasthaus Polz – Weingut Manfred Tement, 15 Min.

Im Millenniumsjahr errichtet: Die Platscher Warte.

an das **Weingut Polz-Kiefer** (350 m) heranführt. Oberhalb davon auf einem Steig durch ein Stück Buchenwald bergan nach **Hochgraßnitzberg** (420 m). Vom Hotel „An der Lage" abwärts zur **Graßnitzburg** (380 m). In einem steilen Hohlweg bergan zum Grenzstein VIII-136. Anschließend, ab den Grenzsteinen VIII-137 und VIII-138 auf slowenischem Boden, vorbei an einem kleinen Gehöft und durch ein Waldstück zur Rasenkuppe auf dem **Platscher Berg** (510 m).

Neben der **Aussichtswarte** (Plattform 524 m) ist ein Rastplatz eingerichtet. Nordwärts bzw. links des Wohnhauses führt ein Steig durch Waldgelände zum Grenzstein VIII-149. Nun, wieder auf steirischem Boden, abwärts zu einer Flurstraße und, linkshaltend, an dieser entlang zur **Übersichtstafel** beim **Weingut Tement** (440 m).

Erlebnispunkte

Aussichtswarte Platscher Berg: Der Turm – er wurde am 1. Mai 2000 eröffnet – steht auf der Gipfelkuppe (510 m) und ist ganzjährig frei zugänglich. 126 Eisengitter-Stufen leiten zur Plattform (524 m).

Platscher Berg/Plački vrh (510 m): Über dessen Gipfel verläuft die Staatsgrenze Österreich/Slowenien; die Aussichtswarte steht auf slowenischem Boden.

Natur-Kultur-Archäologie-Weg

In dieses thematisch vielfältig aufbereitete Projekt ist der Wanderweg „Spielfelder Weingärten" integriert. Die Strecke lässt sich individuell begehen bzw. mit sonstigen Wegen kombinieren.

Auf insgesamt mehr als 30 Informationstafeln werden interessante Themen, wie beispielsweise *Eiszeit, Hecken, Vielfalt im Obstgarten, Waldraum und Schläge, Weinberge, Wiesen, Vorgeschichtliche Wehranlagen* – anschaulich dargestellt und beschrieben.

Wer alle Informationstexte einigermaßen vollständig liest, dehnt die Gehzeit mindestens auf deren doppelte oder gar dreifache Dauer aus.

Einkehrstätte

Weingut Primus mit Buschenschank (Ruhetage: Di, Mi, Do), März bis Dezember; Familie Polz, Tel. 03453/3911 www.primus.cc

Information/Orientierung

Fahrplan im Internet
www.busbahnbim.at
Gemeindeamt Spielfeld
Tel. 03453/2307
Wanderkarten
ÖK, BMN-Blatt 208 oder UTM-Blatt 4111; FB-WK 411; örtliche Wanderkarte „Spielfeld", auch am Gemeindeamt erhältlich

Spielfelder Rebenwanderweg

54

Die Spielfelder Weingärten sind zügig erreichbar

Der Versuch lohnt: Per Bahn in das Südsteirische Weinland reisen. Spielfeld eignet sich gut, um gleich ab dem Bahnhof in die Weingärten zu gelangen. Darin schlängelt sich der Rebenwanderweg – bergan und bergab – von Buschenschank zu Buschenschank sowie von Aussichtsplatz zu Aussichtsplatz. Wer offenen Sinnes unterwegs ist, wird rasch wahrnehmen, dass der Rebenwanderweg den Grundstock bildet für individuell gestaltbare Ausflüge sonder Zahl inmitten der Spielfelder Weingärten.

Ab dem **Bahnhof Spielfeld-Straß** (260 m) nordwärts zur Bahnüberführung und auf dieser zum **Schloss Spielfeld** (281 m). Kurz abwärts zur Straße und an ihr bergan, entlang von Weingärten, zum **Buschenschank Neubauer** (315 m). Oberhalb davon, ab dem Waldrand, auf einem Steig zur Landesstraße, die man überquert. Tafel: Weingut Prünte. Über eine kleine Geländekuppe zum **Buschenschank Musterstub'n** und zur Gabelung beim **Dreokreuz** (410 m). An der Berghausenstraße zur Anhöhe beim **Buschenschank Schantl** (441 m). Beim Haus Graßnitzberg 109 sonnseitig abwärts, vorbei am Weinhof

Die Wanderstrecke

Spezielle Beschilderung; Weg Nr. 32
Gehzeit 3.30 Std.
Weglänge 12 km
Anstieg 370 Hm
Abstieg 370 Hm
Höchster Punkt Obegg (405 m)
Tiefster Punkt Bahnhof Spielfeld-Straß (260 m)

Ausgangs-/Zielpunkt

Bahnhof in Spielfeld (260 m)

Die südsteirische Seite am Platscher Berg.

Schmuckstück von Graßnitzberg: Die Spielfelder Weingärten.

Anfahrt

Mit dem Auto A9 Pyhrn-Autobahn, Ausfahrt Spielfeld; P+R-Platz am Bahnhof Spielfeld
Mit dem Zug ÖBB; S-Bahn-Linie 5, IC-Bahnhof Spielfeld-Straß
Mit dem Regionalbus Linie 600 Graz – Bad Radkersburg, Haltestelle Spielfeld Bahnhof

Kugel, in den **Katzengraben** (300 m); hier erreicht man den Themenweg „Spielfelder Weingärten". Die Straße bergan zum **Weingut Primus** (380 m). An der Flurstraße, inmitten Weingärten, zum benachbarten Buschenschank Polz-Kohlenberger und zu einem Transformator (E-Werk Ebner). Aus dem Geländesattel bergan zu einem Wegschranken. Davon rechter Hand aufwärts zum Höhenrücken von **Obegg** (405 m).

Abstieg: Auf dem Obegger Höhenrücken, entlang des nordostwärts führenden Flurweges, zur **Urbankapelle** (380 m) und anschließend, teils an einem Waldrand entlang, zu einem verlassenen Gehöft (Haus Nr. 28). Entlang von Weingärten zu einem Waldstück. Darin leiten verblasste weiß-grüne Farbmarken abwärts in den **Katzengraben** (259 m). Die Katzengrabenstraße taleinwärts bis zu einem weiß-grün gefärbelten Haus. Hier zweigt man bergseitig

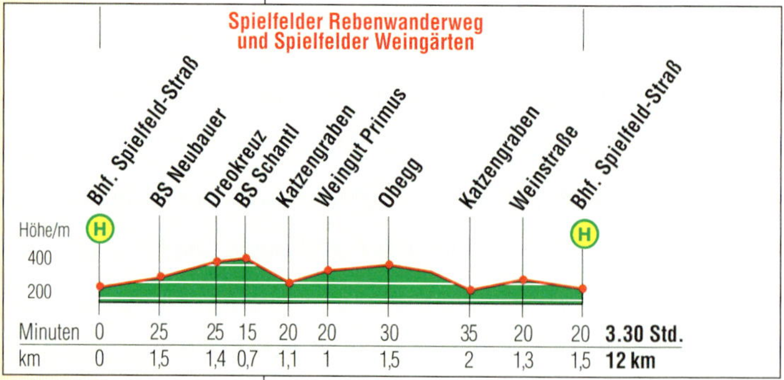

ab. Hinter demselben Haus auf einem Flurweg bergan zur **Weinstraße** (312 m); an ihr abwärts zum nahen Bienenhaus, wo man links bzw. nordwärts abzweigt: Nun wieder einem Flurweg bzw. einem Wiesenpfad folgend – inmitten von Maisäckern – in den breiten **Talboden** (270 m). Aus diesem bergan zum **Schloss Spielfeld** (281 m). Auf demselben Weg zurück zum **Bahnhof Spielfeld-Straß** (260 m).

Erlebnispunkte

Rast- und Aussichtsplätze sonder Zahl und allesamt inmitten von Weingärten.

Einkehrstätten

Buschenschank Neubauer (Ruhetage: Mo, Di); Tel. 03453/2651 www.neubauer-weine.at

Buschenschank Musterstub'n Juli bis Oktober (Ruhetage: Mo, Di), November bis Anfang Dezember und ab März bis Juni (Ruhetage: Mo–Mi), Familie Muster, Handy 0664/4816928

Weingut Primus (Ruhetage: Di, Mi, Do); mit Buschenschank; Tel. 03453/3911 www.primus.cc

In Spielfeld

Gasthof Kaschl (Ruhetag: Di); am Hauptplatz bzw. nahe dem Bahnhof; Eva Kaschl, Tel. 03453/2316

Informationen/ Orientierung

Fahrplan im Internet
www.busbahnbim.at

Gemeindeamt Spielfeld
Tel. 03453/2307

Wanderkarten
ÖK, BMN-Blatt 208 oder UTM-Blatt 4111; FB-WK 411; örtliche Wanderkarte „Spielfeld“, auch am Gemeindeamt erhältlich

55

Von Großklein zur Kreuzbergwarte

Wegbeginn: Von Großklein in Richtung Kreuzberg.

Die Wanderstrecke

Unterschiedlich beschildert und markiert
Gehzeit 5.15 Std.
Weglänge 16,5 km
Anstieg 610 Hm
Abstieg 610 Hm
Höchster Punkt Kreuzbergwarte, Plattform (655 m)
Tiefster Punkt GH Steirerkeller, Großklein (300 m)

Ausgangs-/Zielpunkt

Bushaltestelle Großklein Postamt
Parkplatz in Großklein (300 m), nächst dem Steirerkeller

Natur und Kultur

Wer von Großklein ausgehend dem Kreuzberg zustrebt, soll sich dessen bewusst sein, dass Natur und Kultur gleichrangig diesen Ausflug prägen: Die auf dem Kreuzberg stehende Aussichtswarte ist der topografische Höhepunkt, hingegen gewährt das am südlichen Ortsrand von Großklein situierte Hallstattzeit-Museum kulturgeschichtlich bedeutsame Einblicke.

In der Ortsmitte von **Großklein** bzw. exakt gegenüber vom **Steirerkeller** (300 m) auf dem Viktorsteig zur **Kirche** (321 m). Markierungen weisen auf die Wege 13 und 14 hin. Auf einer Flurstraße in aussichtsreicher Höhenlage zu einem Waldstück. Danach eine **Gabelung** (362 m). Halbrechts die Straße bergan zur Ortstafel Karberg.
Durch **Nestelberg** (412 m) zum „Karberger Klapotetz". Anschließend, recht steil, bergan zum Kreuz am **Lassenberg** (475 m) und zu einem Wohnhaus mit einer Sonnenuhr. Entlang eines weiteren schönen Flurweges zum Transformator am **Gündorfberg** (553 m). Linkshaltend, eben, zur nächsten **Gabelung** (542 m); Wegweiser „Kreuzbergwarte". Nun zwar links weiter, dabei folgt man jedoch dem Schotterweg (!) und erreicht nach dem ersten Waldstück eine weiß-grüne Markierung. Sie leitet in großen Kehren und überwiegend durch Wald zur **Kleingrabenbrücke** (378 m); Wegweiser. An der Straße drei Minuten taleinwärts zu einem moosgrünen Rastplatz. Die „Karleit'n" – ein sehr steiler

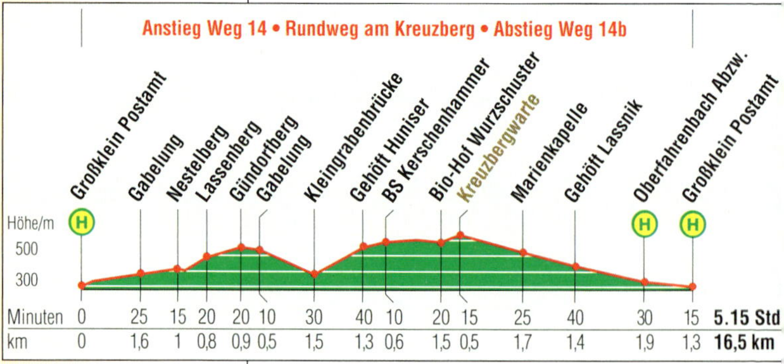

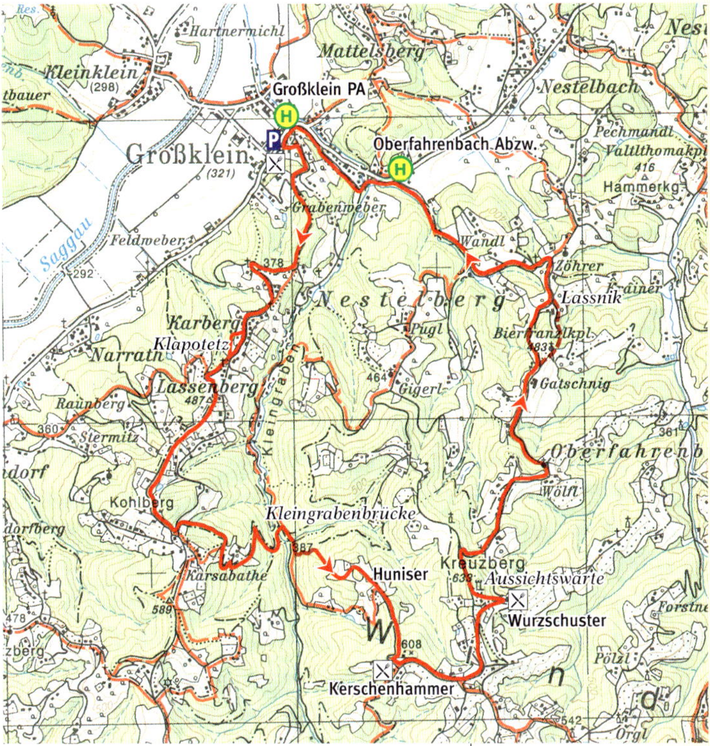

Waldhang – bergan zu einem Wiesengrund mit **Rastplatz** (516 m); Steigbuch und Wegtafeln. Es ist empfehlenswert, geradewegs anzusteigen. So gelangt man mittels einer kurzen S-Schleife zum Hochsitz auf der einsehbaren Wiesenkuppe: weiträumiger Ausblick, u. a. zur Kreuzbergwarte. Eben zum **Gehöft Muchitsch vlg. Huniser** (550 m). Weiter entlang der Hofzufahrt zum **Buschenschank Klug vlg. Kerschenhammer** (580 m). Auf einer ebenen Flurstraße, entlang von Weingärten zu einem Straßensattel (600 m). Kurz danach weist ein Wegschild zum **Bio-Bauernhof Wurzschuster** (580 m). Von hier verbindet ein Waldsteig zur **Aussichtswarte** auf dem **Kreuzberg** (633 m; Plattform 655 m). Etwas abseits, am Waldspitz, steht ein Gipfelkreuz.

Abstieg: Auf dem Weg Nr. 14 nordseitig bergab zur Gabelung; Wegweiser. Man folgt nun dem Weg 14b – er ist identisch mit Hofzufahrten – und gelangt zunächst zum Weinbau Schilcher vlg. Wölfl. Unweit davon umgeht man eine **Marienkapelle** (520 m),

Anfahrt

Mit dem Auto A9 Pyhrnautobahn, Ausfahrt Leibnitz; über Silberberg und Heimschuh nach Großklein

Mit dem Zug ÖBB; IC- und S-Bahn-Züge nach Leibnitz; umsteigen in den Bus, Linie 605

Mit dem Regionalbus
Linie 600 Graz – Bad Radkersburg; an der Haltestelle Kaindorf an der Sulm umsteigen in den Bus, Linie 605
Linie 605 Leibnitz Bahnhof – Langegg, Haltestelle Großklein Postamt
Linie 650 Graz – Arnfels, Haltestelle Großklein Postamt

Mit der Geramb-Rose ausgezeichnet: Die Kreuzbergwarte.

Einkehrstätten

Bio-Bauernhof Wurzschuster mit Hofladen, Mai bis Oktober (im Juli und August sonntags zumeist geschlossen); Familie Adam, Tel. 03454/401

Buschenschank Klug vlg. Kerschenhammer (Ruhetag: Mi); Tel. 03454/6163

Kreuzberghütte (Ruhetag: Do, außer an Feiertagen), Jausenstation, nächst der Kreuzbergwarte

In Großklein

Steirerkeller (Ruhetag: Di); Familie Kröll, Tel. 03456/2321

Information/Orientierung

Fahrplan im Internet
www.busbahnbim.at

Marktgemeindeamt Großklein
Tel. 03456/5038
www.grossklein-online.at

Tourismusverband Sulmtal – Sausal
Kitzeck, Tel. 03456/3500
www.sulmtal-sausal.at

Wanderkarten
ÖK, BMN-Blatt 207 oder UTM-Blatt 4111; FB-WK 411; lokale Wanderbroschüre mit Karten

Das Gemeindegebiet Großklein ist ein geschichtsträchtiger Boden: Die im örtlichen Hallstattzeit-Museum archivierten archäologischen Funde und Befunde dokumentieren nahezu fünfeinhalb Jahrtausende Kulturgeschichte. Es gibt Funde aus der Jungsteinzeit, jedoch bezieht sich der Ausstellungs-Schwerpunkt auf die Eisenzeit bzw. den Zeitraum 800 bis 450 v. Chr. Ein Kernstück stellen jene Funde dar, welche dem erst 1994 entdeckten und 1995 fundiert geöffneten Gräberfeld Masser-Kreuzbauer am Burgstallkogel entstammen.

Dasselbe Museum enthält auch die Sonderausstellung „Werkzeuge und ihre Entwicklung“.

ebenso die Bierfranzlkapelle und erreicht schließlich das **Gehöft Lassnik** (Ab-Hof-Verkauf; auch Honig). An der Gabelung (400 m) linkshaltend und talwärts zur **Bushaltestelle** „Oberfahrenbach Abzweigung“ bzw. zur **Hauptstraße** (320 m). An deren Rand – Vorsicht! – ortswärts. Beim Hinweis „Kleingraben“ links abzweigen und auf einer Nebenstraße zur Postzustellbasis. Von ihr weiter ortseinwärts, zu einer Bäckerei und in die Ortsmitte von **Großklein.**

Erlebnispunkte

Hallstattzeit-Museum: Geöffnet Mitte April bis Ende Oktober, 10–12 und 14–17 Uhr (Ruhetage: Mo, Di); Sondertermine nach Vereinbarung. Führungen und Informationen: Susanne Niebler, Handy 0664/2714414 – www.archaeo-grossklein.com

Kreuzberg: Mit der gleichnamigen Aussichtswarte. Die OeAV-Sektion Leibnitz errichtete im Juni 1959 ein Gipfelkreuz; es wurde 1983 renoviert und schließlich 1994 erneuert.

Kreuzbergwarte: Der Aussichtsturm wurde 1994 erbaut und am 19. Juni eröffnet. 117 Stufen führen zur Aussichtsplattform; diese liegt 25 Meter über dem Erdboden. Eine erste Warte – von dieser sind nur noch Fundament-Reste erhalten – war 1930 erbaut worden; sie verfiel jedoch Anfang der 1950er-Jahre. Die neue, seit dem Jahr 1994 bestehende Warte wurde – *Für gutes Bauen* – mit der „Geramb-Rose“ ausgezeichnet.

Kitzecker Weinwanderweg

Weinland-Gäste wollen wandern

56

Kitzeck nennt sich „der höchstgelegene Weinbauort Europas". Dieses große Prädikat lässt sich profund erweitern, denn Kitzeck – dessen typische Ortsbild-Silhouette aus allen Himmelsrichtungen gut wahrnehmbar ist, weil die von Pappeln umsäumte Kirche und die zum Ortskern gehörenden Häuser auf einem Höhenrücken stehen – hat sich mittlerweile mit einem soliden Wanderwegenetz umgeben. Gleichermaßen kompetent erfolgen persönliche Beratungen im örtlichen, zugleich für die Region zuständigen Tourismusbüro, wo rechtzeitig erkannt wurde: „Viele unserer Gäste wollen die Umgebung erwandern."

In **Kitzeck** (563 m) ab dem Weinmuseum westseitig – zunächst die Straße abwärts, jedoch alsbald auf einem Flurweg bergab – in den **Kroisgraben** (330 m). Bachaufwärts gelangt man zur **Mühle** (397 m) und zu einem Bildbaum (413 m); Weggabelung: Geradewegs im Graben bergan. Auf der Höhenstraße zum **Buschenschank Aldrian** (480). Entlang einer Flurstraße zum **Weingut** und **Buschenschank Schwarz**; hier steht ein Wegkreuz (504 m). Durch Weingärten zum Landesweingut Silberberg/Annaberg. Auf einem breiten Flurweg bergab. Entlang von Weingärten sowie im Schatten von Kastanienbäumen und stämmigen Buchen abwärts zur Straße im hinteren **Wellinggraben** (335 m). Beim Bächlein zum Kastanienwald. Darin bergan zur Perlleiten und an dieser in Richtung Gehöft Weixelberger vlg. Fink (428 m). Wenig davor zur Straße. An ihr, leicht

Die Wanderstrecke

Speziell beschildert; durchgehend Weg Nr. 8
Gehzeit 3.30 Std.
Weglänge 9,5 km
Anstieg zirka 520 Hm
Abstieg zirka 520 Hm
Höchster Punkt Kitzeck im Sausal (563 m)
Tiefster Punkt Kroisgraben (330 m)

Ausgangs-/Zielpunkt

Kirchplatz in Kitzeck (563 m)

Anfahrt

Mit dem Auto A9 Pyhrnautobahn, Ausfahrt Leibnitz; über Kaindorf – Silberberg – Heimschuh nach Kitzeck; Parkplatz gegenüber der Kirche
Mit dem Zug ÖBB; S-Bahn-Linie 5, IC-Bahnhof Leibnitz, umsteigen in den Bus
Mit dem Regionalbus Linie 607 Leibnitz – Höch, Haltestelle Kitzeck Kirchplatz. Diese Verbindung ist eher nur lokal nützlich.

Der höchstgelegene Weinbauort Europas: Kitzeck.

Landschaftsprägend im Weinland: Pappeln wurden ursprünglich als „Blitzschutz“ gesetzt.

Einkehrstätten

Buschenschank Albert (Ruhetage: Mi, Do); Familie Cramer, Tel. 03456/2239 www.weingut-albert.at
Buschenschank Aldrian (kein Ruhetag); Tel. 03456/3618
Buschenschank Schwarz (Ruhetage: So, Mo, Di); Tel. 03456/3064 www.schwarz-kitzeck.at
Buschenschank Warga-Hack (Ruhetage: So, Mo); Tel. 03456/2282 www.warga-hack.at

Im Ort Kitzeck
Kirchenwirt (Ruhetage: Mo, Di); Familie Heber, Tel. 03456/2225 www.kirchenwirt-heber.at

Information/Orientierung

Fahrplan im Internet
www.busbahnbim.at
Tourismusverband Sulmtal – Sausal
Kitzeck, Tel. 03456/3500
www.sulmtal-sausal.at
Wanderkarten
ÖK, BMN-Blatt 190 oder UTM-Blatt 4105; FB-WK 411; örtliche Wanderbroschüre mit Karten

bergan, zum Gehöft Taucher (450 m), dessen Hof man durchquert. Anschließend am Rand von Weingärten zu einer Straße (500 m). Auf einem Wiesenpfad bergan – Blick auf Graz! – und zum **Buschenschank Albert** (530 m); dieser besteht seit dem Jahr 1848. Auf der nahen Anhöhe steht der **Buschenschank Warga-Hack**. Der Weinwanderweg leitet folgend weiter: Zunächst entlang der Straße. Bevor diese ansteigt, zweigt man links ab. Auf einem Wiesenweg zu einem Waldsteig und abwärts zu einem Bächlein. Im Grabengrund über einen **Steg** (470 m). Kurz steil bergan, zirka 20 Hm, sodann, linker Hand, auf einem breitem Waldweg abwärts in den **Stumpfgraben** (420 m). Daraus durchwegs mäßig steil bergan. Schließlich entlang einer Straße zum Gehöft Schuster vlg. Josl am Steinriegel. Nun von Südosten her in die Ortsmitte von **Kitzeck** (563 m).

Erlebnispunkte

Kitzeck/Steirisches Weinmuseum: Geöffnet 1. April bis 31. Oktober, jeweils an Sa, So, Fei, 10–12 und 14–17 Uhr; Tel. 03456/3500
Mühle im Kroisgraben: Mit Kneippanlage und Brunnen.

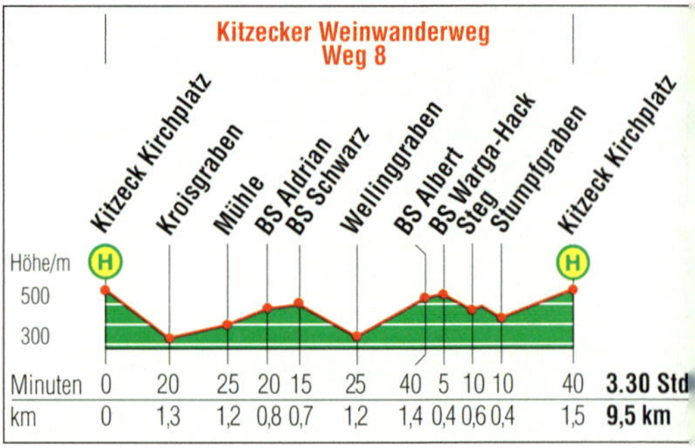

Buschenschank-Panorama-Rundweg am Theresienhügel

57

Die Wanderstrecken

Die Kapelle prangt auf einer Hügelkuppe

Brennpunkt Sausal: Grundsätzlich ist es möglich, an beliebiger Stelle in diesen einzigartigen Rundweg einzusteigen. Die Theresienkapelle prangt – weithin sichtbar – auf der Kuppe des mit Weingärten bedeckten Theresienhügels. Flurstraßen, die auch zu Fuß gut benutzbar sind, leiten sternförmig heran. Sie verbinden Gleinstätten speziell mit Höch am Demmerkogel. Freundlicherweise gestattet die Familie Hofer, dass Wandergäste, die per Auto kommen, beim Gasthaus Hofer parken dürfen. Die Logistik ist jedoch erweiterbar: Mehrere Buslinien bedienen Gleinstätten, folglich kann am Theresienhügel auch die Reisekombination „Wandern mit Bus und Bahn“ nachvollzogen werden – freilich eher an Schultagen.

In **Maierhof** (305 m) weist ein grünes Schild zur Theresienkapelle; weitere Schilder weisen zum Theresienhügel. Das mittlere Ziel bzw. der höher liegende Ausgangspunkt ist in jedem Fall gleich: das Gasthaus Hofer. Bis hierher folgt man einer Bergstraße.

Ab dem **Gasthaus Hofer** (470 m) über die Kuppe einer Flurstraße zu dem in einem urigen Bauernhaus

Maierhof – GH Hofer – Maierhof
Bergstraße
Gehzeit 1.10 Std.
Weglänge 4 km
Anstieg 165 Hm
Abstieg 165 Hm
Höchster Punkt GH Hofer (470 m)
Tiefster Punkt Maierhof (305 m)

Buschenschank-Panorama-Rundweg
Speziell beschildert
Gehzeit 1.35 Std.
Weglänge 5,8 km
Anstieg 170 Hm
Abstieg 170 Hm
Höchster Punkt Theresienkapelle (561 m)
Tiefster Punkt Buschenschank Adam (455 m)

Sausaler Idylle: Auf dem Theresienhügel.

Am Buschenschank-Panoramaweg: Ein Ferienhaus wie aus dem Bilderbuch.

Ausgangs-/Zielpunkte

Gasthaus Hofer (470 m)
Bushaltestelle Maierhof/Gleinstätten GH Sackl (305 m)
Bushaltestelle Plöderlberg Temmel (für BS Adam, 470 m)

Anfahrt

Mit dem Auto A9 Pyhrnautobahn, Ausfahrt Leibnitz; über Heimschuh – Fresing nach Pistorf-Maierhof; Wegweiser zum Theresienhügel
Mit dem Zug ÖBB; S-Bahn-Linie 5, IC-Bahnhof Leibnitz; umsteigen in den Bus
Mit dem Regionalbus Linie 605/650 Leibnitz – Großklein bzw. Großklein – Graz, Haltestelle Maierhof/Gleinstätten GH Sackl
Linie 606 Leibnitz – Wies, Haltestelle Maierhof/Gleinstätten GH Sackl
Linie 644 Gleinstätten – Höch, Haltestelle Plöderlberg Temmel (beim BS Adam). Diese Verbindung ist eher nur lokal nützlich.
Linie 650 Graz – Arnfels; umsteigen an der Haltestelle Gleinstätten Sulmtalerhof

etablierten **Buschenschank Sackl vlg. Maurerannerl** (500 m). Halbwegs eben in Richtung Hollerberg: Beim Sackgassenzeichen zu einem Schotterweg und diesen abwärts zur **Kapelle** in **Hollerberg** (470 m); an ihr ist die Jahreszahl 1876 angeschrieben. Anschließend auf Asphalt, leicht bergan und

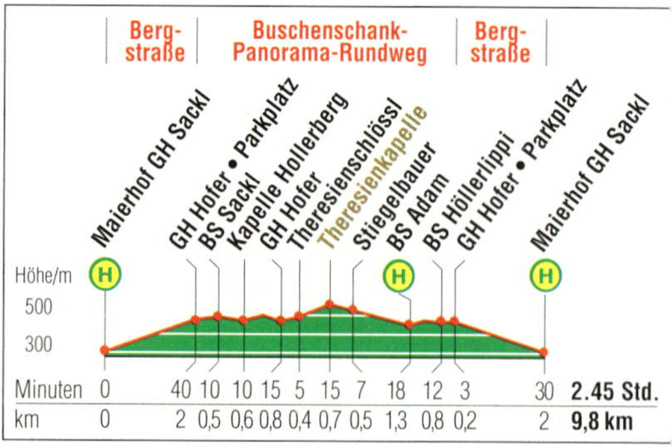

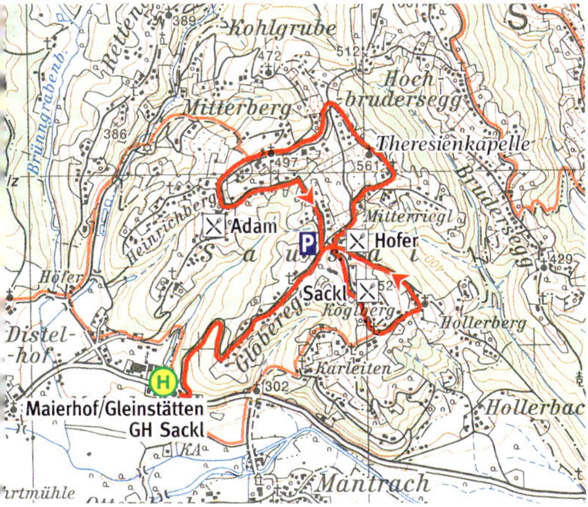

über eine Geländekuppe (500 m), zum **Gasthaus Hofer** (470 m). Nun jedoch bergwärts. An der nahen Straßengabelung steht ein feudal wirkendes Wohnobjekt: das **Theresienschlössl** (510 m). Vorteilhaft ist es, die Weingartenzeilen entlang des Wiesengrundes so weit zu umgehen, bis man den zum Theresienhügel führenden Flurweg erreicht. Er führt direkt zur **Theresienkapelle** (561 m).

Dieselbe Flurstraße leitet zur Kreuzung beim **Ferienhaus Stiegelbauer** (535 m); Vermietung unter Tel. 03457/2514.

Die südwestwärts führende Straße bergab. Man kommt vorbei am Objekt Hörnerschneider. Nach der Ortstafel „Oberer Plöderlberg" steht eine der heiligen Maria von Osterwitz geweihte **Kapelle** (497 m); diese wurde 1889 erbaut. Die Straße abwärts zur nächsten Gabelung: Hier steht der **Buschenschank Adam** (455 m). Die Flurstraße führt zu einer Kurve (500 m) und durch einen Waldschopf in den sonnseitig liegenden Weiler Baumgarten. Vom **Buschenschank Höllerlippi** ist es nur noch ein „Katzensprung" zum benachbarten **Gasthaus Hofer** (470 m).

Für alternativ Reisende: Die Bergstraße abwärts nach **Maierhof** (305 m).

Erlebnispunkt

Theresienhügel: Auf dessen frei zugänglicher Kuppe steht die Theresienkapelle. Prächtiger Rast- und Aussichtsplatz; mit Rastbänken unter einem Baum. Auffallend sorgfältig gepflegt sind die breit angelegten Weingärten.

Rückfahrt

Mit dem Auto: Eventuell über Höch am Demmerkogel und Preding

Mit dem Regionalbus: Eventuell mit der Linie 753 nach Groß St. Florian (Anschluss zur Wieserbahn, Richtung Graz)

Einkehrstätten

Buschenschank Adam (Ruhetage: Mo–Do); Tel. 03457/2684

Buschenschank Höllerlippi (Ruhetag: Di); gj.; Familie Mischinger, Tel. 03456/2440

Buschenschank Sackl geöffnet Ostern bis Mitte November an Sa, So, Fei; Handy 0650/8227134

Gasthaus Hofer (kein Ruhetag); Sausal 71, Familie Hofer, Tel. 03456/2540

Information/Orientierung

Fahrplan im Internet
www.busbahnbim.at

Tourismusverband Sulmtal – Sausal
Kitzeck, Tel. 03456/3500
www.sulmtal-sausal.at

Wanderkarten
ÖK, BMN-Blatt 190 oder UTM-Blatt 4105; FB-WK 411; lokale Wanderbroschüre mit Karten

58

Über den Wildoner Berg: Der Hengist-Kulturwanderweg

Die Wanderstrecke

Markiert; abschnittsweise spezielle Beschilderung
Gehzeit 6.30 Std. (3 Abschnitte)
Weglänge 21,5 km
Anstieg 415 Hm
Abstieg 415 Hm
Höchster Punkt Buchkogel (550 m)
Tiefster Punkt Bahnhof Wildon (296 m)

Ausgangs-/Zielpunkte

Bahnhof Wildon (296 m); Park+Ride-Platz
Bushaltestelle Wildon Bahnhof/Abzw. Schule (300 m)
Bushaltestelle Wildon Hauptplatz (314 m); Parkplätze

Verkürzte Strecke ab/bis
Buschenschank Bockmoar (449 m); Parkplatz

Steinzeit, Pipelines, Koralmbahn

Wer offenen Sinnes unterwegs ist, erfährt entlang dieser Strecke – dem Hengist-Kulturwanderweg – viel Wissenswertes zu Geologie und Historie, aber auch zu moderner Technik.
Die Entstehung des Wildoner Berges begann vor zirka 16 Millionen Jahren. Noch bis vor 14 Millionen Jahren existierte rudimentär eine nach Südosten offene Meeresbucht samt aktiven Vulkanen.
Die Besiedelung am Wildoner Schlossberg begann vor rund siebentausend Jahren (Jungsteinzeit). Im Jahr 892 wird erstmals der Name „Hengistfeldon" erwähnt. Während des Hochmittelalters wurde die Alte Reichsstraße mittels vier Burgen kontrolliert.
In der Gegenwart dominieren im Raum Hengsberg zwei Infrastruktur-Großprojekte: Zeitgleich entstehen die Koralmbahn und die dritte Transalpine Gasleitung.
Das Fazit: Der Hengist-Kulturwanderweg öffnet – gleich einem einfachen, jedoch wertvollen Schlüssel – Einblicke in verborgene Wissensbereiche.

Abschnitt A: Wildon – Buchkogel – BS Bockmoar
Gehzeit 2.30 Std.; Anstieg 260 Hm; Abstieg 120 Hm; Weglänge 7,3 km
Nächst der **Kirche in Wildon** (314 m) informiert die erste **Schautafel** zum „Hengist-Wanderweg" bzw. zum „Hengist-Kulturpark". Man geht – vorbei an der Bushaltestelle Wildon Hauptplatz – durch den Unteren Markt abwärts und zum Café Lecker.

Im Sattel von Unterhaus: Populärwissenschaftlich aufbereitetes Wissen.

Von der Hengistburg zum Anschluss an die Koralmbahn: Das Dorf Hengsberg.

Hierher gelangt man auch vom **Bahnhof Wildon** (296 m).
Vor dem Schulkomplex an der Alten Reichsstraße informiert – in Bezug zum hiesigen 2800 Jahre alten Gräberfeld – die **Schautafel** „Urgeschichtliche Siedlungsspuren".
Kurz danach zweigt man rechts ab und biegt auch aus der Straße „Im Rasental" wiederum rechts ab. Der Weg heißt „Am Reinbach". Bei einem Gehöft leitet eine Stiege zu einem Flurweg. Eine Flurstraße schließt an; diese mündet bei der **Marienkapelle** (370 m) in die zum Bockmoar führende Zufahrt. Hier, am **Sattel** von **Unterhaus,** wo auch die Rasentalstraße einmündet, stehen die beiden **Schautafeln** „Wildoner Schlossberg, Archäologie" und „Wildoner Schlossberg, Burgen".
In Richtung Bockmoar folgt man der Straße nur bis zum Waldrand und zweigt an der **Gabelung** (P. 419) in die Forststraße ab. Unweit des Wegschrankens steht die **Schautafel** „Wildoner Berg"; mit Fakten zur Geologie und Archäologie. Ein interessantes Detail aus der Namenskunde: Der Wildoner Berg wurde, seiner Form zufolge, im Mittelalter „Hengst" genannt.
Entlang der Forststraße in einen **Waldsattel** (520 m); **Schautafel** „Geologie des Wildoner Berges". Nun durch Waldgelände zur Gipfelkuppe – Steinmeißspitze benannt – auf dem **Buchkogel** (550 m). Ein Kreuzlein (mit den Jahreszahlen 1932–1995) und die Fundamentreste der ehemaligen Aussichtswarte

Anfahrt

Mit dem Auto A9 Pyhrnautobahn, Ausfahrt Wildon
Mit dem Zug ÖBB; S-Bahn-Linie 5, Bahnhof Wildon
Mit dem Regionalbus
Jeweils Haltestelle Wildon Hauptplatz oder Wildon Bahnhof/Abzw. Schule
Linie 600 Graz – Bad Radkersburg
Linie 620 Graz – St. Georgen an der Stiefing

Rückfahrt

Mit dem Regionalbus
Linie 602 Leitersdorf – Leibnitz; ab Haltestelle Hengsberg Hauptplatz.
Diese Verbindung ist eher nur lokal nützlich.

Einkehrstätten

Buschenschank Bockmoar (Ruhetag: Di), täglich ab 13 Uhr; Qualitäts-Buschenschank, Weingut, Winzerzimmer; Familie Jöbstl-Arbeiter,
Tel. 03182/2534
www.bockmoar.at
Im Gastraum erinnert ein Sprungschi an den lebensfrohen Senior Luis Jöbstl-Arbeiter (1921–2005); er war fünf Jahre Schilehrer in Norwegen und sagte von sich – augenzwinkernd – „ich bin der einzige, zugleich älteste Schispringer und Weinbauer der Steiermark".

Gasthaus Schuchlenz (kein Ruhetag), in der Ortsmitte von Hengsberg;
Johann Bernhardt,
Handy 0664/4502168

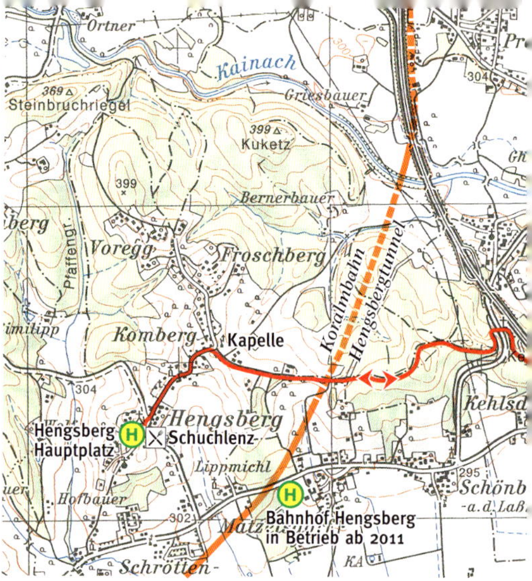

(sie wurde im Jahr 1935 demontiert) markieren diesen unscheinbaren Kulminationspunkt. Nun abwärts zur **Gabelung** mit der **Schautafel** „Archäologie am Wildoner Berg"; sie informiert über Steinzeit, Bronzezeit, Eisenzeit, Römerzeit, Mittelalter; weiters speziell zur Jungsteinzeit bzw. Kupferzeit (spätes 5.–3. Jh. v. Chr.) und zur Urnenfelderzeit (10.–8. Jh. v. Chr.).
Auf Waldwegen abwärts zum **Buschenschank Bockmoar** (449 m) auf dem Bockberg.

Abschnitt B: BS Bockmoar – Hengsberg – BS Bockmoar

Gehzeit 3 Std.; Abstieg und Anstieg jeweils 160 Hm; Weglänge 10,4 km
Ab dem **Buschenschank Bockmoar** (449 m) zunächst dem Flurweg abwärts folgen, dann auf einer Flurstraße am Fuß des Bockmoar-Weingartens berg-

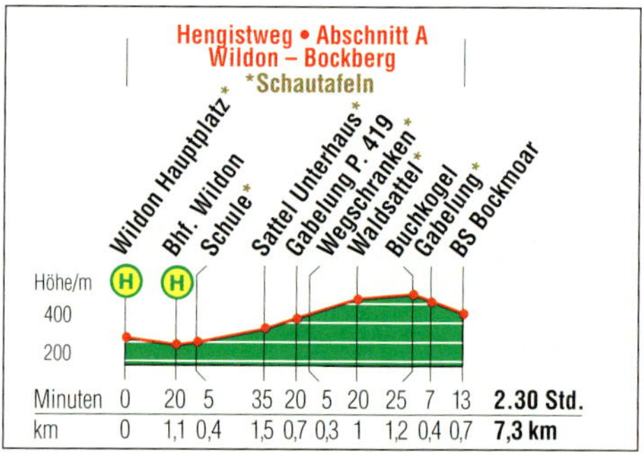

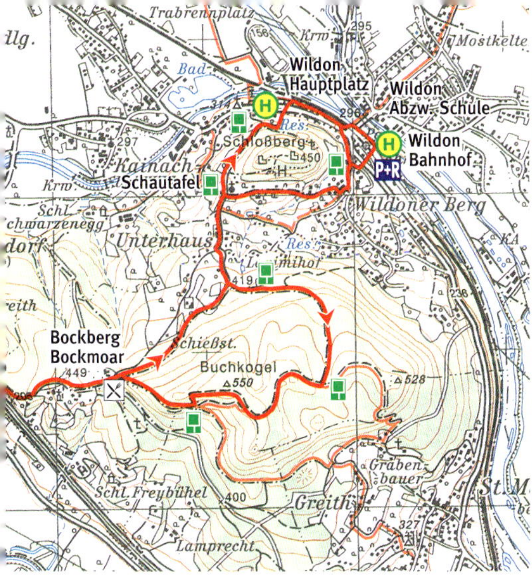

ab zur Brandnerhuabn (Schönberg 11). Eine **Brücke** leitet über die A9 Pyhrnautobahn. Anschließend geht man rechts und erreicht einen **Gedenkstein** (Inschrift: „Luis, 1977"). Die Landesstraße vorsichtig (!) überqueren. Auf einer Holztreppe die Böschung bergan. Linker Hand weiter. Sodann folgt man, rechtshaltend, grünen und roten Pfeilen. Ein breiter Waldweg führt zum **TAG Signal 215** (Transalpine Gasleitung). Geradeaus zur **Kapelle** in **Komberg** (370 m). Die Gemeindestraße entlang und, linker Hand, abwärts nach **Hengsberg** (331 m).
Rückweg auf der gleichen Strecke zum **Buschenschank Bockmoar** (449 m) auf dem Bockberg.

Abschnitt C: BS Bockmoar – Wildon

Gehzeit 1 Std.; Abstieg 155 Hm; Weglänge 3,8 km
Ab dem **Buschenschank Bockmoar** folgt man einem Waldweg (er verläuft oberhalb einer Schießstätte)

Information/Orientierung

Fahrplan im Internet
www.busbahnbim.at
Gemeindeamt Hengsberg
Tel. 03185/2203
www.hengsberg.at
Kulturpark Hengist
Wildon, Hauptplatz 61,
Handy 0676/5300575
info@hengist.at
www.hengist.at
Wanderkarten
ÖK, BMN-Blatt 190 oder
UTM-Blatt 4105; FB-WK 411

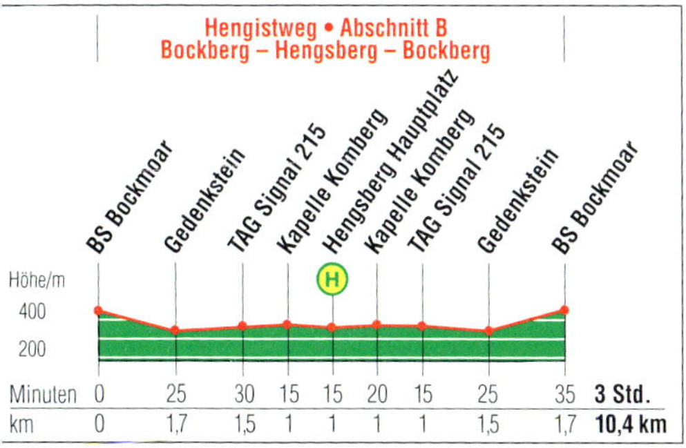

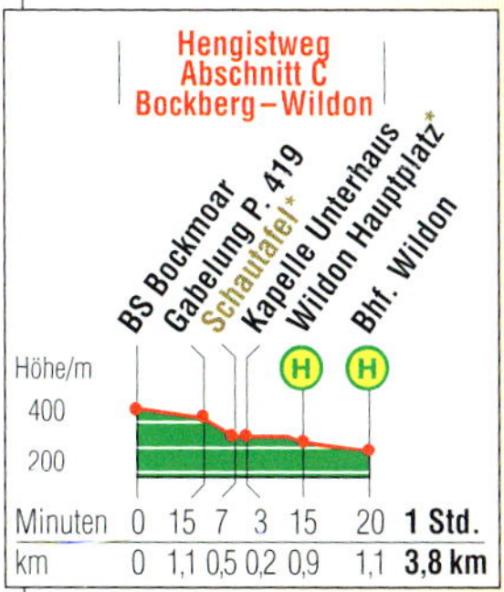

Auf dem Bockberg: Der Buschenschank Bockmoar.

bis zur **Gabelung** (P. 419). Nun auf Asphalt entlang von Wohnhäusern zu den **Schautafeln** im Sattel von **Unterhaus** und zur **Kapelle.** Geradeaus weiter: An der Straße „Am Schloßberg" nordseitig, eben, bis an deren Ende. Eine eiserne **Treppe** leitet abwärts zur Ortsmitte. Diese erreicht man bei der Fleischerei Brenner; gleich daneben befindet sich die Bushaltestelle **Wildon Hauptplatz** (314 m).
Wer mit dem Zug heimwärts fährt, geht durch den Unteren Markt zum **Bahnhof Wildon** (296 m).

Erlebnispunkte

Bockberg: Die Ried Bockberg (im Besitz der Familie Jöbstl-Arbeiter) gilt als das „älteste Weinbaugebiet der Steiermark"; Weinbautätigkeit ist bis zum Beginn der Bronzezeit (1700 v. Chr.) nachweisbar. Anno 1846 sind im Grundbuch 5 ha Rebfläche ausgewiesen (zum Vergleich: landesweit allgemeine durchschnittliche Größe je Weinbaubetrieb 30–40 Ar; im Jahr 2009 jedoch 1,4 ha).
Mitte der 1960er-Jahre standen auf altem Rebengrund 3000 Pfirsichbäume. Seit dem Jahr 2008 sind die Rebflächen zehn Hektar groß.

Hengsberg/Rundgang: Über der Kirchentür entdeckt man die Jahreszahl 1653. Grabstätte der gräflichen Familie des Enffans d'Avernas; älteste Inschrift: „Josef Graf v. Av., geb. 24. 11. 1850, gest. in Freybühel 30. 1. 1851". Die am Dorfplatz mit 1992 datierte Gedenktafel (sie erinnert an das Jubiläum „1100 Jahre Hengsberg") ist Direktor Paul Ofner gewidmet; er wirkte 1936–1991 an der örtlichen Schule.

Hengsberg/Hengistburg-Museum: 1976 wurden im Chorbereich der Kirche Hengsberg – im Zuge von Restaurierungsarbeiten – Grabungen durchgeführt, deren Ergebnisse seit 1977 als „Hengistburg-Museum" zugänglich gemacht sind.

Hengsberg/Koralmbahn: Ab dem Jahr 2011 wird Hengsberg per Bahn erreichbar sein. Im Zeitraum Sommer 2008 bis Mai 2010 entsteht der Hengsbergtunnel (Länge 1,7 km), er verbindet Laßnitztal und Kainachtal.

Wildon/Hengist-Museum: Im Schloss, Hauptplatz 55; Öffnungszeiten: Mai bis Oktober an Sa, So, Fei jeweils 14–17 Uhr, auch nach Vereinbarung; Handy 0676/5300575

Wildoner Schlossberg: Mit Ruinen der ehemaligen Veste Ober-Wildon; mit Heiden- bzw. „Blutthurm". Über die Erbauer der Burg (sie stammen vermutlich aus der Römerzeit) fehlen Daten. Die Herren von Wildon waren im 12. Jh. bedeutend; das Geschlecht der Wildoner starb 1307 aus. Nachfolgend besaßen verschiedene Familien die Burg.

St. Josef: Theater unter freiem Himmel

59

Ein Vorbild: St. Josef in der Weststeiermark

Unter allen Ausflusgzielen in der Region Süd-West-Steiermark zählen die „Theaterwege" zu den am besten organisierten Routen. Gleichermaßen vorteilhaft ist die Logistik: Der Einstieg zur Wanderstrecke erfolgt unmittelbar an der GKB-Bahnhaltestelle Oisnitz-St. Josef. Nächst dieser Bahnstation bzw. beim Gasthaus Hitty-Hösele sind auf einer Übersichtstafel alle drei Theaterwege dargestellt. Diese lassen sich kombinieren, sowohl in beliebiger Reihenfolge als auch in beliebiger Richtung. In jedem Fall durchquert man das Theaterdorf St. Josef.

Fuß-Symbole weisen ab der **Bahnhaltestelle Oisnitz-St. Josef** (321 m) zum benachbarten **Gasthaus Hitty-Hösele.** Anschließend leiten die blauen Farbmarken entlang einer Flurstraße zum **Buschenschank Broadmoar** (335 m). Flurwege und Waldwege leiten zur Gabelung auf dem **Rohrbachberg** (390 m). Man folgt einer Höhenstraße südwärts und

Zu allen Jahreszeiten: Willkommen im weststeirischen Theaterdorf St. Josef.

Die Theaterwege

Rot: Der „erlebnisreiche Theaterweg" bildet das Herzstück und ist als Themenweg gestaltet; Gehzeit zirka 1 Std.; Weglänge 1,5 km; Buggytauglich. Mit 16 Stationen; der Eingang ist als Maske gestaltet; es folgen die Stationen „Tunnel", „Lass es klingen" usw. Das Ende all dieser spannenden Spielstationen bildet die Station 16 „Applaus, Applaus".

Gelb: Ab/bis Ortsmitte St. Josef; Gehzeit 1.30 Std., Weglänge 5 km

Blau: Ab/bis Bahnhaltestelle Oisnitz-St. Josef (via St. Josef); Gehzeit 2.30 Std., Weglänge 9 km

Öffnungszeiten am Themenweg
März, April, September, Oktober
jeweils 9–18 Uhr
Mai bis August jeweils 8:30–18:30 Uhr.
Für Gruppen auch Führungen

Zentraler Ausgangspunkt
Gemeindeamt St. Josef

Die Wanderstrecke

Eine Kombination aus Teilen speziell beschilderter Strecken
Gehzeit 3.30 Std.
Weglänge 14,2 km
Anstieg 320 Hm
Abstieg 320 Hm
Höchste Punkte Höllerkogel und Höhenstraße (jeweils 402 m)
Tiefster Punkt Teiplgraben (310 m

Ausgangs-/Zielpunkt

Bahnhaltestelle Oisnitz-St. Josef (321 m)

Anfahrt

Mit dem Auto A2 Südautobahn, Ausfahrt Lieboch; über Lannach nach St. Josef in der Weststeiermark
Mit dem Zug GKB; S-Bahn-Linie 6 Bahnhaltestelle Oisnitz-St. Josef

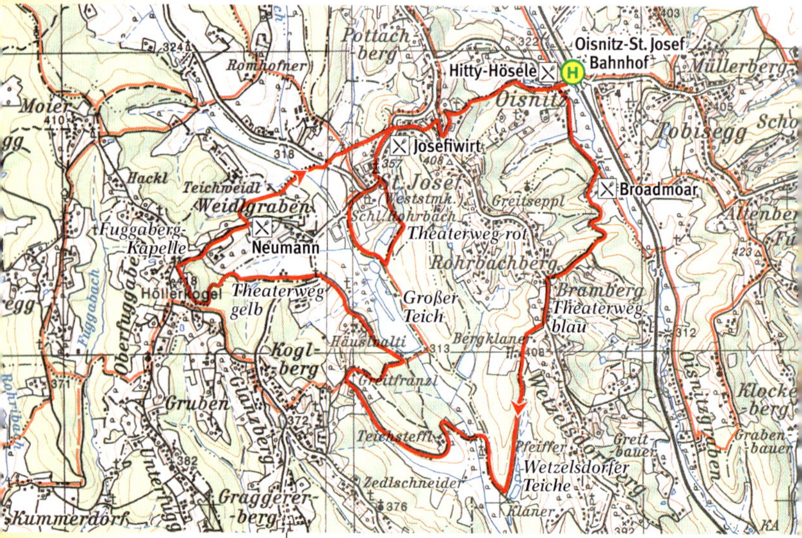

Information/Orientierung

Fahrplan im Internet
www.busbahnbim.at

Gemeindeamt St. Josef
Tel. 03136/81124-12
www.theaterdorf.at

Verkehrsverbund-Freizeitbroschüre
Nr. 550-2 Entlang der Wieserbahn

Wanderkarten
ÖK, BMN-Blätter 189 und 190 oder UTM-Blätter 4104 und 4105; FB-WK 411

zweigt alsbald rechts ab. Eine Flurstraße verbindet zum **Waldrand** (370 m); hier befindet sich die **Rastbank** „Rosenkogel-Reinischkogel-Blick“. Durch ein Waldstück abwärts und im Talboden, den Waldrand entlang, zur Rastbank „Wetzelsdorfer Teichlandschaften“, gegenüber den **Wetzelsdorfer Teichen** (310 m).

Auf einem Flurweg taleinwärts, vorbei an einem Wegkreuz (310 m), auf einer **Holzbrücke** über den Teiplbach und bergan zum **Gehöft Teichsteffl** (336 m). Auf der Hofzufahrt zum benachbarten **Gehöft Ninaus vlg. Greitfranzl** (358 m). Nun durch Wald abwärts. Am **Großen Teich** (313 m) – hier steht eine gleichnamige Rastbank – gabeln sich die zwei langen Theaterwege. Man folgt nun der gelb beschil-

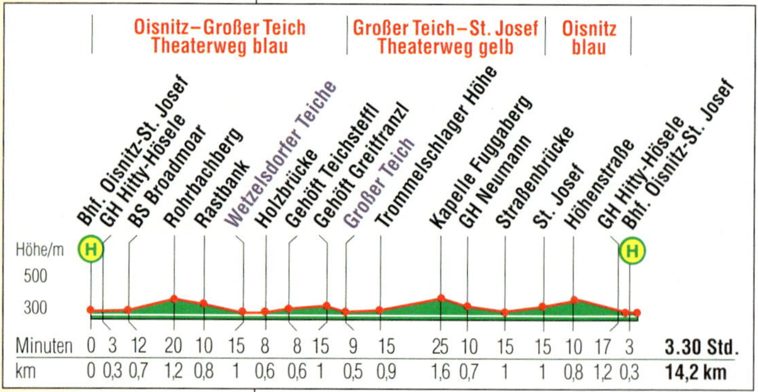

derten Strecke, bleibt daher im Wald herüben und erreicht danach die Rastbank **„Trommelschlager Höhe"**. Ein Flurweg leitet zu einem verfallenden Gehöft (330 m). Nach dem Hochsitz auf einem Waldsteig bergan zum Waldrand am **Höllerkogel** (402 m) und entlang eines Wiesenpfades zur **Fuggaberg-Kapelle** (400 m). Die Straße abwärts zur nahen **Mostschenke Neumann** (356 m). Gegenüber, unter Obstbäumen, zu einem kleinen Waldstück. Darin abwärts in den breiten Talboden. Auf einem Wiesenpfad gelangt man zur Rastbank **„Platz der Dichter"** (325 m). Anschließend entlang eines Rainweges, zwischendurch auf einem Steg über den Teiplbach. Alsbald auf einer **Straßenbrücke** (316 m) über den Pottachbach und zu einer Gabelung. Die Flurstraße bergan zur Marienkapelle und zur Rastbank **„Platz der Liebenden"** (325 m). Geradewegs in die Dorfmitte von **St. Josef** (357 m).
Kurz nach dem **Gasthaus Josefiwirt** zweigt man rechts ab. Nach dem letzten Haus leiten Steinplatten über einen Wiesengrund zur **Höhenstraße** (402 m). Auf einer Hofzufahrt abwärts zur Schafzucht Wölkart (365 m). An einer Waldecke (340 m) steht die Rastbank **„Oisnitzer Toscana"**. Dem Fahrweg folgend zum **Gasthaus Hitty-Hösele.**
Der Rundweg schließt an der **Bahnhaltestelle Oisnitz-St. Josef** (321 m).

Einkehrstätten

Buschenschank Broadmoar geöffnet Do ab 16 Uhr, an Fr, Sa, So, Fei jeweils ab 14 Uhr; in Oisnitz; Familie Krispel, Tel. 03136/83041 oder Handy 0699/81700635

GH Hitty-Hösele (Ruhetag: Di, an Mi bis 15 Uhr), nächst der Bahnhaltestelle; Tel. 03136/81122

GH Josefiwirt (kein Ruhetag), St. Josef; Tel. 03136/81128

GH/Mostschenke Neumann (Ruhetage: Mo, Di), an der Straße St. Josef – Fuggaberg; Tel. 03136/81409

Das Natur-Juwel im Teiplgraben: Der Große Teich.

60 Der Gundersdorfer Rundwanderweg

Hand in Hand, für Stadt und Land

Frisch, saftig, steirisch.

Gundersdorf ist ein schmuckes Dorf. Hier versteht man sich darauf, Gästen die Umgebung näherzubringen: Der Rundweg – er wurde am 18. August 2008 sachkundig nachmarkiert, danke! – erweist sich als ein herzeigbares Beispiel: Ja, so eindeutig wie um Gundersdorf möge überall im weststeirischen Kulturland der Verlauf von Wanderwegen wahrnehmbar sein. Das zusätzliche Argument für Gundersdorf: fühlbare Gelassenheit. Die Wirtin des Gasthauses Scheibermichl und der Wirt des Buschenschanks Wieser verständigen sich herzhaft auch mit solchen Gästen, welche wissbegierig nachfragen über Land und Leute. Daraus entstehen gute Bande: Hand in Hand, für Stadt und Land.

In **Gundersdorf** (492 m) beim **Gemeindeamt** die Stiege abwärts. Am Rand des Weingartens geht man bergab zu einem Fahrweg und, auf diesem bachaufwärts, zum Wegkreuz im **Zachgraben** (444 m); gegenüber steht die ehemalige Zachmühle. Im Zachgraben zu einer Gabelung. Rechtshaltend, in Richtung Hochstraße, bergan. Man unterquert die Südautobahn – sie überbrückt den Zachgraben – und gelangt durch Wald zur **Bäuchlkapelle** (547 m), GKB-Bushaltestelle. Nur wenige Schritte davor und am Waldrand verbindet ein Pfad zum weiterführenden Waldweg; das aufgemalte Datum 18. 8. 2008 erinnert an den bislang jüngsten Markierungseinsatz. Der Weg leitet ein längeres Stück durch Mischwald. Schließlich erreicht man einen Wiesengrund,

Die Wanderstrecke

Bezeichnet mit Wegnummer 1
Gehzeit 3 Std.
Weglänge 10,6 km
Anstieg 350 Hm
Abstieg 350 Hm
Höchster Punkt Hochstraße (600 m)
Tiefster Punkt Zirknitztal, Gehöft Grinschgl (345 m)

Ausgangs-/Zielpunkte

Bushaltestelle Gundersdorf
GH Florlwirt
Gemeindeamt Gundersdorf (492 m), Parkplatz

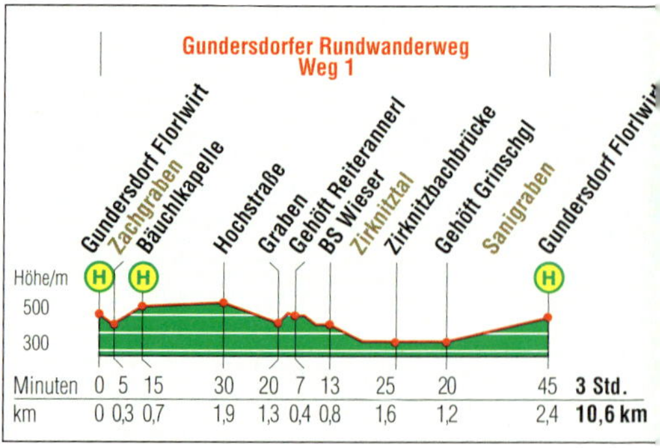

einen malerischen Winkel. Danach gelangt man zur Kreuzung an der **Hochstraße** (589 m). Nach der Straßenkurve rechts abzweigen: Auf einer Flurstraße bergab zum **Gehöft Schmiedriepl** (520 m); das Wohnhaus – der Urbau stammt von 1839 – wurde sachkundig renoviert. Bei einem alten **Klapotetz** inmitten von Weingartenzeilen abwärts. Nach einem Türl leitet ein Waldsteig zu einem kleinen **Graben** (460 m) und aus diesem, unterhalb einer Weide, leicht bergan zur Straße. Auf dieser abwärts zum **Gehöft Reiterannerl** (500 m). Hier zweigt man in eine Sackgasse ab. Ab deren Ende bzw. ab einer Zaunecke folgt man erneut einem Steig. Auf ihm gelangt man zu einer Autobahn-Unterführung (452 m) und gleich anschließend zum **Buschenschank Wieser** (447 m) am Assingberg.

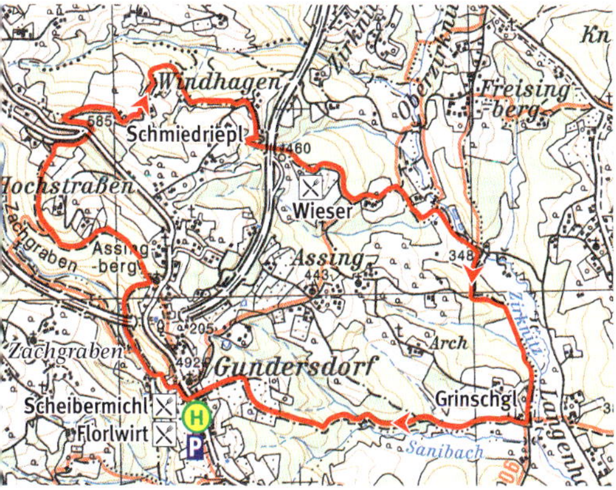

Weststeirisches Panorama: Von Gundersdorf über das Zirknitztal zum Wildoner Berg.

Anfahrt und Zugang

Mit dem Auto A2 Südautobahn, Ausfahrt Steinberg; Parkplatz beim Gemeindeamt Gundersdorf

Mit dem Regionalbus Linie 743 St. Stefan ob Stainz – Steinberg bei Ligist, Haltestelle Gundersdorf/GH Florlwirt. Diese Verbindung ist eher nur lokal nützlich.
Linie 760 Graz – Stainz, Haltestelle St. Stefan ob Stainz/Schulen

Fußwege nach Gundersdorf Ab St. Stefan ob Stainz (404 m), bezeichnete Wanderwege; Anstieg zirka 100 Hm:
ab dem Gemeindeamt Gehzeit 1 Std.;
ab den Schulen (Weg Nr. 06) via Gehöft Grinschgl, Gehzeit 1.15 Std.

Solide Bau-Substanz aus dem Jahr 1806: Der Buschenschank Wieser.

Einkehrstätten

Buschenschank Wieser
geöffnet April bis Oktober, Fr–So; Familie Vollmaier, Tel. 03463/81826

In Gundersdorf
Gasthaus Florlwirt (Ruhetage: Mo, Di); Josef Fuchs-Maierhofer, Tel. 03463/81480
Gasthaus Scheibermichl (Ruhetage: Do und Fr, ausgenommen, wenn Fei); Familie Baumgartner, Tel. 03463/82160

Information/Orientierung

Fahrplan im Internet
www.busbahnbim.at
Gemeindeamt Gundersdorf
Tel. 03463/80260
www.gundersdorf.at
Wanderkarten
ÖK, BMN-Blatt 189 oder UTM-Blatt 4104; FB-WK 132

Entlang der Hofzufahrt abwärts zu einer Gabelung. Ein Wiesenweg leitet in den schmalen Grund des **Zirknitztales.** Nach zwei kleinen Teichen erreicht man die **Zirknitzbachbrücke** (348 m). Die Flurstraße kurz bergan zu einer Gabelung (355 m). Von ihr talseitig zu einem Pfad. Er führt über ebenen Wiesenboden zu einem Steg. Anschließend folgt man einem Flurweg zum **Gehöft Grinschgl** (345 m). Ab hier bergwärts: Nur kurz der Straße folgen. Sogleich verbindet ein Flurweg, entlang eines Maschenzaunes, zum Wald im **Sanigraben.** Der Waldweg mündet schließlich in Weingärten. Durch diese und den anschließenden Hohlweg bergan zum Florlwirt und zugleich in die Dorfmitte von **Gundersdorf** (492 m).

Erlebnispunkt

Buschenschank Wieser: Das Anwesen stammt aus dem Jahr 1806 und es steht auf einem geradezu idealen Platz. Erstens liegt der Rastplatz unter einem Nussbaum, zweites liegen im Blickfeld u. a. der Bachern, der Demmerkogel samt dem Sausal, ja auch der Stradnerkogel und der Schöckl. So originell wie stark nachgefragt ist beim Wieser die „Ein-Meter-Jause"; sie kann auch mehr oder weniger lang bestellt werden. Das zusätzliche Anbot: Produkte im Ab-Hof-Verkauf.

Wasserschloss und Wartenstein

61

Schlüssig nachvollziehbar

Der Reiz dieses Ausfluges setzt sich zusammen aus der verlässlichen ÖV-Logistik und aus dem Reiz der kontrastreichen Landschaft. Hinzu kommt jenes Quäntchen Nostalgie, welches die technischen Anlagen im Bereich des Wasserschlosses abstrahlen. Schließlich fügt sich aus all den gewonnenen Impressionen der Gesamteindruck: Am Rande des Kainachtales gibt es schlüssig nachvollziehbare Ausflugsziele. Nicht zuletzt deshalb, weil im Korridor Graz – Köflach die GKB-Züge und GKB-Busse auch an Wochenenden fleißig verkehren.

An der **Bahnhaltestelle Gaisfeld** (370 m) über die Eisenbahnkreuzung (km 29,081) und zum Transformator. Den Wiesenpfad bergan. Über eine Wegkuppe (386 m) abwärts in den **Teigitschgraben** (358 m). Bachaufwärts, anfangs einem Flurweg folgend, danach auf Asphalt zu einem **blauen Haus** (380 m). Entlang der bergwärts führenden Straße, durch Wald, zu einer Häusergruppe auf einer **Anhöhe** (500 m). Von hier aus nimmt man u. a. das Wasserschloss wahr. Im bewaldeten Grabengelände überquert man den Salzbergbach. Ab der Gabelung leitet, eben beginnend, eine Hofzufahrt zu Wiesengründen und zum **Gehöft Lichtenegger vlg. Edlerbauer** (536 m). Unmittelbar danach verläuft die Trasse des Schrägaufzuges und der Druckleitung. Auf einem Wiesen-

Die Wanderstrecke

Derzeit erst ab dem Wasserschloss deutlich bezeichnet
Gehzeit 4.15 Std.
Weglänge 14,3 km
Anstieg 545 Hm
Abstieg 555 Hm
Höchster Punkt Wartenstein (803 m)
Tiefster Punkt Teigitschgraben (358 m)

Ausgangspunkt

Bahnhaltestelle Gaisfeld (370 m)

Zielpunkt

Bahnhof Krottendorf-Ligist (360 m)

Vom Gehöft Schörgihiasl zum Gehöft Wendl: Der feine Wiesenpfad führt entlang junger Kastanienbäume.

Anfahrt

Mit dem Zug GKB;
S-Bahn-Linie 7,
Bahnhaltestelle Gaisfeld
Mit dem Regionalbus
Linie 700 Graz – Köflach,
Haltestelle Gaisfeld Trafik

Rückfahrt

Mit dem Zug GKB;
S-Bahn-Linie 7, ab Bahnhof
Krottendorf-Ligist
Mit dem Regionalbus
Linie 700 Graz – Köflach,
ab Haltestelle Krottendorf
Ort

Anfahrt/Rückfahrt

Mit dem Auto nach Krottendorf; P+R-Platz am Bahnhof
Mit dem Regionalbus
Linie 703 Ligist – Krottendorf, Haltestelle Krottendorf-Ligist Bahnhof

steig bergan zum weithin auffallenden, gelben Objekt: Das **Wasserschloss** (600 m) steht oberhalb eines Schrägaufzuges und zweier Druckleitungen. Ab dem Wasserschloss weisen Wegtafeln und Markierungen die weitere Richtung: Man folgt einer Hofzufahrt bis zu einem weiß-roten Wegschranken. Anschließend, auf einem Waldsteig, gelangt man abkürzend zur weiterführenden Hofzufahrt und auf dieser zum **Gehöft Schörgihiasl** (700 m). Kurz danach leitet die Markierung über einen Wiesengrund zu einer Reihe junger Kastanienbäume. Neben diesen direkt bergan. Das ehemalige **Gehöft Wendl** (755 m) liegt auf einer außergewöhnlich harmonisch gestalteten Anhöhe. Anschließend folgt man einem schönen Waldweg. Er leitet zur Gemeindestraße. Auf ihr entlang zum **Saatzwirt** (733 m); dieses urige Bauerngasthaus wird ortsüblich **Kreuzblümel** genannt.

Dieselbe Gemeindestraße weiter entlang bis zu jener **Gabelung** (714 m) in einer sattelähnlichen Mulde. Nun auf Wiesenboden – anfangs am Rand eines Zaunes, alsbald entlang von Haselnuss-Stauden bzw. am Rand eines Waldstückes – leicht bergan. Man umgeht das Gehöft Märthans, erreicht erneut die Gemeindestraße, jedoch führt der markierte Weg sogleich in den Wald. Darin ansteigend, gelangt man zu großen Felsen, sogenannten „Öfen“. Eine Rastbank und ein schmächtiges Kreuz markieren den höchsten Punkt auf dem **Wartenstein** (803 m).

Der **Abstieg** führt anfangs durch ein Waldstück. Ab der **Lorikapelle** (680 m) überblickt man das Kai-

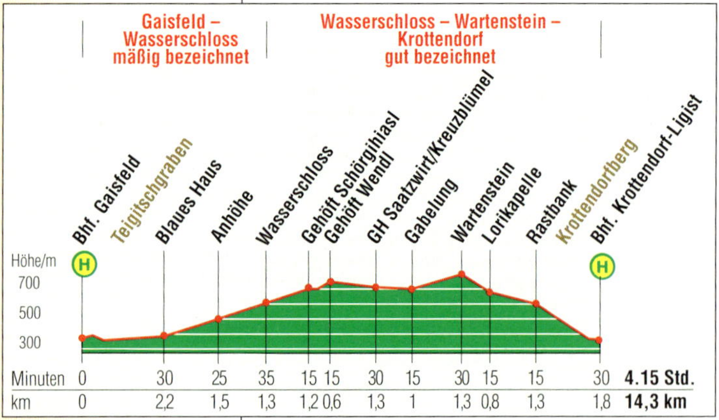

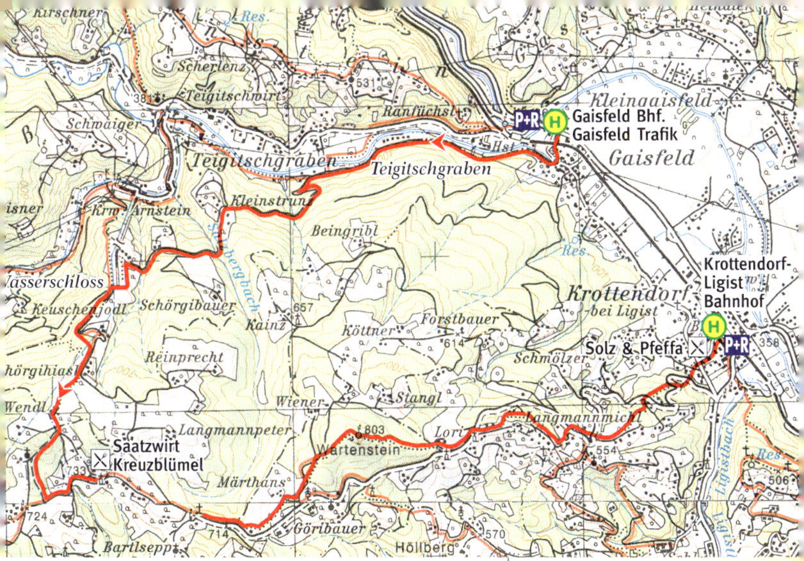

nachtal, zugleich weite Teile weststeirischen Raumes. Der markierte Weg führt zu einer nahe an einer Geländekante situierten **Rastbank** (605 m). Flurwege und Waldsteige – in wenigen Passagen auch Straßen – leiten am Krottendorfberg talwärts und direkt zum **Bahnhof** in **Krottendorf** (360 m).

Erlebnispunkte

Krottendorfberg: Weingärten, Aussichtspunkte.
Wartenstein: Massige Felsgebilde im bewaldeten Gipfelbereich.
Wasserschloss: Denkmalwürdiges Dienstgebäude aus der Epoche steirischer Kraftwerksbauten. Der Schrägaufzug und die zwei Druckrohrleitungen verbinden zu dem an der Teigitsch stehenden E-Werk Arnstein.

Einkehrstätten

Gasthaus Saatzwirt vlg. Kreuzblümel (kein Ruhetag); Familie Anton und Rosa Langmann, Tel. 03143/2135

Am Bahnhof Krottendorf-Ligist
Gasthaus Solz & Pfeffa
geöffnet Mo, Do, Fr jeweils 8–13 und ab 17 Uhr; Mi ab 17 Uhr; Sa und So jeweils 8–14 Uhr; Terrasse mit Nussbaum; Amanda Kollmitzer, Tel. 03143/2282
www.solzundpfeffa.at

Information/Orientierung

Fahrplan im Internet
www.busbahnbim.at
Gemeindeamt Krottendorf
Tel. 03143/2222
www.krottendorf-gaisfeld.at
Wanderkarten
ÖK, BMN-Blätter 163 und 189 oder UTM-Blätter 4104 und 4228; FB-WK 132

Am Krottendorfberg: Das Gehöft Marhold vlg. Lorenzbauer.

62 Zigöllerkogel und Lipizzanerwelt Piber

Am Rathaus in Köflach: Das verspiegelte Pferd.

Diese „Großfamilie“ lebt in Eintracht.

Die Harmonie der Kontraste

Die Stadt Köflach und deren Umgebung vermögen zu überraschen: Einerseits mit gepflegten, modern strukturierten Siedlungsräumen samt einem breiten Kulturland; andererseits mit einem Grüngürtel, welcher sich unmittelbar – daher speziell auch zu Fuß – aus dem Stadtgebiet erreichen lässt. Das Flair im Bereich der Therme Nova sowie jenes des Bundesgestüts Piber beleben die Harmonie der Kontraste. Kurzum: Die Lipizzanerwelt erweist sich als ein weit gedehntes Ausflugsziel.

Ab dem **Bahnhof Köflach** (451 m) zum Kreisverkehr an der Umfahrungsstraße; mit Unterführung und Zebrastreifen. Entlang der Bahnhofstraße zum Kunsthaus und zum **Hauptplatz.**
Wir schlagen vor, die Stadtmitte beliebig weit abzugehen, beispielsweise in Form eines **Stadtbummels:** Ab der Konditorei Singer den Wasserlauf abwärts zum Park vor der Volksschule und auch auf beliebiger Strecke zurück zur Konditorei. Nun zum **Rathaus.** Über den Herunterplatz gelangt man zur **Pfarrkirche** (449 m). Durch die Kirchengasse zum Gasthof Zur Weinlaube (1498 als Bauernhof erwähnt). Nach dem Hotel Jammernegg (Ledererhaus, 1719 errichtet) über den Gradenbach (Steinbrücke) und linker Hand zum Beginn der **Anton-Tax-Gasse;** Hinweis auf den AV-Weg 545 bzw. Turnersteig. In derselben Richtung die Gasse stadtauswärts. Linkshaltend in die **Karl-Kriegl-Straße;** aus

Stadtbummel in Köflach: Folge auch dem Wasser.

dieser beim Haus Nr. 13 wiederum links und zum Haus Zigöllerweg 45. Am **Waldrand** bis zu jener Gabelung (490 m), ab welcher ein deutlich ausgeprägter Ziehweg bergwärts führt. Auf ihm wandert man bis zur folgenden **Gabelung** (590 m). Weiterhin bergan. Ein roter Pfeil weist ein. In der steilen Rechtskehre jedoch geradeaus (!) und somit zur **Geländekante:** Das auskragende Felsköpfl ermöglicht umfassende Überblicke, u. a. auf Maria Lankowitz und die Stubalpe. Ein Waldsteig leitet zum unscheinbaren Kulminationspunkt auf dem **Zigöllerkogel** (684 m), der von Wald eingerahmt ist.
Man geht denselben Weg zurück zur **Gabelung** (590 m). Linker Hand führt der deutlichere Fahrweg aus dem Wald heraus zu einem Wiesensattel und aus diesem zum **Schachnerkreuz** (570 m); Rastbank, Wegtafeln; umfassender Überblick in Richtung Köflach. Diese Kapelle wurde von Mitgliedern der Berg- und Naturwacht 1982 erneuert.
Der Flurstraße abwärts zum nahen **Buschenschank Schachner** (550 m) folgen. Gleich nach dem Gehöft zweigt linker Hand ein Flurweg ab: Auf diesem in den nahen Wald. Darin zu einer Gabelung. An ihr rechtshaltend, nun rot-weiß-roten Markierungen folgend, durch Waldgelände zur Straße. An ihr talauswärts, vorbei an einem Hochwasser-Rückhaltebecken, zu einem **Teich** (480 m). Dem Teichweg folgend und über Stiegen zum Platz vor dem **Schloss Piber** (493 m). Hier steht man im Herzstück der **Lipizzanerwelt.** Innerhalb des Bundesgestüt-Areals legt man eine beliebig lange Spazierstrecke bzw. Exkursionsrunde zurück, beispielsweise zu den Weiden am Fesselweg.

Die Wanderstrecke

Unterschiedlich markiert und beschildert
Gehzeit 4 Std.
Weglänge 12,5 km
Anstieg 410 Hm
Abstieg 410 Hm
Höchster Punkt Zigöllerkogel (684 m)
Tiefster Punkt Bahnhof Köflach (451 m)

Ausgangs-/Zielpunkt

Bahnhof Köflach (451, 482 m, lt. Höhenmarke)

Anfahrt

Mit dem Auto nach Köflach; P+R-Platz am Bahnhof
Mit dem Zug GKB; S-Bahn-Linie 7, Bahnhof Köflach
Mit dem Regionalbus Linie 700 Graz – Köflach, Haltestelle Köflach/Sparkasse Hauptplatz

Natur-Oase gegenüber der Therme Nova: Der Dechantsteich.

In **Piber** ab dem Schloss bzw. ab der **Kirche** (493 m) zurück zum **Teich** (480 m). Gegenüber, an der Straße, beginnt der Wanderweg K-1, dessen Trasse eingeschottert ist. Sie verläuft anfangs am Waldrand, so dass sich gute Überblicke, u. a. in Richtung Heiliger Berg, ergeben. Nach der **Wegkuppe** (530 m) schlendert man im Wald abwärts und erreicht eine Straße; Wegtafeln. Der Waldweg linker Hand führt direkt zum **Dechantsteich** (470 m); Rastplatz, Infobüro.

Der zwischen der **Therme Nova** und dem Gymnasium liegende Fußweg verbindet stadtwärts. Durch die anschließende Kinderheimgasse gelangt man ins Zentrum und somit direkt vor das Rathaus. Auf dem Hauptplatz orientiert man sich wiederum an der **Konditorei Singer** und schlendert durch die Bahnhofstraße geradewegs zurück zum **Bahnhof Köflach** (451 m).

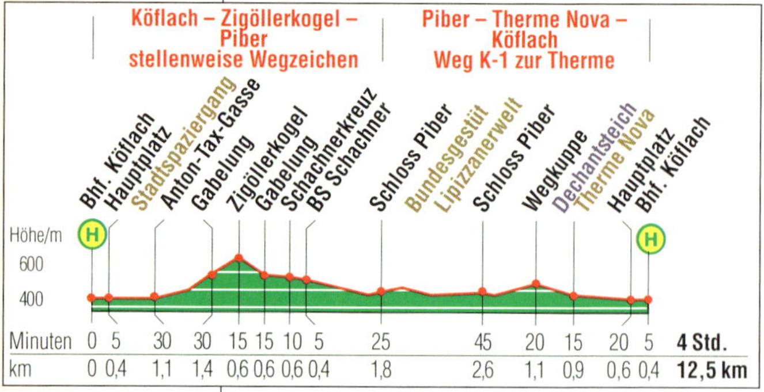

Erlebnispunkte

Dechantsteich: Mit Gedächtniskapelle, gepflegten Rastplätzen.

Köflach/Stadtzentrum: „Historischer Stadtspaziergang", Kurzbeschreibungen an den Objekten. Am Rathaus (errichtet 1998–1999) das „verspiegelte Pferd", geschaffen von Objektkünstler Gustav Troger. Broschüre „Köflach – eine Stadt zu entdecken".

Kunsthaus Köflach: Bahnhofstraße 6; Dienstag bis Sonntag, 10–17 Uhr; Tel. 03144/2519-780 – kunsthaus@koeflach.at

Lipizzanerwelt Piber: Frei begehbares Areal mit zahlreichen Erlebnisstationen, z. B. Fohlenstation, Kinderkino, Laufstall, Museum, Pferde-Arena, Pferdeschwemme, Schauschmiede, Wagenremise.
Neu: Kinder-Erlebnisweg, 13 Stationen.
Geöffnet April bis Oktober 9–17 Uhr (Ruhetag: Mo), November bis März für Gruppen nach Anmeldung, 9–11 und 13:30–16 Uhr. Einzelführungen täglich um 11 und 15 Uhr; Treffpunkt im Schloss-Innenhof.
Tel. 03144/3323
www.piber.com – www.lipizzanerwelt.at

Piber: Romanische Kirche; Barockschloss (erbaut 1696–1716).

Therme Nova: Eröffnet 2004; die Barbaraquelle (Bohrtiefe 1039 m) speist das Thermalwasserbecken; 1000 m² Wasserfläche. Spezielle Angebote: Montag/Seniorentag, 30 % Rabatt; Mittwoch/Familientag, freier Eintritt für Kinder unter 12 Jahren. Gut erreichbar auch ab dem Bahnhof Köflach auf Fuß- und Radwegen. Öffnungszeiten: täglich 9:30–21:45 Uhr. Tel. 03144/70100 – www.novakoeflach.at

Einkehrstätten

Buschenschank Schachner (Ruhetage: Di, Mi), geöffnet Mitte Jänner bis Palmsonntag, Donnerstag nach Ostern bis Mitte August und Mitte September bis Mitte Dezember, jeweils ab 14 Uhr; Familie Lesky, Tel. 03144/5804

In Piber
Gasthaus Lipizzanerstüberl
Gasthof Bardel Fesselweg 1

Am Hauptplatz in Köflach
Konditorei Singer mit Gastgarten; Krapfen-Schaubacken ab September/Oktober bis ins Frühjahr

Information/Orientierung

Fahrplan im Internet
www.busbahnbim.at
Stadtamt Köflach
Rathaus, Tel. 03144/2519
www.koeflach.at
Tourismusverband Lipizzanerheimat
Köflach, An der Quelle 3 (Dechantsteich);
Tel. 03144/72777
www.lipizzanerheimat.com
Wanderkarten
ÖK, BMN-Blätter 162 und 163 oder UTM-Blatt 4228; FB-WK 132

63

„Expedition Weiße Sulm“ und Wielfresnerweg

Von Granitbildhauer Carl Hermann geschaffen: „Der g'fangene Russ.“

Ein kostbarer Freiraum

Wer in bevorzugter Weise nur auf bezeichneten Wegen unterwegs sein will und deshalb auf eine möglichst exakte Beschilderung Wert legt, folgt besser ausschließlich dem Wielfresnerweg: Vom Gasthof Strutz schnurstracks in Richtung St. Katharina.
Wen es hingegen reizt, den Streckenverlauf allein der Karte zu entnehmen, und wer sich außerdem weder vor urigem Waldgelände noch vor knietiefen Furten scheut, der wird vermutlich Gefallen finden an der „Expedition Weiße Sulm“: Von der Strutzmühle zum Hohlfelsen – so viel Freiraum schätzt der Mensch.

Beim **Gasthof Strutz** (645 m) weist ein moosgrünes Täfelchen ein: Auf Waldboden steigt man ab zum Schwarzbach; an ihm steht die **Strutzmühle** (525 m).
Ab der Mündung des Schwarzbaches (517 m) folgt man der Weißen Sulm an deren orographisch linkem Ufer bachaufwärts zur **ersten Furt** (525 m): Neben Eisenstehern überquert man die Weiße Sulm. Am Rand der angrenzenden Wiese leiten mitunter Traktorspuren zu einem Fahrweg. Auf diesem grabeneinwärts, vorbei an einem **Fischteich** (544 m), bis zur letzten Kurve. Hier liegt die **zweite Furt** (552 m). Von der einstigen Brücke sind gegenüber, bei einem Felsblock, Reste eines Auflagers erkennbar.

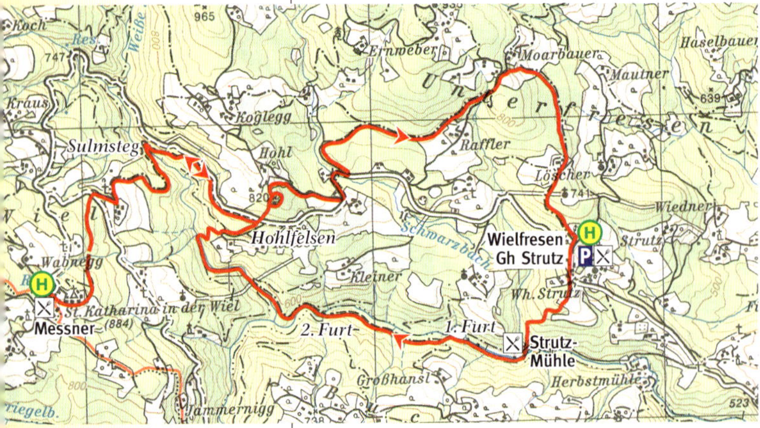

Mit Liebe zum Detail instand gesetzt: Die Strutzmühle.

Man watet jedoch etwas oberhalb durch die Weiße Sulm an ihr linkes Ufer. Von den hier sandigen Ablagerungen überquert man auf knapp 50 Meter Länge geradewegs den von Ranken überwucherten Waldboden. Anschließend leitet ein ausgemähter Streifen zu einem **Forstweg.** Auf ihm – taleinwärts – zur letzten Kurve. Anschließend leitet der **Fußweg** an der Weißen Sulm aufwärts, vorbei an einem verfallenen Steg (597 m) und an einer Riesenplatte im Bachbett, bis zu einem **Felsblock** (618 m) mit Fischerei-Utensilien. Kurz danach leitet ein steiler Waldweg zur Kurve jener Hofzufahrt, welche dem Gehöft Leitentoni (688 m) dient. Aus derselben Kurve aufwärts zum **Infopunkt „Hohlfelsen“** (730 m) an der Landesstraße L 652 (km-Marke 10,0).
Dieselbe Straße knapp 800 Meter entlang. Eine **gelbe Pfeiltafel** (730 m) weist ein: Den „Wielfresnerweg“ abwärts zum **Sulmsteg** an der Weißen Sulm (664 m). Auf einem teils hohlwegartigen Steig

Die Wanderstrecke

Beschildert Wielfresnerweg und GH Strutz – Strutzmühle
Gehzeit 5 Std.
Weglänge 18 km
Anstieg 780 Hm
Abstieg 780 Hm
Höchster Punkt St. Katharina in der Wiel (884 m) bzw. Gabelung vor dem GH Messner (900 m)
Tiefster Punkt Strutzmühle (517 m)

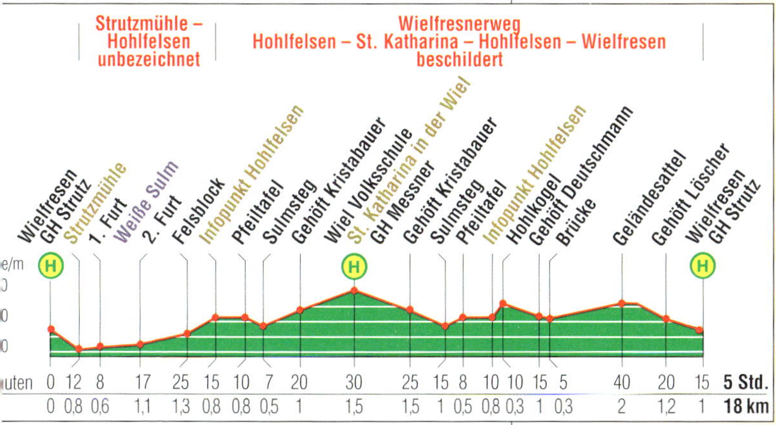

Nomen est omen: Der Durchschlupf am Hohlfelsen.

zu einer Forststraße. Auf ihr zum **Gehöft Kristabauer** (770 m). Unter Linden steht ein Wegkreuz. Pfeiltafeln weisen von Waldweg zu Waldweg. Zuletzt – kurz vor der **Kirche St. Katharina** (884 m) – steigt man auf Wiesengrund an. Man schlendert durch das Ortsgebiet zur ehemaligen **Volksschule**. Unweit davon steht das **Denkmal** „Da Russ"; nahe davon erreicht man das **Gasthaus Messner.**

Rückweg: Man geht von **St. Katharina** (884 m) dieselbe Strecke zurück zur Infotafel **Hohlfelsen** (730 m). Ab hier leiten Lärchenstipfel mit roten Punkten zu einer **Felsspalte;** es ist lustig, sich hindurchzuzwängen.

Dahinter liegt der sogenannte **Klopfplatz** (750 m). Nahe an den massigen Felsgebilden ansteigend, gelangt man zu einem Pfad inmitten niedriger Sträucher. Der höchste Punkt auf dem **Hohlkogel** (820 m) erweist sich als eine idyllische Insel und ebensolche Aussichtskanzel.

Man steigt denselben Pfad ab in den Wald. Darin gelangt man, rechter Hand, weglos zu einem **Weiher.** An ihm führt eine Straße vorbei. Diese leitet abwärts zur Landesstraße in Höhe des **Gehöftes Deutschmann** (732 m). Nun die Landesstraße abwärts zur **Brücke** (719 m) vor dem Anwesen Kangler. Danach weist eine gelbe Pfeiltafel erneut ein. Man geht eine Hofzufahrt bergan. Ab der nächsten **Abzweigung** (alte Holztafel mit Nr. 9) folgt man einem Waldweg und geht an der alsbald folgenden Gabelung geradeaus. Der „Wielfresnerweg" verläuft etwas eigenwillig, weil mit einigen Gegensteigungen,

Spezielle Anforderung

Unbezeichnet, stellenweise unwegsam ist der urige Abschnitt Strutzmühle – Weiße Sulm – Infopunkt „Hohlfelsen"

Ausgangs-/Zielpunkt

Gasthof Strutz (645 m), Wielfresen

Anfahrt

Mit dem Auto über Wies; ab dem Kreisverkehr an der Landesstraße über Vordersdorf – Wernersdorf nach Wielfresen

Mit dem Regionalbus Linie 783 Wies – Wiel, Haltestelle Wielfresen/GH Strutz. Diese Verbindung ist eher nur lokal nützlich.

St. Katharina in der Wiel

Dieses in wahrer Einschicht angesiedelte Bergdorf ist mit dem vom weststeirischen Dichter und Landarzt Hans Kloepfer (1867–1944) verfassten Gedicht „Der g'fangene Russ" untrennbar verbunden. Zu diesem berührenden Thema schuf Granit-Bildhauer Carl Hermann (1918 bis 1986) aus weißem Sandstein ein Denkmal.

Die Kirche – geweiht der heiligen Katharina – wurde im Zeitraum 1573–1682 erbaut und 1988 renoviert.

Gegenüber der Kirche, südseitig, steht das Gehöft Michelitsch vlg. Kirchenhansl von anno 1851.

„Expedition Weiße Sulm“: Durch die erste Furt.

er bietet jedoch etliche Male umfassenden Ausblick, so auch in jenem **Geländesattel** (812 m) nahe des Wohnhauses Unterfresen 16a. Schließlich gelangt man zum **Gehöft Fürpass vlg. Löscher** (719 m). Vom Rand der Streuobstwiese führt der Weg zu einem Waldstück. Kurz danach überblickt man den Ort Wielfresen – samt dem nahen Gemeindeamt und dem benachbarten **Gasthof Strutz** (645 m). In dessen Gastgarten pritschelt klares Koralmwasser über Steine. Erholsam!

Erlebnispunkte

Hohlfelsen: „Österreichs schönstes Eklogit-Vorkommen“. Die rund 60 Meter hohe „Felsenburg“ entstand vor 275 bis 250 Millionen Jahren aus feldspatreichem Gabbro. Bei einem Druck zwischen 22.000 und 25.000 bar sowie Temperaturen zwischen 700 und 730 Grad wurde der Gabbro zu Eklogit umgewandelt.

Strutzmühle: Schaumühle am Schwarzbach; errichtet 1854, zwischen 1950 und 1955 stillgelegt; im Jahr 2003 von Peter Fürbass sen. einfühlsam renoviert. Führungen: März bis Oktober; Infos beim Gasthof Strutz.

Weiße Sulm: Uriges, teils schluchtartiges Bachgelände. Oberhalb der Strutzmühle können nur Furten benützt werden.

Einkehrstätten

Alpengasthof Strutz (Ruhetag: Mi); hausgemachte Schmankerln und solide touristische Informationen; Familie Fürbass vlg. Strutz, Tel. 03468/304 – www.alpengasthof-strutz.at

Strutzmühle mit Jausenstation, geöffnet März bis Oktober; Peter Fürbass sen., Tel. 03468/304

In St. Katharina in der Wiel

Ab-Hof-Verkauf bei diversen Häusern; Infos am Gehöft Michelitsch vlg. Kirchenhansl

Gasthaus Messner (Ruhetag: Di), Jausenstation; warme Küche auf Vorbestellung; Peter Kogelek, Handy 0676/6804214, Tel. 03468/274

Information/Orientierung

Gemeindeamt Wielfresen
Tel. 03468/344
www.wielfresen.at

Wanderkarten
ÖK, BMN-Blatt 206 oder UTM-Blatt 4110; FB-WK 411

64

Glitzalm-Rundtour und Großer Speikkogel

Gedenkwürdiger Unterstand: Die Kramerin.

Almfrische Einkehrstätte: Die Glitzhütte.

Ein Stockwerk höher als die Glitzalm: die Goldhauben

Die Zufahrt zum Wirtbartl entführt zwar in einen entlegenen Winkel der Koralpe, um so mehr überrascht der Umstand, dass dieser Ausgangspunkt gern aufgesucht wird – insbesondere während der Schwammerlzeit. Wer diesem naturbedingten Segen frönt, folgt dem zur Glitzhütte führenden Weg wortecht als ein Suchender. Indessen liegen die alpinen Zielpunkte dieses Ausflugstipps sozusagen „ein Stockwerk oberhalb der Glitzalm“. Wer dorthin strebt, sollte sich die Zeit auch im Sinne folgender Überlegung einteilen: Der Wendepunkt der Glitzalm-Rundtour liegt beim Gedenkstein im Siebenbrunnsattel, ab hier lässt sich der Große Speikkogel einfach erreichen. Daraus ergibt sich eine gute Gelegenheit, auch den beiden „Goldhauben“ nahezukommen. Allerdings erweitert sich der Zeitaufwand um gut eine Stunde.

Vom **Gasthaus Wirtbartl** (1294 m) abwärts zum weißgrünen Schranken. Dahinter leitet die Markierung abkürzend zur weiterführenden Forststraße. An ihr weisen Holztafeln an mehreren Stellen in Richtung Glitzalm. Die Hütte steht an der Waldgrenze.

Ab der **Glitzhütte** (1592 m) führt ein Fahrweg almwärts. Man überquert den **Glitzbach** (1640 m). Die rot-weiß-roten Farbmarken leiten anschließend zur 380-kV-Leitung und deren Masten Nr. 111 und 110. Ab dem **Ochsenofen** (1760 m) steigt man geradewegs, teils entlang eines Almzaunes bzw. entlang der Landesgrenze Steiermark/Kärnten über Weideflächen an. Ein Felsen – er liegt hinter dem Zaun und daher auf Kärntner Boden – bildet den höchsten Punkt der **Bürgerhalt** (1950 m). Unweit davon, im **Siebenbrunnsattel** (1940 m), erreicht man einen **Gedenkstein:** Er ist zwei jungen Pfadfindern gewidmet: Ralph Scheidt und Christian Groß fielen am 1. Juli 1975 einem Wettersturz zum Opfer. Die elementare Wucht dieses Unglücks mahnt die Erkenntnis ein: Auch an der Koralpe sind Wind und Wetter latente objektive Gefahren.

Die Zusatzstrecke: *Vom* ***Gedenkstein*** *(1940 m) über den* ***Ochsenstein*** *zum weiter leitenden Höhenrücken. Auf diesem verläuft die Landesgrenze Steiermark/Kärnten auch über den* ***Kleinen Speikkogel*** *(2017 m). Nach jenem kleinen Sattel, wo ein Weg einmündet (und die Landesgrenze nun in Richtung Weinebene verläuft), steigt man neben Gratfelsen direkt an zum* ***Großen Speikkogel*** *(2140 m). Das Gipfelkreuz steht unmittelbar vor den beiden* ***„Goldhauben“,*** *wie die zwei Radarstationen genannt werden. An der Basis der südlichen Gold-*

Zusätzlicher Höhepunkt: Die Goldhauben auf dem Großen Speikkogel.

Die Wanderstrecke

Markiert und beschildert
Gehzeit 6.15 Std.
Weglänge 18 km
Anstieg 770 Hm
Abstieg 770 Hm
Höchster Punkt Großer Frauenkogel (1967 m)
Tiefster Punkt Gasthaus Wirtbartl (1294 m)

Zusatzstrecke: Großer Speikkogel

Markiert und beschildert
Gehzeit *1.15 Std.*
Weglänge *4,5 km*
Anstieg *200 Hm*
Abstieg *200 Hm*
Höchster Punkt *Großer Speikkogel (2140 m)*
Tiefster Punkt *Gedenkstein/ Siebenbrunnsattel (1940 m)*

Ausgangs-/Zielpunkt

Gasthaus Wirtbartl (1294 m)

Anfahrt

Mit dem Auto nach Schwanberg; über St. Anna – Schmuckbauerwirt – Jägerwirt zum GH Wirtbartl

Einkehrstätten

Gasthaus Wirtbartl geöffnet Mai bis Ende September; Familie Maritschnegg vlg. Diepold, Handy 0664/4236840

Glitzhütte geöffnet ab der letzten Maiwoche bis 10. September; urgemütlich eingerichtete Almhütte; Franz Leitinger, Handy 0664/5500015

An der Zufahrtsstraße

Schmuckbauerwirt (Ruhetag: Do), Ausflugsgasthaus in Oberfresen (1258 m); Sophie und Gottfried Koch, Tel. 03467/8406

Information/Orientierung

Tourismusverband Sulmtal – Koralm
Schwanberg,
Tel. 03467/8484
www.sulmtal-koralm.info

Wanderkarten
ÖK, BMN-Blatt 188 oder UTM-Blatt 4103; FB-WK 411

An der Gabelung oberhalb der Glitzhütte: Liebe zum Detail.

haube ist ein frei zugänglicher Unterstandsraum eingerichtet.

*Der Abstieg erfolgt durch den **Speiksattel** (2040 m) und entlang des Nord-Süd-Weitwanderweges 05 – auf der Koralpe mit 505 bezeichnet – zurück zum Gedenkstein.*

Rückweg: Vom **Gedenkstein** (1940 m) weglos durch den Siebenbrunnsattel zum **Großen Frauenkogel** (1967 m). Den breiten Almhang abwärts zum Weitwanderweg 05/505. Es lohnt, auch abseits dieses Weges von Kuppe zu Kuppe zu wandern, somit über

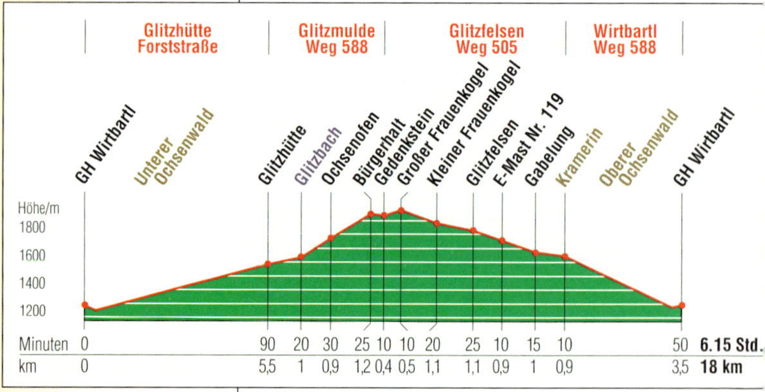

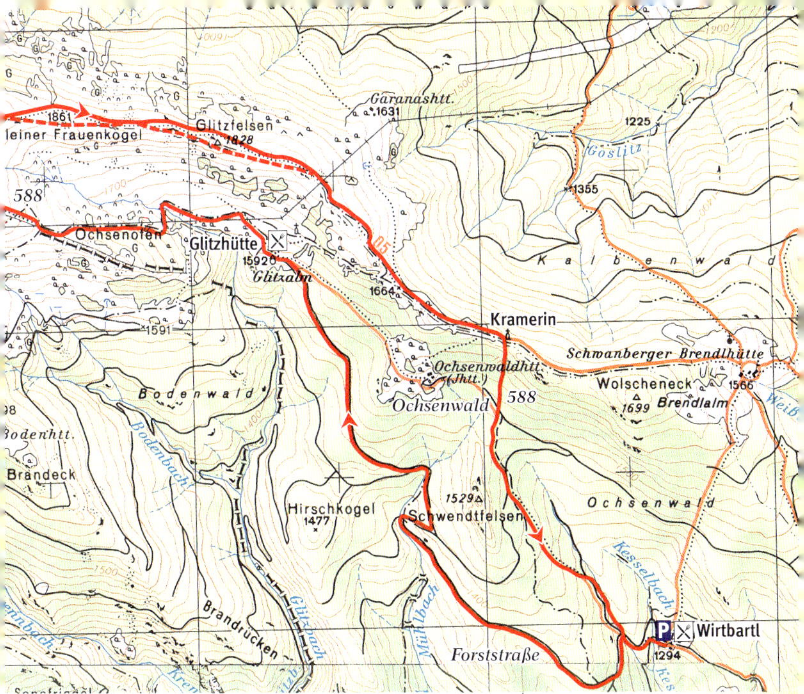

den **Kleinen Frauenkogel** (1861 m) und anschließend – leicht auf und ab – zu den **Glitzfelsen** (1828 m), einer markanten Felsengruppe. Nun auf dem Weg 505 zum **E-Mast 119** der 380-kV-Leitung. Sodann abwärts zu einer **Gabelung** (1664 m); hier mündet der Weg 588 ein. Er verläuft parallel zum Weg 505 zur **Kramerin** (1640 m); Wegweiser. Dem Weg 588 folgend – überwiegend auf einem Steig – durch Hochwald talwärts. Schließlich ein kurzes Wegstück auf einer Forststraße entlang gehen; sie führt direkt zurück zum **Gasthaus Wirtbartl** (1294 m).

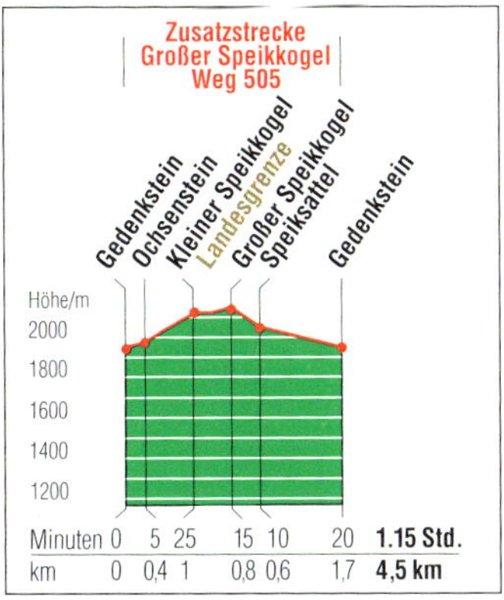

Erlebnispunkt

Kramerin: Ursprünglich ein Bildstock. In den Jahren 1998 bis 2000 von Mitgliedern der Berg- und Naturwacht zu einer Kapelle mit Unterstandsraum ausgebaut.

Folgende Begebenheiten sind an Ort und Stelle nachzulesen:

„17. 6. 1730 / Eine Weibsperson so toter in der Alm gefunden worden."

„Mai 1758 wurde auf der Alm der Kopf eines Weibsbildes gefunden und begraben."

„29. 2. 1764 / Eine Weibsperson aus Kärnten / welche zur Glashütte eilte / in den Schneewänden erfroren ist."

65

Hollenegg und St. Wolfgang

Gastlich und von feiner Qualität

Die „Wolfgangikirche“ ist ein verlässlicher Wegweiser: Der weiße Sakralbau – er steht auf einer großteils baumfreien Geländekuppe – ist von weither sichtbar. Zu jeder Kirche gehört ein ebenbürtiges Gasthaus: In diesem Fall gilt die Aufmerksamkeit der Ausflugsgäste dem Alpengasthaus „Zum Gregorhansl“. Dessen guter Ruf hat sich rasch verbreitet und hält auf hohem Niveau. Es wäre aber nicht die Südwest-Steiermark, gäbe es nicht eine lange „Versorgungskette“ – natürlich geprägt von Gastlichkeit und feiner Qualität. Auch aus diesen Gründen kann dieser Ausflug mitunter länger dauern als anfangs geplant: Schließlich sitzt man ebenso beim Buschenschank Eckfastl gern längere Zeit.

Vor dem **Bahnhof Deutschlandsberg** (369 m) weist eine Tafel zum LKH: Man folgt zu Beginn dem Bahnhofweg, überquert die Frauentaler Straße, gelangt zur Evangelischen Kirche und erreicht am Rand einer Parkanlage die Laßnitz. Ein Steg leitet über den jungen Fluss. Anschließend, entlang der Schwanberger Straße, zum Beginn eines Waldstückes: Hier biegt man in den **Alfred-Coßmann-Weg** ein. Eine Tafel informiert zum Hügelgräberfeld. Eventuell gleich am ersten Bahnübergang (km-Stein 32,8) das Gleis der Wieserbahn queren und weiter zur Leibenfelderstraße. Sie verläuft in erhöhter Lage, so dass man die Bezirksstadt Deutschlandsberg gut überblickt. Rechtshaltend, oberhalb der Bahntrasse, zum **Gasthaus Leibenfelder Stub'n** und zur

Die Wanderstrecke

Unterschiedlich beschildert und markiert
Gehzeit 4.45 Std.
Weglänge 17,4 km
Anstieg 600 Hm
Abstieg 590 Hm
Höchster Punkt Kirche St. Wolfgang (767 m)
Tiefster Punkt Deutschlandsberg, Laßnitzsteg (361 m)

Ausgangspunkt

Bahnhof Deutschlandsberg (369 m)

Zielpunkt

Bahnhaltestelle Hollenegg (380 m)

Anfahrt

Mit dem Auto nach Deutschlandsberg; P+R-Platz am Bahnhof
Mit dem Zug GKB; S-Bahn-Linie 6, Bahnhof Deutschlandsberg
Mit dem Regionalbus Linie 760, Graz – Deutschlandsberg, Haltestelle Rathaus

Zugang

Bushaltestelle Rathaus – Leibenfeld entlang der Hollenegger Straße

Rückfahrt

Mit dem Zug GKB; S-Bahn-Linie 6, ab Bahnhaltestelle Hollenegg

Blickfang in Hollenegg: Das Bauerngarten-Häuschen.

Hollenegger Straße. (Sie ist aus dem Coßmann-Weg auch an der EK km 32,581 erreichbar.) Stadtauswärts gelangt man zu einem Bildstock (Jahreszahlen 1712, 2007) und durch ein kurzes Waldstück zur Leibenfelder Höhe (400 m). Hier orientiert man sich am **Gasthaus Kaminstub'n.**

Nun durch die Edensiedlung: Rot-weiß-rote, mit der Nummer F5 ergänzte Wegzeichen leiten – beginnend zwischen der ÖBB-Infobox und der Kaminstub'n – zum Siedlungsrand bzw. zum **Wegkreuz** beim Haus Nr. 78. Weiter auf einem Fußweg: Eine breite rot-weiß-rote Markierung belebt einen Baumstumpf. Der Waldweg mündet in einen Wiesengrund. Strommasten der 380-kV-Leitung überragen die Idylle der Kellerstöckl. Nach dem Mast Nr. 171 durchquert man eine winzige Klamm, den Patrizi-Graben. Daraus bergan zur **Patrizi-Kirche** in **Hollenegg** (460 m). Eine Wegtafel weist in Richtung St. Wolfgang: Alsbald leitet ein Wiesensteig zur **Klementikapelle** (550 m); erbaut 1742, renoviert 1987. Anschließend folgt man einem Waldweg und gelangt, zuletzt am Waldrand ansteigend, bis in Höhe des Gehöftes Meßnerbauer. Steigspuren leiten geradewegs den Hügel bergan zur **Kirche St. Wolfgang** (767 m). Der Volksmund nennt sie „Wolfgangikirche". Infolge ihrer Lage – der schmucke Sakralbau steht auf einer großteils baumfreien Geländekuppe – ist diese kleine Kirche von weither sichtbar.

Eine Flurstraße leitet zum **Alpengasthaus Gregorhansl** (725 m). Sonnseitig, den Farbmarken des Weitwanderweges 06 folgend, der Straße abwärts folgen zum **Gehöft Steinbauer** (530 m); Wegkreuz, Tafel mit den Hausnamen „Spieler, Stoanbauer,

Von weither sichtbar: Die Kirche St. Wolfgang ob Hollenegg.

Einkehrstätten

Alpengasthaus Zum Gregorhansl (Ruhetag: Do); Familie Engstler, Tel. 03462/2610 www.alpengasthaus.com

Buschenschank Eckfastl (Ruhetag: Mi), geöffnet März bis Dezember; gj. Gästehaus; Familie Werner und Aloisia Kolleritsch, Tel. 03467/7527

Gasthaus Leibenfelder Stub'n (Ruhetage: Mo, Di), Leibenfelder Straße 32; Hubert Leitinger, Handy 0676/6830471

Gasthaus Sackl/Karpfenwirt (Ruhetage: Mo, Di), nächst der Bahnhaltestelle Hollenegg; Familie Sackl, Tel. 03462/2771

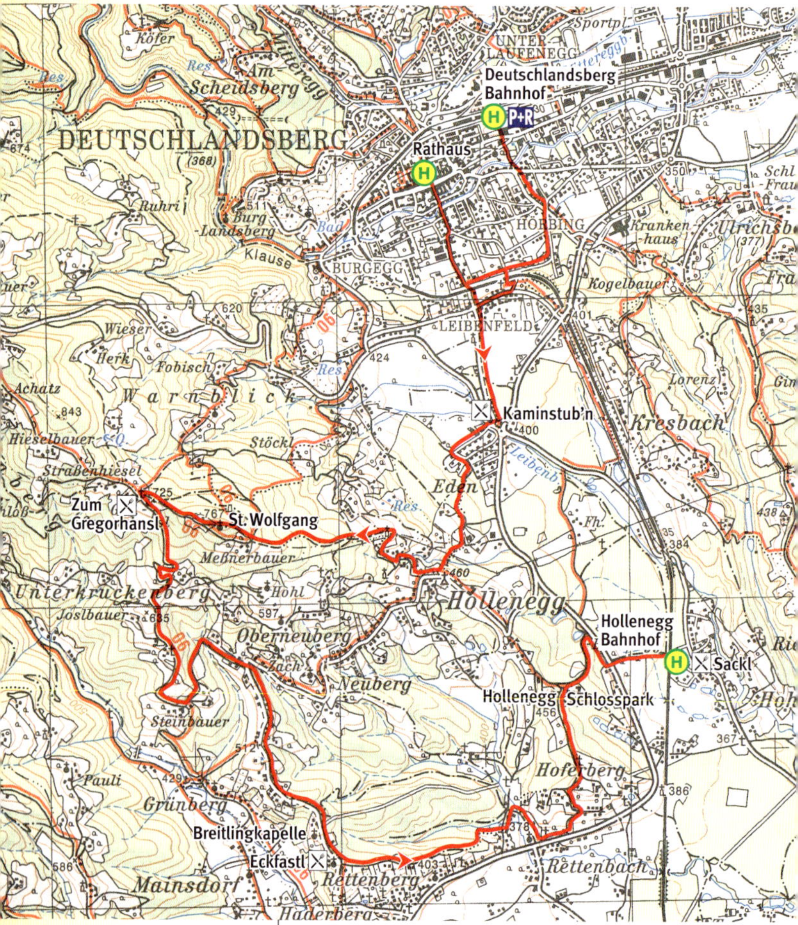
DEUTSCHLANDSBERG
Deutschlandsberg Bahnhof
P+R
Rathaus
Kaminstub'n
Zum Gregorhansl
St. Wolfgang
Hollenegg Bahnhof
Sackl
Hollenegg Schlosspark
Breitlingkapelle
Eckfastl
Warnblick
Hollenegg
Kresbach
Eden
Unterkruckenberg
Oberneuberg
Neuberg
Hoferberg
Grünberg
Mainsdorf
Rettenberg
Rettenbach
Leibenfeld
Hörbing
Burgegg
Unter Laufenegg
Kranken-haus
Kogelbauer
Lorenz
Klause
Burg-Landsberg
Ruhri
Köfer
Am Scheidsberg
Wieser
Herk
Fobisch
Achatz
Hieselbauer
Straßenhiesel
Stöckl
Meßnerbauer
Hohl
Joslbauer
Zach
Steinbauer
Pauli
Haderberg
Sportpl.
Ulrichsb
Res
Bad
Leibenb
Fh.

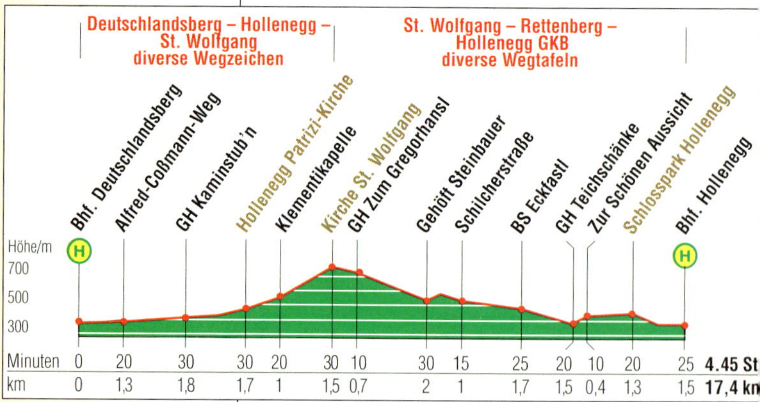
Deutschlandsberg – Hollenegg – St. Wolfgang
diverse Wegzeichen
St. Wolfgang – Rettenberg – Hollenegg GKB
diverse Wegtafeln
Bhf. Deutschlandsberg
Alfred-Coßmann-Weg
GH Kaminstub'n
Hollenegg Patrizi-Kirche
Klementikapelle
Kirche St. Wolfgang
GH Zum Gregorhansl
Gehöft Steinbauer
Schilcherstraße
BS Eckfastl
GH Teichschänke
Zur Schönen Aussicht
Schlosspark Hollenegg
Bhf. Hollenegg
Höhe/m
700
500
300
Minuten 0 20 30 30 20 30 10 30 15 25 20 10 20 25 4.45 St
km 0 1,3 1,8 1,7 1 1,5 0,7 2 1 1,7 1,5 0,4 1,3 1,5 17,4 km

Theissl". Ab hier die Flurstraße bergan, durch einen kleinen Graben und zur vorrangigen Schilcherstraße. Rechter Hand weiter. Nach dem Haus Nr. 63 gelangt man an eine Straßengabelung; nun links: zum Hochbehälter Oberaichegg, dem Buschenschank Hansentoni-Koch – nächst davon steht die renovierte Breitlingkapelle – und zum **Buschenschank Eckfastl** (480 m).
Ab der zum Gehöft Eckfastl gehörenden Kapelle (erbaut 1846, renoviert 1982) folgt man dem Weg 26; er führt anfangs am Rand der Rettenberger Weinhänge, danach durch Wald abwärts zum – eher sporadisch geöffneten – **Gasthaus Teichschänke** (390 m). Vom Teich weiter zum Bauhof. Kurz danach aus der Hans-Meier-Allee den Wiesenhang, am Schafzaun entlang, aufwärts zur **„Schönen Aussicht"**. Leider ist dieses Gasthaus nicht mehr geöffnet.
Die Flurstraße verbindet zu einem Lehrpfad, und auch dieser führt in den **Schlosspark Hollenegg** (456 m). Darin zweigt man ab: Den Wegtafeln folgend abwärts zur Landesstraße. Vorsicht beim Überqueren! Entlang einer Allee und durch ein kleines Waldstück gelangt man zur **Bahnhaltestelle Hollenegg** (380 m).
Eine längere Zeitspanne bis zur Abfahrt des Zuges in Richtung Graz lässt sich beim nahen Gasthaus Sackl – dem Karpfenwirt von Hohlbach – genussreich verkürzen.

Erlebnispunkte

Deutschlandsberg: Stadtzentrum mit Hauptplatz, Rathaus, Stadtpfarrkirche, Erzherzog-Johann-Park, Musikpavillon u. v. m.

Hollenegg: Mit Patrizi-Kirche. Während Sonntagsmessen ist auch die Schlosskirche zugänglich. Ganzjährig frei zugänglich ist der Schlosspark (Mammutbäume, Tulpenbaum, Himalayazeder, Platanen u. v. m.).

St. Wolfgang ob Hollenegg/Wolfgangikirche: Als „Zukirche" 1494 erbaut. Seit dem Millenniumsjahr 2000 wurde das Areal neu gestaltet, zugleich neu definiert als „Kraftplatz." An der südseitigen Kirchenmauer stehen Rastbänke; rasten macht stark. Eine Orientierungsplatte weist zu Kraftplatz-Zielen: Altötting (D) 250 km, Arad (ROM) 470 km, Assisi (IT) 460 km, Esztergom (H) 290 km, Frauenberg 26 km, Jerusalem (IL) 2390 km, Maria Osterwitz 11 km, Mariazell 110 km, Patmos (GR) 1410 km, Rila-Kloster (BG) 830 km, Rom (IT) 580 km, Velehrad (Mähren) 300 km. Ein Obelisk enthält diverse Gesteine.

Üppig in Farbe und Licht: Schlosspark und Schloss Hollenegg.

Information/Orientierung

Fahrplan im Internet
www.busbahnbim.at
Gemeindeamt Hollenegg
Tel. 03462/2746 – www.hollenegg.steiermark.at, www.hollenegg.gv.at
Tourismusverband Schilcherheimat
Deutschlandsberg, Hauptplatz 34, Tel. 03462/7520
www.schilcherheimat.at
Wanderkarten
ÖK, BMN-Blatt 189 oder UTM-Blatt 4104; FB-WK 411

66

Ruhri-Panoramaweg und Trahütten

Alte Wanderwege frisch markiert

Deutschlandsberg – die „Perle der Weststeiermark" – ist per Bahn gut erreichbar, ein Umstand, den viele Ausflugsgäste schätzen und erst recht auch nützen: Im Umgebungsbereich der Bezirksstadt Deutschlandsberg sind seit dem Sommer 2008 mehrere Wanderwege gut bezeichnet. Zusätzlich wurde der „Ruhri-Panoramaweg" angelegt. Dessen Entstehung ist insbesondere dem Entgegenkommen der Besitzerfamilie Josef und Maria Waldbauer vulgo Ruhri zu verdanken. Schließlich ist es mehr als fein, wenn alte Wanderwege neu markiert werden.

In Trahütten: Motiv des Friedens am Kriegerdenkmal.

Die Wanderstrecke

Unterschiedlich markiert und beschildert
Gehzeit 5.15 Std.
Weglänge 19,5 km
Anstieg 850 Hm
Abstieg 850 Hm
Höchster Punkt Paraplui (1050 m)
Tiefster Punkt Bahnhof Deutschlandsberg (369 m)

Ausgangs-/Zielpunkt

Bahnhof Deutschlandsberg (369,214 m – exakt laut Höhenmarke)

Anfahrt

Mit dem Auto nach Deutschlandsberg; P+R-Platz am Bahnhof
Mit dem Zug GKB; S-Bahn-Linie 6, Bahnhof Deutschlandsberg
Mit dem Regionalbus Linie 760 Graz – Deutschlandsberg, Haltestelle Rathaus

Ab dem **Bahnhof Deutschlandsberg** entlang der Bahnhofstraße 500 Meter stadteinwärts, zum Beginn eines Parks; Denkmal für Kaiser Josef II. Durch die Grünanlage zum Ringweg; auf ihm zur Schulgasse. Nach dem Café Olly's Stüberl geht man entlang einer Kastanienallee – die Grünfläche liegt zwischen der Poststraße und der Glashüttenstraße – stadtauswärts. Über das Gleis der Wieserbahn (EK km 31,553) zum Freibad und zur Laßnitzbrücke. Gegenüber befindet sich das Restaurant Al Ponte. Vor der Brücke klausenwärts: Gleich nach dem Guggenbacher Herrenhaus erreicht man den **Eingang zur Klause** (384 m); Wegweiser; Info-Kasten der OeAV-Sektion Deutschlandsberg.
Rund 50 Meter nach dem ersten Klausen-Steg zweigt der **Ruhri-Panoramaweg** ab:
Auf einem alten Ziehweg gewinnt man rasch an Höhe. Das urige Gelände wird von einem **Gerinne** (480 m) durchzogen. Der Waldweg mündet in eine **Hofzufahrt** (625 m); auf ihr bergan zum ersten Panorama: Beim Gehöft Fuchsamtmann (655 m) überblickt man umfassend das Laßnitztal. Wenige Minuten später erreicht man das **Gehöft Ruhri** (688 m); das gepflegte Anwesen gehört der Familie Josef und Maria Waldbauer. Am Rand des Waldes bzw. eines Gatterzaunes leitet der Steig zu einer Rastbank. Der anschließende Waldweg führt vorbei am **Veitlkreuz** (744 m), und man erreicht eine Flurstraße. Ihr folgt man, nur kurz, bis zur starken

Kurve (859 m). Wiederum verbindet ein Waldweg bergwärts, und man erreicht die Weineben-Landesstraße. Auf dem schmalen Gehstreifen zum nahen **Transformator** (905 m). Die breiten Wiesen des anschließenden Wildgeheges gewähren neue Blickwinkel und erweiterte Panoramen. Man erreicht eine **Gabelung** (917 m): Wegtafeln weisen u. a. in Richtung Trahütten. Der Ruhri-Panoramaweg – er verläuft nun parallel zum Alban-Berg-Weg – zweigt aus dem Sonnleitner-Weg ab und führt, nach einer kurzen Waldpassage, in ein weitläufiges Weidegelände. Zugleich öffnet sich der Ausblick mit wahren „Super-Panoramen" in Richtung Koralpe.

Der am Rand einer langen Reihe von Obstbäumen verlaufende Flurweg – nomen est omen: beschildert als **Obstallee** (950 m) – wird auch als Viehtrieb genutzt. Mitunter ist an drei, vier Stellen ein Weidezaun gespannt.

An die Obstallee schließt der Weberthoma-Weg an. Er verläuft zwischen Ferienhäusern und leitet zum **Gemeindeamt Trahütten** (996 m).

Das Bergdorf ist leicht zu überschauen. Man spaziert – von Objekt zu Objekt – zur Kirche und von ihr zur Volksschule. Abschließend ermöglicht ein Wiesenweg den Zugang zu einer Geländekuppe, dem **Paraplui** (1050 m); Rastbank. Der Höhepunkt des Ruhri-Panoramaweges ist erreicht. Zugleich erfüllt sich dessen Name mit Ausblicken, in der Breite der ausgestreckten Arme, aus dem Randbereich der Südost-Steiermark zum Gebirgsrand der Südwest-Steiermark: Vom Stradnerkogel und

Einkehrstätten

Buschenschank Jauk (Ruhetage: Di, Mi) geöffnet ab 14 Uhr; Burgeggstraße

Buschenschank Kästenbauer (Ruhetag: Mo), Schlossweg; Tel. 03462/2913

Burg-Restaurant (Ruhetag: So ab zirka 16 Uhr, Mo); Tel. 03462/5656 www.burghotel-dl.at

Gasthof Stöcklpeter (Ruhetag: Mo), Schlossweg; Familie Jauk-Wieser, Tel. 03462/2889

In Trahütten

Dorfwirt Drei-Birken-Stüberl (Ruhetag: Mo) geöffnet ab 10 Uhr; in Trahütten, Hauptstraße 6; Manfred Olsacher, Handy 0664/4971801

Trahüttener Dorf-Idylle: Das alte Rüsthaus und ein neuer Frühling.

Wahrzeichen der Bezirksstadt: Die Burg Landsberg.

Königsberg über die Windischen Bühel, das Südsteirische Weinland und das Bacherngebirge bis in die Soboth und zur Koralpe.

Abstieg und **Rückweg:** Ab dem **Gemeindeamt** bzw. ab dem Kriegerdenkmal leitet der Weg 14 als **Jägersteig** in Richtung Klause. Vom Bauhof gelangt man zum Alexander-Kortschak-Weg und auf diesem zum Jägersteig. Er leitet durch ein Almgelände und durch ein Waldstück zum **Gehöft Stöckl** (804 m); scharfer Hund. Das Gehöft wird links umgangen. Der Wiesenweg mündet in das nächste Waldgelände. Darin abwärts zu einem Wasserreservoir (585 m). Der Waldweg schlängelt sich zu einem **Steg** (500 m); am Rand eines Gerinnes stehen Grundmauernreste zweier Mühlen. Nach kurzer Gegensteigung (520 m) leitet der anschließende Waldweg abwärts, vorbei an bemoosten Steinblöcken; auf einer Gedenktafel ist der Dr.-Ernst-Klauser-Weg genannt.

Der Jägersteig endet an der **Brainmühlbrücke** (429 m), diese ist zugleich die vierte Klausenbrücke; Parkplatz; Wegweiser (zu Toni's Fischerhütte 30 Min.).

Nun den **Klausenweg** flussabwärts: Anfangs begeht man die Trasse der ehemaligen Waldbahn; von ihr zeugen Brückenfundamente. Über die dritte Klausenbrücke (415 m) gelangt man an das linke Ufer, zum Klausensteig. Er führt zur **Einsiedelei** (405 m); Gabelung. Ab hier erneut bergan: In steilem Waldgelände und neben Felsengebilden zur **Burg Landsberg** und in den Burghof (511 m); Terrasse.

Oberhalb von Weingärten leitet eine Straße zu den benachbarten Einkehrstätten Stöcklpeter (mit Kapelle), Jauk und Kästenbauer. Ab hier dem **Schloss-**

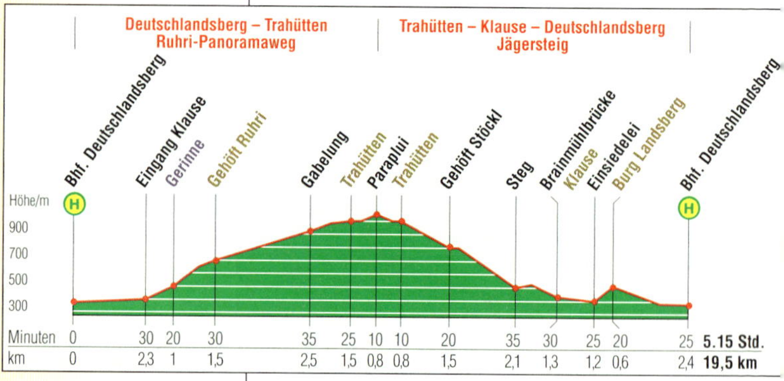

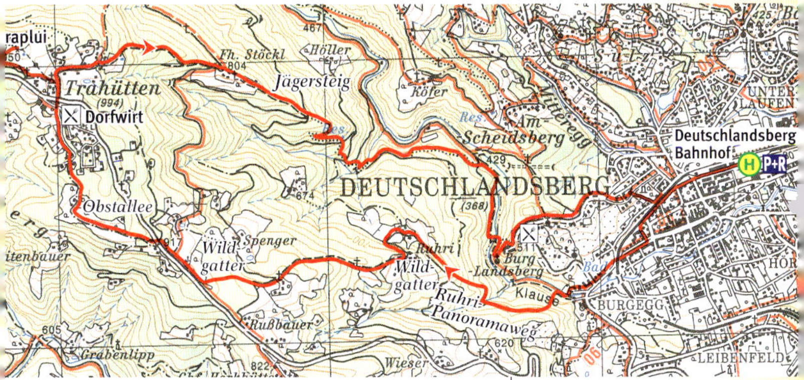

weg folgen. Gleich am Anfang des Parkgeländes rechter Hand abwärts; Monument für Friedrich von Schiller (Jahreszahl 1905). Durch die Dr.-Hans-Kloepfer-Gasse zur Wieserbahn. Über deren Gleis (Eisenbahnkreuzung bei GKB-km 30,85) zur Parkanlage; Denkmal Josef II. Entlang der Bahnhofstraße zum **Bahnhof Deutschlandsberg** (369 m).

Erlebnispunkte

Burg Landsberg: Der Burgname leitet sich von den *Lonsperchern* ab. Dieses Rittergeschlecht – es stand in Diensten des Erzbistums Salzburg – hatte nachweisbar im Zeitraum 1153–1263 seinen Sitz auf Landsberg. Aus dieser Zeit stammt der Wohnturm, der älteste Teil der Burg. Die Khuenburger bauten im 16. Jh. Landsberg zu einem Renaissance-Schloss um.

Burgmuseum Archeo Norico: Keltenausstellung; Vor- und Frühgeschichtliche Sammlung; Waffen, Schmuck u. a.; geöffnet Mitte März bis Mitte November, täglich 10–19 Uhr; Tel. 03462/5602 – www.burgmuseum.at

Gehöft Ruhri: Mit Rotwildgehege; am Waldrand eine Rastbank; Panoramablick auf das Sulmtal, das Sausal und den Südsteirischen Grenzkamm (Remschniggalm).

Klause: Mit Spazier- und Wanderwegen. Im Bereich der Einsiedelei (405 m) mehrere Gedenktafeln und Widmungen; genannt wird insbesondere die Fürstenfamilie Liechtenstein. Im Herbst 2008 war in der Klause die ihr gewidmete Foto-Ausstellung installiert; diese fand aus Anlass dreier Jubiläen statt: 40 Jahre Fotogruppe, 60 Jahre Klausensteig, 100 Jahre Naturfreunde-Ortsgruppe Deutschlandsberg.

Trahütten/Kultur am Berg: Zahlreiche nennenswerte Objekte; an Ort und Stelle beschrieben. Einzelheiten erfährt man auch im Folder „Trahütten entdecken & erleben".

Information/Orientierung

Fahrplan im Internet
www.busbahnbim.at

Gemeindeamt Trahütten
Tel. 03461/280
www.trahuetten.at

Tourismusverband Schilcherheimat
Deutschlandsberg, Hauptplatz 34, Tel. 03462/7520
www.schilcherheimat.at

Wanderkarten
ÖK, BMN-Blatt 189 oder UTM-Blatt 4104; FB-WK 411; örtliche Wanderkarte „Vom Schilcher zur Koralm"

67

Die Wanderstrecke

Unterschiedlich markiert und beschildert
Gehzeit 4 Std.
Weglänge 14,5 km
Anstieg 550 Hm
Abstieg 550 Hm
Höchster Punkt Gasthaus Spieler vlg. Stöckl (780 m)
Tiefster Punkt Bahnhof Deutschlandsberg (369 m)

Ausgangs-/Zielpunkt

Bahnhof Deutschlandsberg (369 m)

Anfahrt

Mit dem Auto A2 Südautobahn, Ausfahrt Lieboch; Radlpass-Straße; Park+Ride-Platz am Bahnhof Deutschlandsberg
Mit dem Zug GKB; S-Bahn-Linie 6, Bahnhof Deutschlandsberg
Mit dem Regionalbus Linie 760 Graz – Deutschlandsberg, Haltestelle Rathaus

Burg Landsberg und Laufenegg

Ein Ausflug für alle Sinne

Die sichtbar wehrhaft erhalten gebliebene Burg Landsberg dominiert die stadtnahe Kulturlandschaft. Hingegen schirmt ein Waldsaum den Einblick in das um Laufenegg liegende Ausflugsgelände ab. Das Wegenetz klammert jedoch die Stadt, die Burg und das von Bauernhand gepflegte Kulturland auch in Form dieser Rundstrecke zusammen. Dieser Ausflug ist allen Sinnen gleichermaßen zuträglich.

Ab dem **Bahnhof Deutschlandsberg** entlang der Bahnhofstraße zum Park an der Florian-Pojatzi-Straße. Gegenüber dem Gebäude der Bezirkshauptmannschaft über das Gleis der Wieserbahn (Strecken-km 30,85). Die Wege Nr. 553 und 578B leiten in die Villenstraße, an ihr weiter zum Schlossweg. Auf ihm, durch einen Park, bergan zum Buschenschank Felix bzw. Kästenbauer (425 m), **Buschenschank Resch** (465 m), Buschenschank Jauk, zur **St.-Urbanus-Kapelle** (504 m), vorbei am Gasthaus Stöcklpeter, zur **Burg Landsberg** (511 m); umfassender Stadtblick. Zurück zur **St.-Urbanus-Kapelle.**
Gegenüber der Kapelle folgt man einem Waldweg zu einem **Wegkreuz** (470 m) an einer Straßengabelung. Wiederum auf einem Waldsteig bzw. dem Weg 578B folgend zur Straße am Scheidsberg. Vom **Hochbehälter Scheidsberg** (540 m) an der Straße

zur **Gabelung** (580 m): Der Weg 578B leitet, leicht bergab, zum gepflegten Gehöft Köfer (Oberlaufenegger Straße 17c). Auf den Flurweg folgt ein Waldweg. Die **Gedächtniskapelle** (495 m) ist Franz Salzger (1926–1995) gewidmet. Man geht nun nahe der Laßnitz flussaufwärts, entlang einer halbwegs neuen Forststraße, zur **Fischerbauerbrücke** (497 m). Kurz davor bergwärts: Aus der Forststraße, alsbald dem Weg 1 folgend, ersteigt man steiles Waldgelände. Am Rand einer großflächigen **Bergwiese** (750 m) mündet der Weg 553 ein. Auf ihm, am Waldrand bergan, zu einem Geländesattel; Wegkreuz. Unweit davon erreicht man das **Gasthaus Spieler** bzw. das Gehöft vlg. Stöckl (780 m), Hausnummer Lärchenweg 27.

„Perle der Weststeiermark": Die Bezirksstadt Deutschlandsberg.

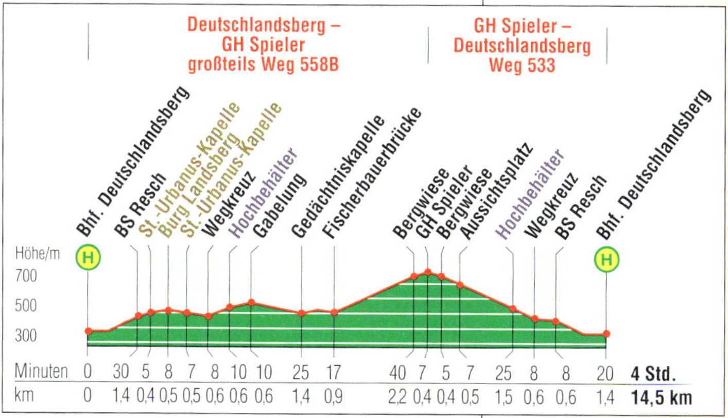

Beim Gasthaus Spieler in Laufenegg: Vom Lärchenweg zum Glashüttenkogel.

Einkehrstätten

Bauerngasthaus Spieler vlg. Stöckl (kein Ruhetag); eine Hausspezialität ist die sogenannte „aufg'setzte Henn" – sie wird in der Bratrein serviert; Familie Spieler, Tel. 03462/5155
Burg-Restaurant (Ruhetag: So ab zirka 16 Uhr, Mo); Tel. 03462/5656 www.burghotel-dl.at
Gasthof Stöcklpeter (Ruhetag: Mo), Schlossweg; Familie Jauk-Wieser, Tel. 03462/2889

Buschenschenken
BS Jauk (Ruhetage: Di, Mi) geöffnet ab 14 Uhr; Burgeggstraße
BS Resch (Ruhetag: Di); Burgeggstraße
BS Kästenbauer (Ruhetag: Mo), Schlossweg; Tel. 03462/2913

Information/Orientierung

Fahrplan im Internet
www.busbahnbim.at
Tourismusverband Schilcherheimat
Deutschlandsberg, Hauptplatz 34, Tel. 03462/7520 www.schilcherheimat.at
Wanderkarten
ÖK, BMN-Blatt 189 oder UTM-Blatt 4104; FB-WK 411; örtliche Wanderkarte „Vom Schilcher zur Koralm"

Abstieg: Auf demselben Weg zurück zur Gabelung an der **Bergwiese** (750 m). Ab hier, dem Weg 553 folgend, im Wald abwärts zu einem **Aussichtspunkt** (700 m); Rastbänke; Überblick auf die Stadt Deutschlandsberg, das Laßnitztal und den Demmerkogel. Denselben Weg weiter bergab zum **Hochbehälter Scheidsberg** (540 m) und zum **Wegkreuz** (470 m). Nun halblinks, entlang der Bürgerwaldstraße, zum **Buschenschank Resch** (465 m). Abwärts zum Buschenschank Kästenbauer. Auf dem Schlossweg zur Villenstraße und aus dieser zurück zum **Bahnhof Deutschlandsberg** (369 m).
Rückweg-Variante: Vom **Wegkreuz** zum Stöcklpeter und zur Burg Landsberg. Den **Weinlehrpfad** abwärts zur Burgstraße. An dieser bergab zum Kapellenweg und in die Glashüttenstraße. An ihr entlang, vorbei am Freibad, stadtwärts und zurück zum **Bahnhof.**

Erlebnispunkte

Burg Landsberg: Siehe Tour 66.
Burgberg: Mit Weinlehrpfad bzw. Jakobisteig.
Deutschlandsberg: Bezirksstadt; mit Rathaus (14. Jh.), Erzherzog-Johann-Park, Musikpavillon, Hauptplatz, Stadtpfarrkirche; „Schönste Blumenstadt der Steiermark" (1999).
St.-Urbanus-Kapelle: Auch Stöcklkapelle genannt. Erbaut 1988/89 durch „Spenden vieler Freunde des Glaubens und der Natur Gottes". Die Linde wurde ebenfalls im Jahr 1989 gepflanzt.

Rosenkogel und Absetzwirt

68

Singen und musizieren zu allen Zeiten

Der Gasthof Absetzwirt, landläufig „Absetzer" genannt, besteht seit dem Jahr 1800. Weitaus jünger ist die zum Absetzwirt im Mothiltor führende Straße: Sie besteht erst seit dem Jahr 1977. Seither belebt sich das Ausflugsgebiet am Rosenkogel zunehmend.
Alljährlich – am dritten Sonntag im Juni – findet hier oben das von der Absetzwirt-Familie Kalthuber organisierte „Weisenbläsertreffen" statt. Überhaupt wird beim Absetzwirt während des ganzen Jahrlaufes fleißig musiziert und gesungen.

Ab dem ehemaligen **Grandlwirt** (Hausnummer: Sallegg 10) wandert man auf dem Weg 569 durch Wald bergan. Beizeiten nimmt man linker Hand die Wiesen der Mendlalpe und das Jagdhaus Mendl (1078 m) wahr. Der Weg schlängelt sich jedoch zu einer **Forststraße** (1090 m); sie leitet linker Hand zur **Mendlalpe.** Man folgt jedoch dem Weg 569 und erreicht alsbald einen großen Anger. Auf diesem

Die Wanderstrecke

Unterschiedlich markiert und beschildert
Gehzeit 3.30 Std.
Weglänge 13 km
Anstieg 515 Hm
Abstieg 515 Hm
Höchster Punkt Rosenkogel (1362 m)
Tiefster Punkt ehem. Grandlwirt (858 m)

Ausgangs-/Zielpunkt

Bushaltestelle Sallegg Grandlwirt (858 m)

Traditionsreiches Anwesen: Der Gasthof Absetzwirt.

Anfahrt

Mit dem Auto A2 Südautobahn, Ausfahrt Lieboch; Radlpass-Straße bis Stainz; über Bad Gams nach Sallegg; Parkraum gegenüber dem ehemaligen Gasthaus Grandlwirt (ÖK: Granlwirt)

Mit dem Regionalbus Linie 762 Bad Gams – Sallegg, Haltestelle Grandlwirt. Diese Verbindung ist eher nur lokal nützlich.

Einkehrstätte

Absetzwirt (kein Ruhetag); Familie Kalthuber, Tel. 03463/3330 www.absetzwirt.at

Information/Orientierung

Fahrplan im Internet www.busbahnbim.at

Tourismusverband Schilcherland Stainz, Rathausplatz 4, Tel. 03463/5500, 4518 www.schilcherland.com

Wanderkarten ÖK, BMN-Blatt 189 oder UTM-Blatt 4104; FB-WK 411; örtliche Wanderkarte „Schilcherland“

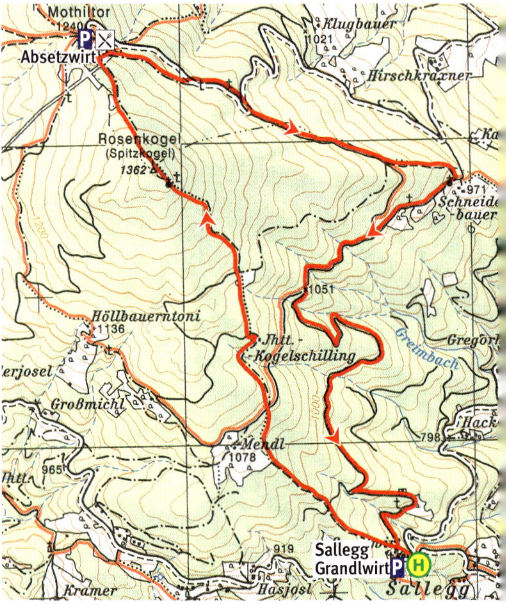

idyllischen Platz steht die **Jagdhütte Kogelschilling** (1140 m). Nahe davon überquert man eine Forststraße. Der anschließende Fußweg führt durch hochstämmigen Wald direkt zum **Rosenkogel** (1362 m), auch „Spitzkogel“ genannt. Das Gipfelkreuz steht auf einem Felsgebilde. Infolge des Waldes ist der Ausblick eingeschränkt. Die **Rosenkogelkapelle** befindet sich nächst den Felsen. Der Weg 569 leitet durch Wald nordwärts bergab und führt schließlich durch Almgelände zum **Gasthof Absetzwirt** (1240 m). Dieses traditionsreiche Anwe-

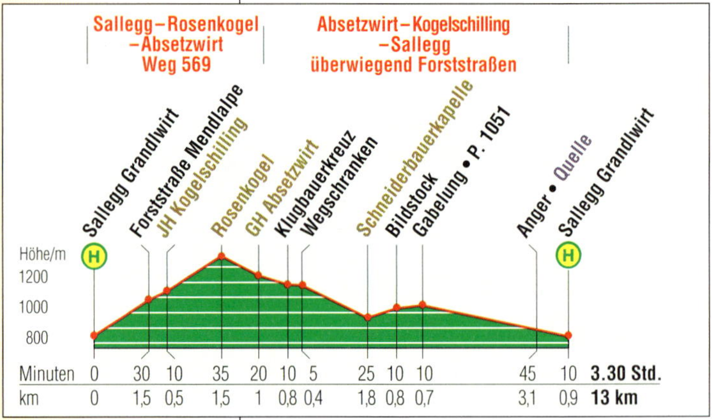

sen steht am Rand eines breiten Waldsattels, genannt das **Mothiltor.**

Abstieg: Vom **Absetzwirt** leiten die Wege A3/23/571 durch Waldgelände zum **Klugbauerkreuz** (1190 m). Ab hier an der Straße bis zu deren Kurve. Aus ihr bzw. beim weiß-grünen **Wegschranken** (1180 m) geradeaus. Man benutzt einen Forstweg; er gibt Ausblicke frei, u. a. in Richtung Schöckl. An der Gabelung leitet der Weg A3 (abkürzend) zum Bildstock. Es lohnt jedoch, dem geradeaus weiterführenden Wanderweg zu folgen, und so gelangt man zum Gehöft Schneiderbauer; am Rand dieses Anwesens steht die **Schneiderbauerkapelle** (971 m). Die Forststraße leitet westwärts, vorbei an einem Wegkreuz, zu einem **Bildstock** (1030 m); hier mündet der Weg A3 ein. Westwärts weiter. Leicht bergan – auch quert man zwei Gräben – zur **Gabelung** der Forststraßen beim **Punkt 1051:** Ab hier hält man sich an die linker Hand abzweigende Forststraße. In einer der wenigen Kehren sind Mauerreste wahrnehmbar, und anschließend fällt eine mächtige Fichte auf. Allmählich erreicht man einen **Anger** (880 m); Quelle, kleines ländliches Objekt. Am Rand desselben Angers steht ein Wegkreuz. Schließlich mündet der Forstweg beim ehemaligen **Grandlwirt** (858 m) in die Sallegger Straße ein.

Erneuert zum Gedenken an Johann Graf von Meran: Die Schneiderbauerkapelle.

Erlebnispunkte

Absetzwirt: Mit familienfreundlicher, sonnenreicher Umgebung. Ausgangspunkt zu vielen Spazier- und Wanderwegen im Bereich Rosenkogel und Reinischkogel.

Jagdhaus Kogelschilling: Idyllischer Rastplatz inmitten zweier Lärchen; Brunnen.

Schneiderbauerkapelle: Erneuert 1990; Inschrift: „In Gedenken an unseren Vater Johann Graf von Meran.“

69

Schwarzkogel und Freiländer Alm

Massiver Blickfang im Freiland: Die Kirche St. Oswald.

Hartes Arbeiten reinigte das Kerbholz

Das Freiland ist ein Kulturland, ein Almenland und ein gleichermaßen gepflegtes Waldland. Dessen Gestaltung erwuchs unter besonderen Voraussetzungen: Das Erzbistum Salzburg war, kraft der von Otto I. übertragenen Schenkung, ab dem Jahr 970 Eigentümer großer Teile der Steiermark. Die Salzburger Erzbischöfe boten straffällig gewordenen Menschen die Möglichkeit, unter folgender Voraussetzung in Freiheit bleiben zu dürfen: Inkriminierte Personen konnten sich rehabilitieren, wenn sie im damals Urwald-ähnlichen – zum „Freiland" erklärten – Gebiet an den Rodungen mitarbeiteten. Auf den Punkt gebracht: Hartes Arbeiten reinigte das Kerbholz.

Die Wanderstrecke

Unterschiedlich markiert und beschildert; Schwarzkogel-Gipfelbereich unbezeichnet
Gehzeit 4.30 Std.
Weglänge 15,5 km
Anstieg 650 Hm
Abstieg 650 Hm
Höchster Punkt Schwarzkogel (1550 m)
Tiefster Punkt St. Oswald in Freiland (1050 m)

Gegenüber der **Kirche St. Oswald** informiert eine Übersichtstafel zu den Wanderwegen: Anfangs, sogleich im Wald, folgt man dem Weg 568 bis zur ersten **Gabelung** (1080 m). Hier zweigt der weiterführende Weg 1 ab: Dessen Wegzeichen leiten durch Waldgelände zum Almgelände am Schwarzkogel. (Zwischendurch zweigen Steige ab zur Pension Moser bzw. zum Reinischwirt.) Schließlich, kurz vor dem Almgebiet, erreicht man ein **Wegtor** (1420 m). Die dahinter verlaufende Almstraße – welche man nun verfolgt – führt bergseitig um das Weidegelände. Unterhalb eines Schlages leitet dieselbe Almstraße leicht bergab. Nun, am gut überschaubaren **Waldrand** (1480 m), lohnt es abzuzweigen: Man

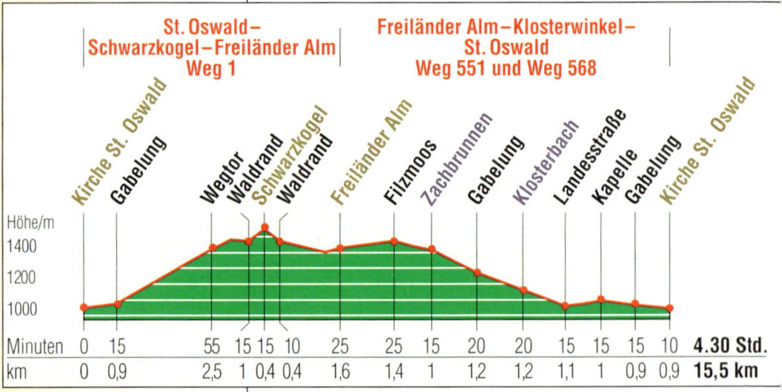

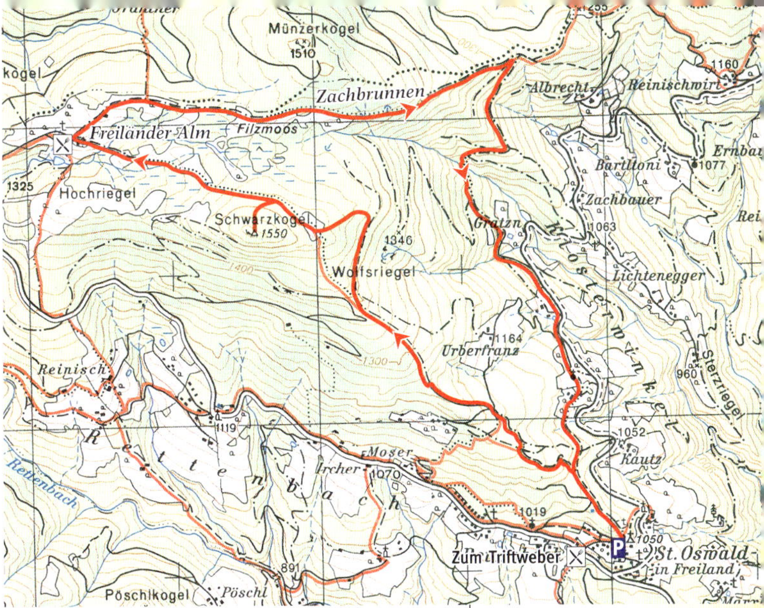

steigt weglos an, am Rand des Schlages bzw. am Rand des Hochwaldes, zum höchsten Punkt auf dem **Schwarzkogel** (1550 m). Die wenigen kleinen Öfen bzw. Felsgebilde verleihen dem Gipfelbereich einen Hauch alpinen Flairs.

Auf derselben Route zurück zum **Waldrand** (1480 m).

Der Almstraße nicht allzu weit folgen. Alsbald leiten die Farbmarken in direkter Linie – infolgedessen durch eine teils feuchte Geländemulde – zur **Freiländer Alm** (1420 m): Die Hütte steht inmitten großflächigen Weidegeländes.

Rückweg: Der **Weg 551** führt – leicht bergan und vorbei an einem großen Almstadel – zum oberen

Sonnenreicher Einkehrplatz: Auf der Freiländer Alm.

Über der Freiländer Alm: Der Schwarzkogel.

Ausgangs-/Zielpunkt

Kirchplatz in St. Oswald in Freiland (1050 m); Parkraum

Anfahrt

Mit dem Auto A2 Südautobahn, Ausfahrt Lieboch; Radlpass-Straße Richtung Deutschlandsberg; westlich Frauental bzw. in Deutschlandsberg abzweigen in Richtung Hebalm

Einkehrstätten

Freiländer Almhütte (Ruhetag: Fr), bewirtschaftet Mai bis Ende Oktober; Familie Moser, Handy 0664/9180226

Gasthof Zum Triftweber (Ruhetag: Mo); St. Oswald; Ingrid Klug, Tel. 03469/511

Information/Orientierung

Gemeindeamt Kloster
St. Oswald in Freiland,
Tel. 03469/670
www.kloster.steiermark.at

Wanderkarten
ÖK, BMN-Blätter 188 und 189 oder UTM-Blatt 4104; FB-WK 411

bzw. zum nördlichen Waldrand der Freiländer Alm. Der Almweg verläuft ostwärts, und man erreicht auf ihm eine flache Anhöhe: An dem mit Latschen bedeckten **Filzmoos** entlang und allmählich leicht bergab. An der Straßenkehre geradeaus (!) dem Wanderweg folgen. Bei einem Wegtor nimmt man die Tafel „Zachkogel" wahr. Es folgt ein Rastplatz; mit Brunnen, kleines Wegkreuz. Daraufhin erreicht man den **Zachbrunnen** (Jahreszahl 1999). Noch weiter bis vor einen Zaun; grüne Tafeln; **Gabelung** (1270 m). Hier zweigt man rechts ab. Dem **Weg 568** folgend abwärts zu einem Gatter. Anschließend leicht bergan, dann zweigt man links (!) ab und erreicht ein Gerinne bzw. nassen Boden. Wiederum links abwärts. Man überquert den **Klosterbach** (1160 m). Nach dem Gehöft Gratzn an der Zufahrt abwärts, vorbei an einem Wegschranken, zur **Landesstraße** (L 645). An ihr, leicht bergan, zum Verkehrsspiegel an der Straßenkuppe. Oberhalb davon steht das Gehöft Klug vlg. Schmuck. Man geht bergan zum Gehöft Kollmann vlg. Fastlanderl; **Kapelle** (1100 m). Ausblick zum Reinischkogel und zum Rosenkogel. Geradeaus, durch ein Waldstück, zur **Gabelung** (1080 m) bzw. Einmündung des Weges 1. Kurz danach erreicht man die **Kirche St. Oswald.**

Erlebnispunkte

Freiländer Alm: Großes Weidegebiet; Moorflächen; Landschaftsschutzgebiet.

St. Oswald: Schmuckes, beschaulich gelegenes Bergdorf.

Schwarzkogel: Lohnender Kulminationspunkt; die Aussicht ist jedoch eingeschränkt.

Packer Stausee und Herzogberg

Wasser, Wald und Auerwild

Der den Packer Stausee und den Herzogberg umgebende waldreiche Erholungsraum verdient das Prädikat „ideal“: Allein die Seehöhe von rund eintausend Metern suggeriert all denen, die den Tälern an heißen Sommertagen entfliehen wollen, wahrhaft erholsames Baumeln mit der Seele. Die profunde Sphäre der Forste wird von einem dicht gewobenen Wegenetz erschlossen, dennoch liegt ein Hauch Weltabgeschiedenheit über diesem Areal. Zwar erinnert an wenigen Stellen dieser Rundwanderstrecke ein von der Südautobahn abstrahlender Summton an den lauten Alltag. Er dringt jedoch nicht ein in das natürlich bewahrte Refugium namens Herzogberg und Packer Stausee. Wasser, Wald und Auerwild bestimmen weiterhin die Sphäre: Sie wirkt geheimnisvoll.

Ab der **Jausenstation Seeblick** (870 m) folgt man der am nordseitigen Ufer entlangführenden Landesstraße (L 344) zur **Sperre Pack** (867 m); Wegweiser. Den Weg Nummer 33 bergan; dieser leitet großteils durch Wald. Gegenüber dem Wohnhaus Edelschrott 205 steht das Ofnerkreuz (980 m); die Jahreszahlen 1901 und 1989 dokumentieren die Renovierungen. Man folgt dem Fahrweg und ge-

70

Die Wanderstrecke

Unterschiedlich beschildert und markiert
Gehzeit 3.45 Std.
Weglänge 13 km
Anstieg 290 Hm
Abstieg 290 Hm
Höchster Punkt Jägerwirt-Halt (1070 m)
Tiefster Punkt Sperre Pack (867 m)

Ausgangs-/Zielpunkt

Jausenstation Seeblick (870 m)

Vom Gehöft vlg. Brunner in den Packwinkel und zum Rucksackdorf Pack.

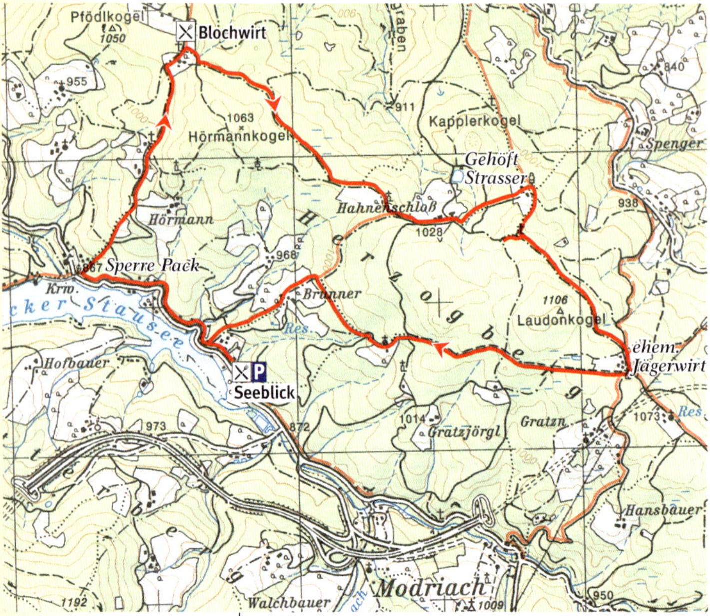

langt auf eine Wiesenkuppe und zu einem **Wegkreuz** (1035 m).

Wer einkehren will: In Sichtweite steht das **Gasthaus Blochwirt** (1030 m).

In Höhe desselben **Wegkreuzes** weist eine Tafel in Richtung Hahnenschloss und Aiblwirt. Somit verläuft der nächste Wegabschnitt auf einem Waldrücken des **Herzogberges.** Am Waldrand erreicht man einen Brunnen (Jahreszahl 1982). Auf das Waldstück folgt eine große Weidefläche. Eine Gedenkstätte ist Fritz Freiherr von Tomann (1. 2. 1928–1. 6. 1997) gewidmet. Anschließend schlendert man am **Hahnenschloss** (1026 m) entlang. Der Fahrweg leitet zum Wald. Da-

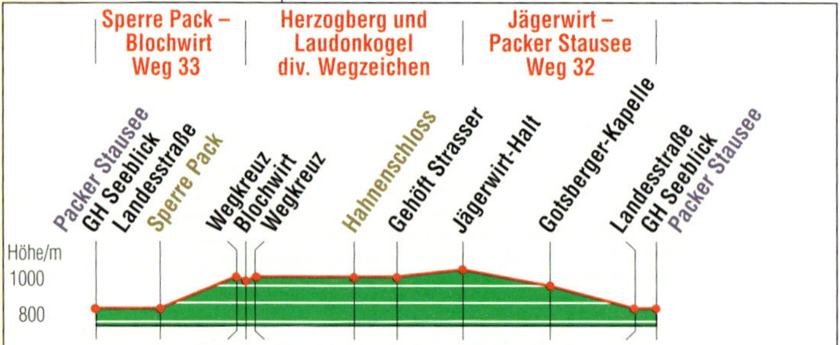

Minuten	0	20	42	3	3	42	15	30	35	30	5	**3.45 Std.**
km	0	1,5	1,8	0,2	0,2	2,3	1	1,5	2	2	0,5	**13 km**

rin erreicht man eine Gabelung und gelangt, dem Hinweis **Strasser** folgend, zum gleichnamigen **Gehöft** (1030 m). Vorsicht, strenger Haushund! Sobald man den Hof durchquert hat, zweigt man bergwärts ab. Ein bislang dürftig markierter Weg mit der Nummer 552 bzw. 569 leitet, dicht am Waldrand verlaufend, zu einem **Wegkreuz** (1055 m).

Anmerkung: Hierher gelangt man auch auf jener Forststraße, welche als Reitweg benutzt wird und an der vorhin erwähnten Gabelung beginnt.

Ab demselben Wegkreuz auf schönem Waldweg an der Nordostseite des **Laudonkogels** (1106 m) zur Gabelung vor dem ehemaligen Jägerwirt (1065 m). Nächst dessen Gebäude steht ein klassisches Wegkreuz und anbei zusätzlich das Erzherzog-Johann-Kreuz; dieses ist ein Bildstock, errichtet im Erzherzog-Johann-Gedenkjahr 1959.

Man folgt nun dem Weg 32 und durchquert die **Jägerwirt-Halt** (1070 m). Nach dieser Weide schließt ein Waldsteig an. Man überquert zweimal eine neue Forststraße. Zwischendurch, nächst einer Wasserstelle, stehen gewichtige Felsblöcke. Ab hier schlängelt sich der Waldsteig zur **Gotsberger-Kapelle** (1005 m). Diese stammt von 1856 und steht im Schutz einer mächtigen Linde. Nach einem weiteren Waldstück mündet der Weg Nummer 34 ein. In prächtiger Flur steigt man ab zum Gehöft vlg. Brunner. Unterhalb davon kommt man an ein mächtiges Felsgebilde – einen sogenannten Ofen – heran. Schließlich mündet die Hofzufahrt in die Landesstraße. Auf ihr erreicht man innerhalb fünf Minuten die **Jausenstation Seeblick** (870 m).

Erlebnispunkte

Hahnenschloss: Privatbesitz. Ansehnlicher Gutshof, um das Jahr 1830 erbaut. Zuvor stand an dieser Stelle ein Jägerhaus, genannt „die Guggi-Hubn".

Packer Stausee: Erholungsraum mit Badeplätzen und Liegewiesen. Wasserfläche 60 ha, Inhalt (bei Vollstau, während des Sommers) 5,400.000 Kubikmeter. Nutzbar zum Baden, Boot fahren, Surfen. Mehrere Uferbereiche sind öffentlich zugänglich, u. a. der Wiesengrund unterhalb des Parkplatzes an der Jausenstation Seeblick.

Sperre Pack: Die Staumauer wurde 1929–1930 errichtet; Mauerhöhe 33 m, Länge der Mauerkrone (mit Fahrzeugen befahrbar) 190 m; Mauermasse 39.000 Kubikmeter.

Ein ansehnlicher Gutshof: Das Hahnenschloss.

Anfahrt

Mit dem Auto A2 Südautobahn, Ausfahrt Modriach; in Richtung Packer Stausee; Parkplatz gegenüber der Jausenstation Seeblick

Einkehrstätten

Blochwirt (kein Ruhetag); warme Küche auf Vorbestellung; Familie Guggi, Tel. 03146/2127

Jausenstation Hoiswirt's Seeblick (Ruhetag: an Regentagen) geöffnet Mai bis September, nur an Badetagen; Familie Gruber, Tel. 03146/2114

Information/Orientierung

Tourismusverband Edelschrott
Bäckerei Franz Jechart,
Tel. 03145/294;
Handy 0664/1209850
www.edelschrott.at

Gemeindeamt Pack
Tel. 03146/8144
www.rucksackdorf.at

Wanderkarten
ÖK, BMN-Blatt 188 oder
UTM-Blatt 4104;
FB-WK 132;
örtlicher Wanderatlas

71 Packer Stausee und Packwinkel

Idyllischer Raum für aktive Freizeit: Am Packer Stausee.

Streifzug durch die Rucksackdorf-Gemeinde Pack

Die Packwinkel-Schattseite erweist sich als sonnenreich. Zudem erfährt man entlang dieser Wander-Rundstrecke interessante Einzelheiten, beispielsweise zu geologischen Fragmenten und aus historisch bedeutsamen Abläufen, wie in der Ortschaft Pack festgeschrieben: Bereits während der Keltenzeit bestand hier vermutlich eine befestigte Wachstation. Im 11. Jh. errichteten die Eppensteiner einen mächtigen Wehrbau, die ehemalige Feste Roseck. Der über die Pack führende Saumweg wurde erst im 17. Jh. für einen mit Pferdefuhrwerken geeigneten Verkehr ausgebaut. Im 18. Jh. erfolgte der Bau der Landstraße. Die Packer Bundesstraße wurde gar erst im Jahr 1936 eröffnet. Seit jedoch die Pack von der Südautobahn umfahren wird, gewinnen Ort und Landschaft an Wert: Die Pack konsolidiert sich als ein starker Ruhepol im variantenreichen Tourismus-Segment „Rucksackdörfer". Dieser Streifzug eröffnet neue Blickwinkel.

Ab dem **Seewirt** (867 m) im Wald die Straße bzw. den Schildern des Weges Nummer 31 folgend bergan. Er führt am ersten Gehöft rechts vorbei, und man gelangt zu einer Geländekuppe. (Zur Rechten liegt das Gehöft Münzer vlg. Schaller.) Ein Wiesenweg verbindet am Riegl zu einer schmucken **Marienkapelle** (980 m); erbaut 1887, renoviert 1932 und 1986 von der Steweag. Der anschließende Waldweg führt am Pöschjoglkogel (1056 m) zu einem **Bildstock** am Waldrand (1040 m); Rastbank.

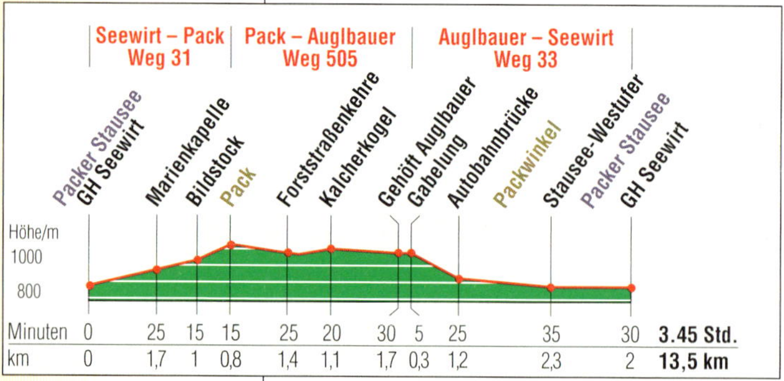

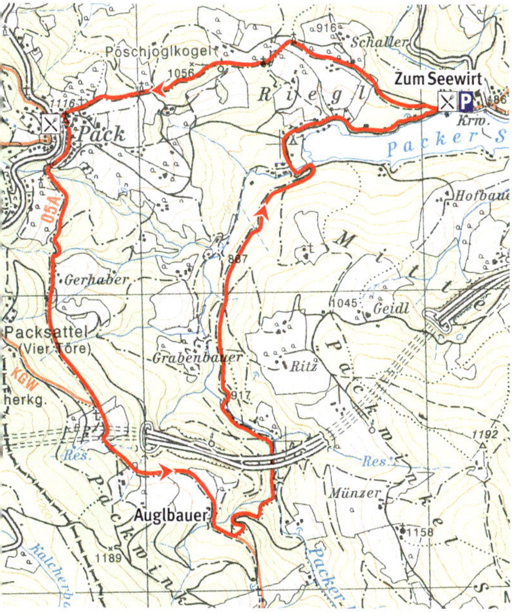

An gleicher Stelle weist eine Tafel zum „Historischen Eisenerzbergbau". Man geht ein Sträßchen bergan. In der Ortsmitte von **Pack** (1116 m), am Platz vor dem Kirchenwirt, informieren Tafeltexte zur lokalen Historie (siehe Einleitung).

Ab der örtlichen **Kirche** folgt man – in aussichtsreicher Höhenlage – dem Weitwanderweg 05 und erreicht nach einer Birkenreihe eine grob geschotterte **Forststraße;** auf ihr abwärts zu einer **Kehre** (1070 m) und aus dieser geradeaus weiter. Alsbald linkshaltend (!) – leicht abwärts – und über ein Bächlein. Anschließend folgt man einer breiten Forststraße und ab der Weide am **Kalcherkogel**

In Stein gemeißelte Freundlichkeit: Willkommen beim Gehöft Auglbauer.

Die Wanderstrecke

Unterschiedlich beschildert und markiert
Gehzeit 3.45 Std.
Weglänge 13,5 km
Anstieg 360 Hm
Abstieg 360 Hm
Höchster Punkt Ort Pack (1116 m)
Tiefster Punkt Gasthaus Zum Seewirt (867 m)

Ausgangs-/Zielpunkt

Gasthaus Zum Seewirt (867 m)

Anfahrt

Mit dem Auto A2 Südautobahn, Ausfahrt Modriach; zum Packer Stausee 2,5 km; über die Staumauer zum Seewirt

Einkehrstätten

Gasthaus Zum Seewirt (Ruhetag: Mi); Familie Krammer, Tel. 03146/8123

Im Ort Pack
Berghof (Ruhetag: Mo); Familie Liebmann, Tel. 03146/8255
Kirchenwirt (Ruhetage: Mi, Do); Familie Krammer, Tel. 03146/8140
Tilzwirt (Ruhetag: variabel); Familie Doppler, Tel. 03146/8107

Information/Orientierung

Gemeindeamt Pack
Tel. 03146/8144
www.rucksackdorf.at

Wanderkarten
ÖK, BMN-Blatt 188 oder UTM-Blatt 4104; FB-WK 132; örtlicher Wanderatlas

Neue Position im Tourismus: Die Rucksackdorf-Gemeinde Pack.

(1100 m) einem Wiesenpfad. An dessen Ende steht, hinter einem Zaun, ein künstlerisch gestalteter Felsblock. Man steht vor dem gepflegten **Gehöft Auglbauer** (1080 m); Hausnummer Pack 58.
Knapp fünf Gehminuten davon entfernt liegt jene **Gabelung** (1070 m), an welcher man den WW 05 verlässt:
Auf dem Weg 33 abwärts. Dieser entpuppt sich als „Dschungelweg“: Er leitet teils durch hüfthohe Ranken in den grabenähnlichen **Packwinkel.** In dessen Boden verläuft ein Fahrweg. Er führt am linken Ufer bachabwärts. Man unterquert eine **Autobahnbrücke** (934 m). An einem ihrer Pfeiler sind Sportkletterrouten erkennbar. Schließlich führt derselbe Fahrweg rechts des Packer Baches und oberhalb von diesem zum **Stausee-Westufer** (870 m). Ab hier schlendert man an der Uferstraße – vorbei am Café Seestüberl und dem See-Treff – zurück zum **Seewirt** (867 m).

Erlebnispunkte

Packer Stausee: Großräumige Erholungslandschaft; frei zugänglich zum Baden, Surfen und Bootfahren.

Pack: Gepflegtes Bergdorf. Gegenüber der Kirche erinnert eine Gedenktafel an den Schulmeister, Dichter und Sprachforscher Eduard Walcher (1900–1977). Vor dem Kirchenwirt ist ein „Geo-Park“ angelegt, dieser enthält ansehnliche Blöcke sechs typischer Koralm-Gesteinsarten: Pegmatit, Amazonitpegmatit, Gneisglimmerschiefer, Eisenglimmer (Hämatit), Gangquarz mit Rutil, Zoisitamphibolit.

Packalpe: Sechs-Hütten-Weg

72

Steirisch-kärntnerisches Ausflugs-Schmankerl

Vom Peterer Sattel südostwärts, in Richtung Packsattel, breiten sich, gleich sachtem Wellenschlag, hohe Almen. Im Scheitel der sich nahtlos anfügenden, als Weideland genutzten Bergrücken verläuft die steirisch-kärntnerische Landesgrenze: Die Südwestseite der Packalpe ist dem Lavanttal zugewandt, hingegen dominieren nordostseitige Almhänge den Talschluss von Hirschegg. Beziehungsvoll heißt an der Packalpe deren prächtigster Teil „Hirschegger Alm". Um sie dreht sich der Sechs-Hütten-Weg. Er entpuppt sich als ein steirisch-kärntnerisches Ausflugs-Schmankerl.

Von der **Knödelhütte** (1410 m) leiten – mit geringen Gegensteigungen – Forstwege und Almstraßen zur benachbarten **Unterauerlinghütte** (1438 m). Anschließend begeht man ein idyllisches Waldstück, überquert in dessen Winkel ein Bächlein und gelangt, alsbald danach, in das angrenzende Weideland. Darin steht die **Schrottalmhütte** (1470 m). Ab nun geht's bergan: Der von Hütte zu Hütte führende Weg leitet zum **Schrottalmkreuz** (1550 m) und von diesem, zwischendurch auch in einem Waldstück, zur solid gezimmerten **Görlitzer Hütte** (1612 m). Der Steig schlängelt sich über den teils leicht bewaldeten Boden der Görlitzer Alm zu Felsformationen, den Gul-

Die Wanderstrecke

Unterschiedlich beschildert und markiert
Gehzeit 6 Std.
Weglänge 23,6 km
Anstieg 700 Hm
Abstieg 700 Hm
Höchster Punkt Hirschegger Alpe (1871 m)
Tiefster Punkt Knödelhütte (1410 m)

Ausgangs-/Zielpunkt

Knödelhütte (1410 m)

Anfahrt

Mit dem Auto A2 Südautobahn, Ausfahrt Packsattel; Zufahrt zur Knödelhütte 5 km

Die erste Teilstrecke führt zur Unterauerlinghütte.

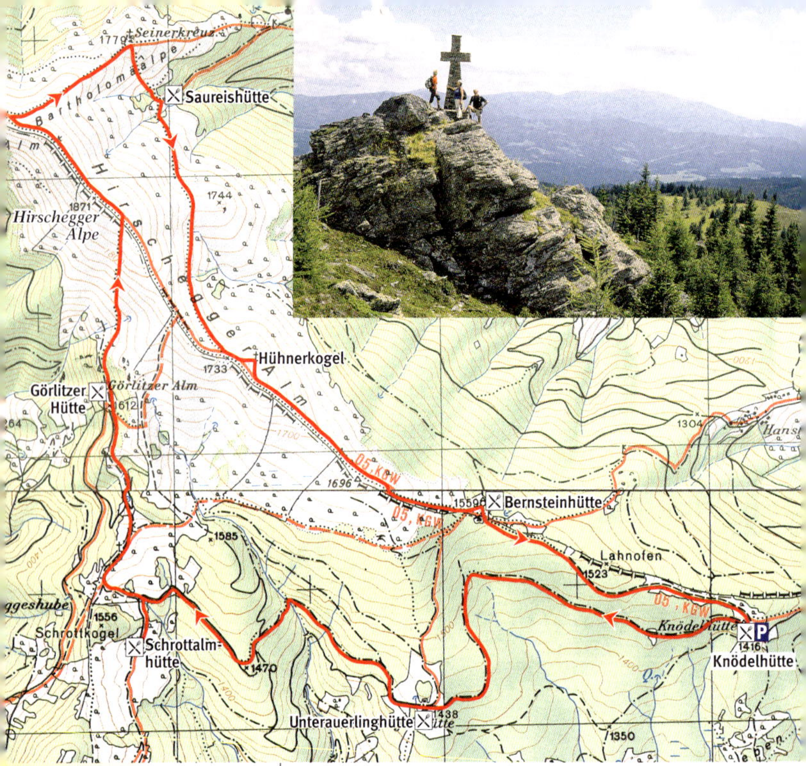

Oberhalb der Görlitzer Hütte: Das Gulmetz-Kreuz.

metz-Öfen. Auf dem höchsten dieser Felsgebilde steht das aus Stein gemauerte **Gulmetz-Kreuz** (1700 m). Quert man vom Kreuz halbwegs eben linker Hand den Almhang, so gelangt man zu einer Quelle (1700 m). Deren Wasser rinnt in eine sogenannte „Stoaschüssel“; diese Steinschüssel sei um das Jahr 1900 von Hand gefertigt worden. Weit oberhalb erreicht man das **Görlitzer Gatterl** (1850 m). Entlang des scheinbar unendlichen Weidezaunes verläuft die Landesgrenze Kärnten/Steiermark.

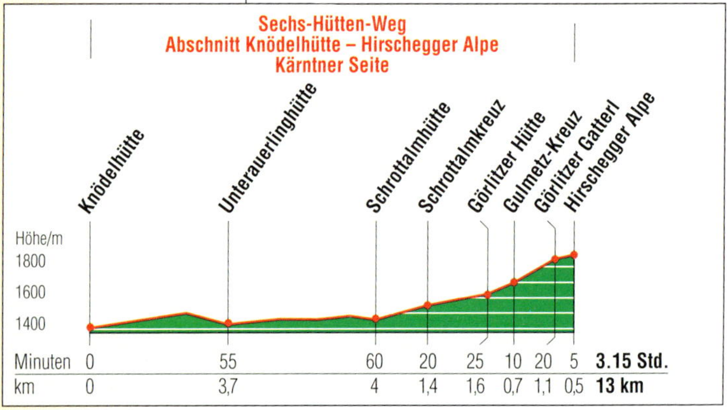

Man folgt dem Weitwanderweg 505 nordwestwärts: Die **Hirschegger Alpe** (1871 m) stellt sich als Kulminationspunkt bescheiden dar. Ähnlich unauffällig ausgeprägt ist der **Bartholomäsattel** (1850 m). Darin zweigt man zur Bartholomäalpe ab. Inmitten deren ostwärts strebenden Höhenrückens steht, weithin sichtbar, das auf einem Felsen fußende **Seinerkreuz** (1779 m). Über Weideboden und am Rand buschiger Fichtenbäumchen leiten Wegzeichen zur **Saureishütte** (1640 m). Sie steht an der Waldgrenze. Auf einem Pfad quert man ansteigend die ostseitigen Hänge der Hirschegger Alm in Richtung „Heakogl", wie Einheimische diese kleine Erhebung nennen: Über dem **Hühnerkogelsattel** (1733 m) zeichnet sich deutlich das **Hühnerkogelkreuz** (1750 m) ab. Anschließend folgt man dem Weitwanderweg 505 südostwärts: Er führt zu einer Gruppe von Felsblöcken; im Volksmund genannt die **Sieben Heufuhren** (1696 m). Das Almgelände bleibt allmählich zurück. An der Waldgrenze steht die **Bernsteinhütte** (1559 m). Der Weg 505 verbindet – nun wiederum auf Kärntner Boden verlaufend und daher südseitig um den **Lahnofen** (1523 m) führend – durch Waldgelände zu den Almböden bei der **Knödelhütte** (1410 m).

Erlebnispunkte

Hohe Almen: Sammelbegriff für das dem Weststeirischen Randgebirge (Hochalpe – Gleinalpe – Stubalpe – Packalpe – Koralpe) zugehörende Almgelände. Markant sind die Felsformationen („Öfen"), welche der Almlandschaft entragen. Der auf der Packalpe verlaufende Sechs-Hütten-Weg bezieht die Hirschegger Alm ein und verbindet ebenso Teile der Görlitzer Alm, St. Leonharder Alm und der Bartholomäalpe.

Einkehrstätten

Die Almhütten sind während der Weidezeit bewirtschaftet: ab ungefähr Anfang/Mitte Juni bis Mitte/Ende September

Bernsteinhütte Infos in Hirschegg

Görlitzer Hütte (kein Ruhetag); Sophie Magele, Handy 0699/11386453

Knödelhütte (Ruhetag: Mo); Sophie Schratter, Handy 0664/4561552

Saureishütte Infos in Hirschegg

Schrottalmhütte

Unterauerlinghütte (Ruhetag: Mo)

Information/Orientierung

Gemeindeamt Hirschegg
Tel. 03141/2207
www.hirschegg.at
www.rucksackdorf.at

Wanderkarten
ÖK, BMN-Blätter 162 und 188 oder UTM-Blätter 4227 und 4103; FB-WK 132, 212

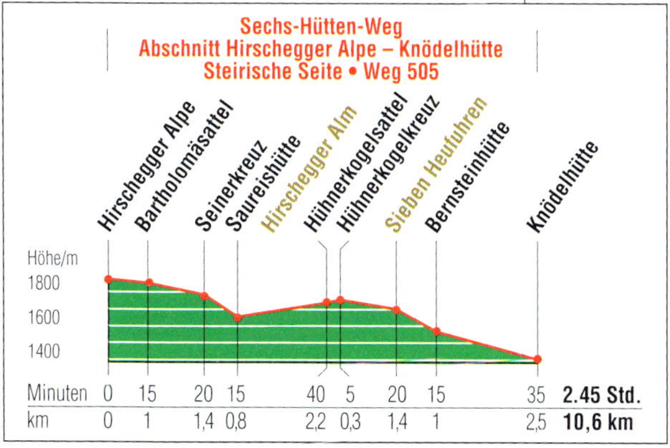

73

St. Hemma und Wölkerkogel

Ganzjährig einen Ausflug wert

Zwischen dem Alten Almhaus und Wölkerkogel: Fette Weidegründe auch für Haflinger.

Die Spuren, welche der verheerende Sturm vom 27. Jänner 2008 hinterlassen hatte, wurden dank tatkräftiger Mithilfe des Österreichischen Bundesheeres so gut wie möglich beseitigt. Das ist um so erfreulicher, denn das zwischen St. Hemma und dem Alten Almhaus liegende Forstareal und die almnahen Weidegründe eignen sich faktisch ganzjährig für Ausflüge. Die Strecke ist gleichermaßen gut geeignet für Laufschuhe, Trekkingschuhe, Wanderschuhe und – der nächste Winter kommt bestimmt! – auch für Schneeschuhe.

Ab der **Kirche** in **St. Hemma** (1142 m) folgt man der Straße bis zu jener Zaunecke mit dem Gedenkstein. Hier zwängt man sich hindurch, denn dahinter leiten Pfade durch ein Waldstück in den Straßensattel beim **Neuhäuslwirt** (1149 m). Nun folgt man der Nummer 549: Der markierte Weg leitet anfangs durch ein vom Wirbelsturm zerzaustes Waldstück. Alsbald bessert sich der Zustand des Waldes. Man erreicht eine Wiese; an deren Rand steht ein **Wegkreuz** (1290 m). Der Waldweg leitet an der **Spengerkogel-Ostseite** (1380 m) entlang und erschließt danach eine großflächige Weide. Man folgt nun einer Almstraße. Bei einem **Almtor** (1420 m) verlässt man die Straße: Wiederum führt ein Waldweg bergan und vereint sich schließlich mit dem Gößnitzweg. Ab dieser **Gabelung** (1565 m) folgt man der begrünten Familienabfahrt und erreicht über sie die Bergstation (1660 m) eines Schleppliftes. Auch eine Rastbank steht hier. Nun geradewegs, auf Almbo-

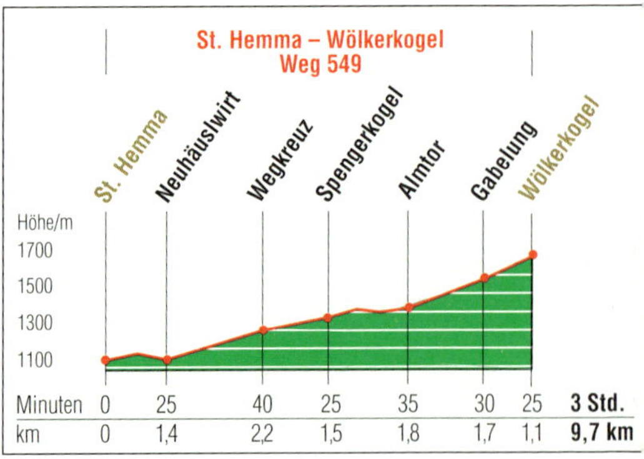

Die Wanderstrecke

Unterschiedlich markiert und beschildert
Gehzeit 5.45 Std.
Weglänge 20 km
Anstieg 600 Hm
Abstieg 600 Hm
Höchster Punkt Wölkerkogel (1706 m)
Tiefster Punkt St. Hemma (1142 m)

Ausgangs-/Zielpunkt

Kirche St. Hemma (1142 m)

Anfahrt

Mit dem Auto Packer Straße Köflach – Wartingerkehre; 4 km nach St. Hemma

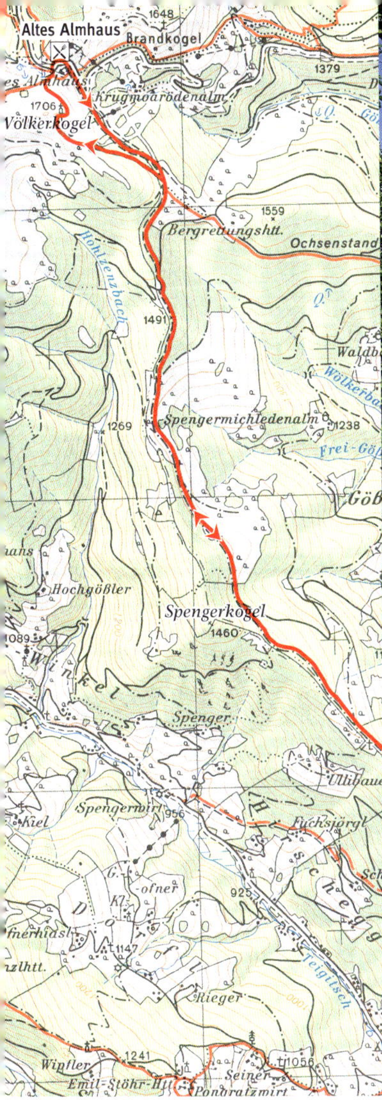

Die stattliche Kirche im bescheidenen Dorf: St. Hemma.

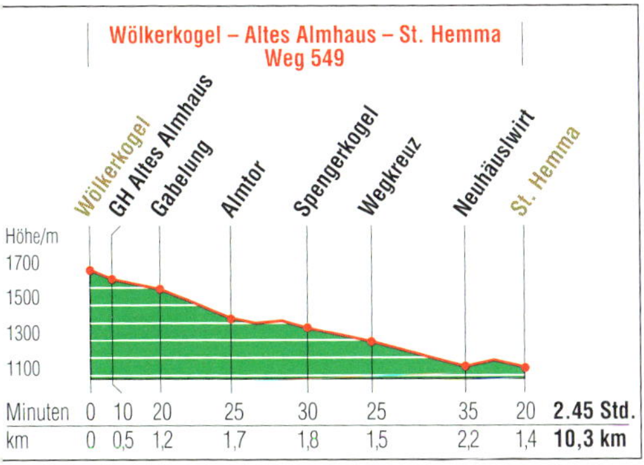

Errichtet im Jahr 1954: Die Madonna auf dem Wölkerkogel.

den, bergan zur Madonna auf dem **Wölkerkogel** (1706 m).

Nordseitig, wiederum über Almböden, abwärts zum **Alten Almhaus** (1650 m).

Rückweg: Dem Weg Nummer 549 folgend zur Familienabfahrt bei der **Gabelung** (1565 m). Ab hier dieselbe Strecke bzw. auf dem Weg 549 zurück nach **St. Hemma** (1142 m).

Einkehrstätten

Gasthaus Altes Almhaus (kein Ruhetag); Familie Wenzel, Tel. 03147/212

Gasthof St.-Hemma-Hof (Ruhetag: Mo); Waltraud Lenz, Tel. 03141/2229

Neuhäuslwirt (kein Ruhetag); Julius Hacker, Tel. 03141/2210

Information/Orientierung

Tourismusverband Edelschrott

Bäckerei Franz Jechart, Tel. 03145/294; Handy 0664/1209850 www.edelschrott.at

Wanderkarten

ÖK, BMN-Blatt 162 oder UTM-Blatt 4227; FB-WK 132

Erlebnispunkte

Käsewanderweg St. Hemma: Richtung Sternwarte; Infotafel am St.-Hemma-Hof.

Lipizzanerweide: Die Hengste verbringen den Sommer nahe dem Alten Almhaus.

Sternwarte Edelschrott: Standort in St. Hemma, nächst dem Gehöft Neubauer vulgo Judbauer (Käsewanderweg). Ab Sommer 2009 öffentlich zugänglich; Anmeldungen bei Bruno Eberhart, Tel. 03145/381; Handy 0664/9227408 – www.edelschrott.at

Wölkerkogel/Wölkartkogel: Auf dessen Gipfel steht eine weithin sichtbare Madonna (errichtet 1954 von der Katholischen Jugend Voitsberg). Informativer Überblick auf den Bezirk Voitsberg und den nördlichen Teil des Weststeirischen Randgebirges (Packalpe, Stubalpe, Gleinalpe).

Über den Rappoldkogel

74

Urig und bergig

Die Rappoldhütte – am südlichen Fuß des Rappoldkogels gelegen – ist identisch mit der Grünhütte. Deren Name wiederum leitet sich ab von jenem kleinen Almflecken, der sowohl am längsten grün bleibt als auch als erster aper wird, „weil do a bisserl a warmes Wasser außakimmt“, weiß Halter Erich Haas um die grünende Ursache genau Bescheid. Die Almhütte ist urig und bereits gut einhundert Jahre alt. Die Arbeitswelt ist klassisch eingeteilt: Erich Haas wacht als Halter auf rund einhundert Rinder; im Hüttenbetrieb wirtschaftet Ilse Kriegl mit; es gibt Steirerkas und Almbutter. Am 15. August jeden Jahres findet eine Messfeier statt. Auch außerhalb der Weidezeit ermöglicht die Rappoldhütte gemütliches Zukehren, ist sie doch ganzjährig bewohnt.

Ab der **Rappoldhütte** (1510 m) an der Straße kurz bergan, sodann, oberhalb des Weidegeländes, auf einem Forstweg zu einem **Wegweiser** (1550 m). Dem markierten Steig folgend in Richtung Rappoldkogel. Wer felsiges Gelände bevorzugt, hält sich an die **Variante:** Diese leitet durch verblocktes Gelände. Hingegen führt der **Normalweg** überwiegend am Waldrand empor.

In Gipfelnähe vereinen sich beide Routen. Der nun wiederum gemeinsame Steig führt direkt zum Gipfelkreuz auf dem **Rappoldkogel** (1928 m).

Abstieg und **Rückweg:** Nordwärts, unbezeichnet. Ein ebenes kurzes Wegstück leitet zu einem aus Steinen geschlichteten **Windfang** (1900 m). Über anfangs kargen Boden gelangt man zu den Gras-

Die Wanderstrecke

Unterschiedlich markiert und beschildert

Gehzeit 3.15 Std.

Weglänge 9 km

Anstieg 450 Hm

Abstieg 450 Hm

Höchster Punkt Rappoldkogel (1928 m)

Tiefster Punkt Rappoldhütte (1510 m)

Typisch am Rappoldkogel: Felsgebilde, Almböden, Waldgelände.

Oberhalb der Rappoldhütte: Der Rappoldkogel steht zum Greifen nahe.

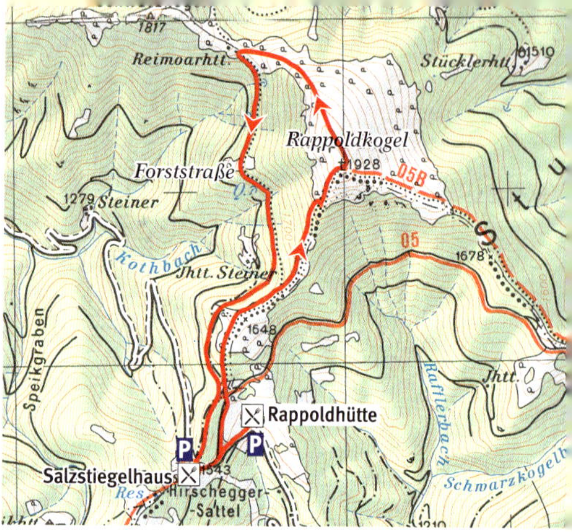

Ausgangs-/Zielpunkt

Rappoldhütte (1510 m)

Anfahrt

Mit dem Auto A2 Südautobahn, Ausfahrt Modriach; Richtung Salzstiegel-Lifte zur Stampf;
oder auf der Packer Straße (Nr. 70) über Köflach – Edelschrott zur Stampf;
jeweils weiter auf der Landesstraße:
Stampf – Hirschegg – Salzstiegel-Lifte/GH Moasterboden und Richtung Salzstiegelhaus; kurz davor die Rappoldhütte (mit Parkraum); ab der Stampf 17,5 km

Einkehrstätten

Rappoldhütte/Grünhütte
Almwirtschaft und Schutzhütte (8–10 Schlafplätze), gj. geöffnet; Erich Haas, Handy 0664/2045694
Salzstiegelhaus gj. geöffnet; Familie Köck, Tel. 03141/2248

Information/Orientierung

Wanderkarten
ÖK, BMN-Blatt 162 oder UTM-Blatt 4227; FB-WK 132

hängen am nordwestseitigen Bergrücken des Rappoldkogels. Auf Pfadspuren diesen Bergrücken abwärts zu einem **Wiesensattel** (1720 m). Aus ihm linkshaltend bzw. südwestwärts zu einer Forststraße. Auf ihr südwärts. Zu Beginn über eine kurze Gegensteigung. Nach dieser Wegkuppe (1740 m) leicht bergab und zwischendurch fast eben – an der Westseite des Rappoldkogels entlanggehend – zu einer **Forststraßenkehre** (1620 m). Aus ihr linkshaltend weiter: Ein Weg verbindet zum südseitigen Weidegelände, und man erreicht wieder den **Wegweiser** (1550 m). Von hier durch ein Waldstück zum **Salzstiegelhaus** im Hirschegger Sattel (1543 m). An der Straße zurück zur **Rappoldhütte** (1510 m).

Erlebnispunkt

Rappoldkogel: Ganzjährig gut zu ersteigen. Markante Bergform. Informativer Aussichtsplatz gegenüber der Stubalpe bzw. gegenüber dem Höhenzug der „Hohen Almen".

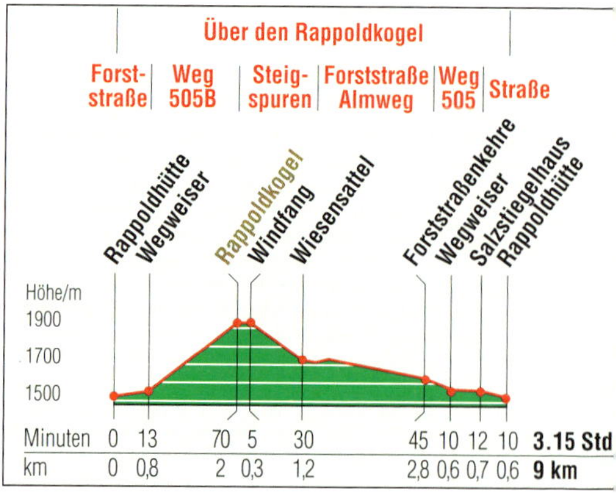

Hitzendorfer Schlösserweg

75

Weitum der schönste Wanderweg

Die vier Schlösser – allesamt in Privatbesitz und nur von außen zu besichtigen – gleichen ob ihrer Baumasse eher feudalen Herrensitzen. Die Lage jedes dieser Objekte könnte nicht besser gewählt sein. Mit den Augen darf man teilhaben.
Sowohl die überwiegend naturnahe Beschaffenheit der Strecke als auch der abwechslungsreiche Inhalt heben diesen Wanderweg auf den Schild. Der Hitzendorfer Schlösserweg verdient das Prädikat „Schönster Wanderweg im westlichen Umland von Graz".

Ab dem **Marktgemeindeamt Hitzendorf** geht man an der Straße wenige Minuten zur ersten Abzweigung; Wegtafel. Achtung: Am Beginn der Siedlung dem Pfad entlang des Oberbergbaches folgen. Auf einem Steg überquert man den **Liebochbach** (370 m). Ab der Straße gegenüber, leicht ansteigend, durch ein Waldstück zur **Lourdes-Kapelle** (430 m), örtlich Humpl-Kapelle genannt. Auf einem Waldweg abwärts, über ein Brückerl, bergan zu einem Gehöft und durch Wald zum **Schloss Schütting** (456 m). Die Flurstraße führt abwärts, vorbei am schmucken kleinen Gehöft Neureiteregg 39 (Ab-Hof-Verkauf, Hühnerfarm) zu einer Gabelung (410 m); Wegkreuz. Rechter Hand leitet von der Straße ein Steig zum **Schüttingbach** (380 m); man überquert ihn auf einem Steg. Am Waldrand bergan zu einer Flurstraße.

Die Wanderstrecke

Einheitlich beschildert
Gehzeit 3.30 Std.
Weglänge 12,5 km
Anstieg 320 Hm
Abstieg 320 Hm
Höchster Punkt Schloss Schütting (456 m)
Tiefster Punkt Brücke im Liebochtal (355 m)

Zwischen den Schlössern Schütting und Reiteregg: Obst und Wein.

Ausgangs-/Zielpunkte

Bushaltestelle Hitzendorf Kohl (380 m)
Parkplatz am Marktgemeindeamt Hitzendorf (375 m)

Anfahrt

Mit dem Auto aus dem Raum Graz-Wetzelsdorf über Steinberg nach Hitzendorf
Mit dem Regionalbus Linie 710 Graz – Stallhofen – Köflach, Haltestelle Hitzendorf Kohl

Oberhalb auf Wiesengrund zum **Schloss Reiteregg** (443 m); Achtung! Mitunter nähert sich der Schlosshund.
Von der fotogenen Baumgruppe geht es den Höhenrücken südwärts: Das geradezu „umwerfende Panorama“ verdient etliche Rundumblicke. Ein Wiesenweg leitet zu einem Wegkreuz mit Rastbank und an Streuobstwiesen zum Gehöft Altreiteregg 1; **Gabelung** (410 m). Linkshaltend, am Waldrand, erreicht man eine Flurstraße, auf ihr zum **Schüttingbach** (380 m). Kurz nach der Brücke, einem Waldsteig folgend, bergan zu einem Höhenrücken (425 m). Sogleich wieder abwärts, über ein **Brückerl** (385 m) und bergwärts zu einer Flurstraße. Auf ihr gelangt man zum nahen **Schloss Altenberg** (441 m). An der Straße, vorbei an einem Reiterhof, zur Kreuzung am **Höllbergsattel** (410 m); Bushaltestelle Höllberg/Hitzendorf Gasthaus.
Infolge der Kurvenlage die Landesstraße mit erhöhter Vorsicht überqueren.
Ab dem kleinen Gasthaus Wolfgruber (ehemalige Schusterwerkstätte) bergan zum **Schloss Tausendlust** (434 m). Dieselbe Straße weiter entlang nach **Södingberg** (400 m). An der Kreuzung beim Haus (Giebelwand: A. M. L. 1998) abwärts, durch ein Waldstück, zur Brücke am **Liebochbach** (355 m) und an die Hochspannungsleitung heran. Davor zweigt man nordwärts ab: Parallel zum R56 Liebochtal-Radweg talaufwärts zu einem Bildstock mit Rastbank. Auf einem Steg quert man den Liebochbach. Am rechten Ufer aufwärts zur Metallbaufirma MSK. Gegenüber vom Parkplatz 6 leitet ein Fußweg durch die **Unterführung** in der Landesstraße. Entlang des Sportplatzes gelangt man zurück zum **Marktgemeindeamt Hitzendorf** (375 m).

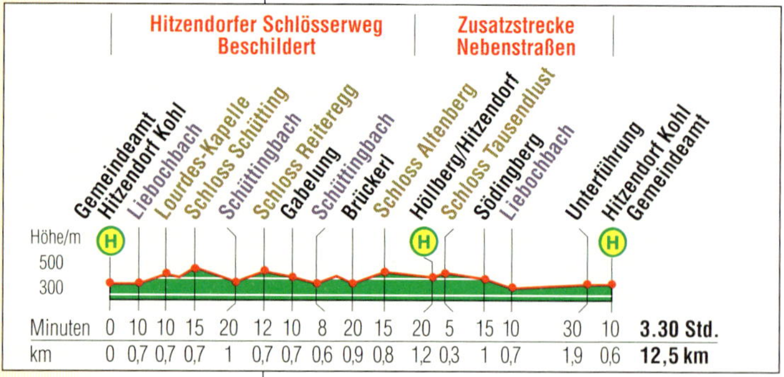

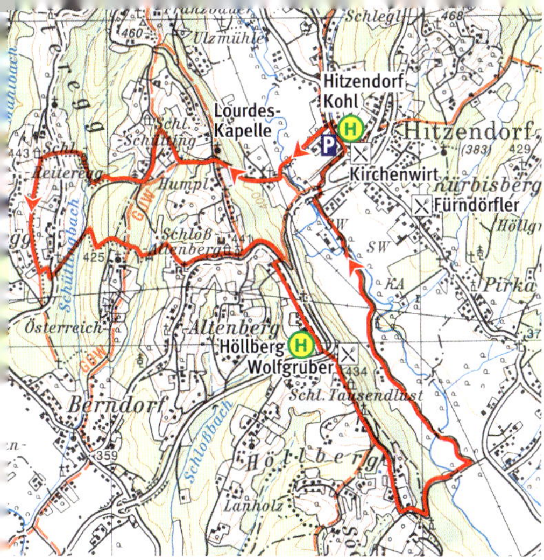

Schloss Altenberg: Während des Sommers werden Blumen und Pflanzen feilgeboten.

Erlebnispunkte

Lourdes-Kapelle: Auch Humpl-Kapelle genannt; erbaut 1896, renoviert 1983 und 1996.

Schloss Altenberg: Erbaut 1687; mit vier Erkertürmen. Im Jahr 1911 erweitert. Seinerzeit als Bauerngut genannt. Heute floriert im Schlosspark während des Sommers ein Blumen- und Pflanzenmarkt.

Schloss Reiteregg: Dessen Lage – auf dem kuppenähnlichen Höhenrücken zwischen dem Liebochtal und dem Södingtal – kann schlicht als einzigartig bezeichnet werden. Aufzeichnungen belegen, der „Sücz Reiteregg" war um 1600 ein zinspflichtiges Bauerngut; es wurde 1608 zu seiner heutigen Form umgebaut. Auffallend am Objekt sind dessen Stufengiebel. Die (verborgene) Schlosskapelle trägt das Wappen der Freiherren von Haan.

Schloss Schütting: Das älteste der vier Objekte. Es besteht seit dem 12. Jh. und diente als ein wehrhafter Hof. Im Jahr 1140 wird der Name „Pletischach" erwähnt; im 14. Jh. werden erstmals die „Schüttinger" genannt. In der Gegenwart ist die Liegenschaft – dominiert von einem rustikal-künstlerischen Flair – geradezu hautnah erlebbar: Hühner und domestizierte Hasen kreuzen den Weg; über einem Weiher baumelt eine Hängematte; diverse Handwerksarbeiten dekorieren den Rand des Grundstücks.

Schloss Tausendlust: Auch als „Altenburg" bekannt. Das Schloss wurde Ende des 16. Jh. und im 17. Jh. ausgebaut. Der „freyadelische Sitz und Gietl Tausendlust" gehörte im Zeitraum 1671 bis 1870 zum Besitz der Herrschaft Söding (Schloss Söding). Aktuell führt die Gemeindestraße unmittelbar am Schloss entlang.

Einkehrstätten

Gasthof Fürndörfler
(Ruhetage: Mo, Di);
Tel. 03137/2279

Kirchenwirt (kein Ruhetag; Sonntags ab 15 Uhr geschlossen);
Andreas Krobath,
Handy 0699/10921092

Information/Orientierung

Fahrplan im Internet
www.busbahnbim.at

Marktgemeindeamt Hitzendorf
Tel. 03137/2255
www.hitzendorf.at,
www.10vorgraz.at

Wanderkarten
ÖK, BMN-Blatt 163 oder UTM-Blatt 4228;
FB-WK 132;
lokale Wanderkarte

76 Hitzendorfer Mostwanderweg und Steinbergschleife

Im Herzstück der „Kirschengemeinde“ Hitzendorf.

Die Wanderstrecke

Buggy-tauglich
Unterschiedlich beschildert und markiert
Gehzeit 3.30 Std.
Weglänge 13,5 km
Anstieg 270 Hm
Abstieg 270 Hm
Höchster Punkt Sternwarte Steinberg (600 m)
Tiefster Punkt Hitzendorf Marktgemeindeamt (375 m)

Im Mittelpunkt von zehn Gemeinden

Hitzendorf – im Jahr 1163 erstmals urkundlich erwähnt (oho!), seit 1967 Marktgemeinde (bravo!) und im Jahr 1996 gründlich ortserneuert (Applaus!) – nennt sich „Kirschengemeinde“. Alljährlich findet im April die Kirschblütenwanderung statt, und im Juni wird das Kirschenfest gefeiert. Auch ist Hitzendorf stark hineingewachsen in die „Region der Zehn Gemeinden“ und verbündet sich – ebenfalls über Wanderwege – mit den neun Nachbargemeinden Attendorf, Geistthal, Rohrbach-Steinberg, St. Bartholomä, St. Oswald, Södingberg, Stallhofen, Stiwoll und Thal. Auf dem Mostwanderweg schnuppern Gäste den Aufwind.

Man folgt ab dem **Buschenschank Mausser** (510 m) dem Weg Nummer 3: An der Landesstraße zur benachbarten **Bushaltestelle** Niederberg/Holzberg, Abzweigung an der Kreuzung (510 m); Wegweiser. An der Flurstraße geht man südwärts zum **Gehöft Roth vlg. Poppenhans** (483 m); rechts abzweigen: Entlang einer Hofzufahrt abwärts zum Gehöft Hammer sowie zum **Gehöft Gödl vlg. Kälber** (440 m) in Holzberg 1. Anschließend auf Flurwegen und auf Waldwegen zum **Breitenbach** (400 m). Auf einer Flurstraße folgt man zugleich einem Teilstück des Naturlehrpfades. Schließlich verläuft die Wanderstrecke durch den Ortsbereich von **Hitzendorf** (383 m): Vom Bio-Energiehaus und Pferdehof zur Unterführung der Umfahrungsstraße, danach an der

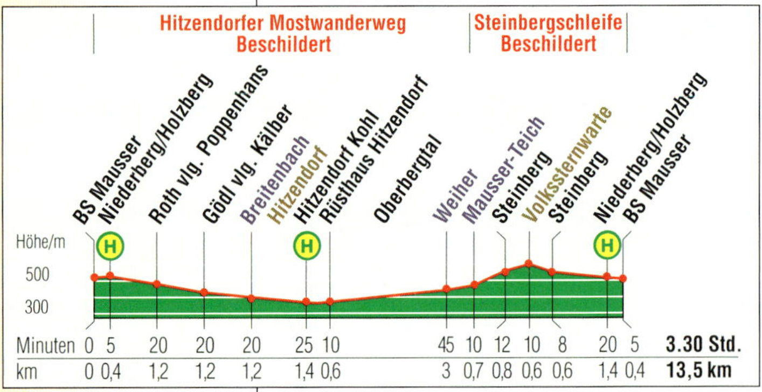

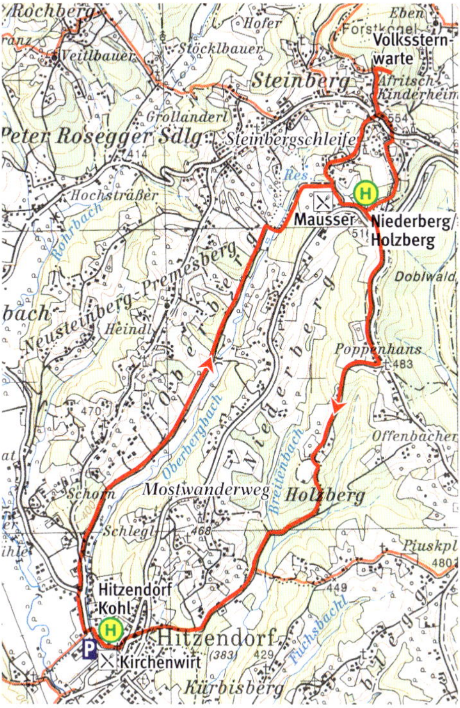

Ausgangs-/Zielpunkte

Bushaltestelle Hitzendorf Kohl (380 m)
Bushaltestelle Niederberg/ Holzberg Abzweigung (516 m)
Mostbuschenschank Mausser in Niederberg (510 m), an der Landesstraße 301
Parkplatz am Marktgemeindeamt Hitzendorf (375 m)

Anfahrt

Mit dem Auto aus dem Raum Graz-Wetzelsdorf über Steinberg auf der Landesstraße 301 in Richtung Hitzendorf
Mit dem Regionalbus Linie 710 Graz – Stallhofen – Köflach; Haltestelle Niederberg/Holzberg Abzweigung oder Haltestelle Hitzendorf Kohl

Hauptschule und Volksschule zur Kirche und – nächst der Bushaltestelle Hitzendorf Kohl – zum **Marktgemeindeamt Hitzendorf** (375 m). Entlang der Landesstraße L 336 zur Abzweigung beim **Feuerwehr-Rüsthaus** (380 m). Vorbei am Jux-Schild „Liliental" leitet die Straße in das **Oberbergtal.** Man kommt an einem Pferdehof vorbei. Beim eingezäunten Grundstück in Oberberg 63 – darin liegt ein kleiner Teich bzw. ein **Weiher** (430 m) – zweigt man

Als wäre die Zeit stehen geblieben: Am Holzberg.

Liebe zum Detail sichtbar gemacht: Am Eingang in das Oberbergtal.

von der Straße rechts ab. Ein Flurweg verbindet zum **Mausser-Teich** (470 m); Rastbank.
Am Rand von Apfelbaumreihen verbindet ein Wirtschaftsweg bergan zum Mostbuschenschank Mausser (510 m) in Sichtweite.

Zusatzstrecke Steinbergschleife:

Am **Mausser-Teich** weist eine gelbe Pfeiltafel ein. Der Fußweg mündet in eine steile Zufahrt. Beim Haus Nr. 90 geradewegs zur Anhöhe am **Steinberg** (554 m); Bushaltestelle Kahr. Von hier zum Kinderdorf. Weiter geht es entlang des Sonnenpfades und vorbei am Sonnenhaus – mit Panoramablick – zur **Volkssternwarte** (700 m).
Rückweg: Auf demselben Weg zurück zur Bushaltestelle Kahr in **Steinberg** (554 m). Hier zweigt man rechts ab und kommt an ein Gehöft heran. Zunächst entlang eines Wiesenweges zu einem Waldstück. Nun auf einem Fahrweg abwärts zur Kreuzung (516 m) und zur **Bushaltestelle Niederberg/Holzberg.** An der Straße zum nahen **Mostbuschenschank Mausser** (510 m).

Einkehrstätten

Kirchenwirt (kein Ruhetag; sonntags ab 15 Uhr geschlossen);
Andreas Krobath,
Handy 0699/10921092
Mostbuschenschank Mausser (Ruhetage: Mo, Di);
Tel. 0316/573459
www.maussermost.at

Information/Orientierung

Fahrplan im Internet
www.busbahnbim.at
Marktgemeindeamt Hitzendorf
Tel. 03137/2255
www.hitzendorf.at,
www.10vorgraz.at
Wanderkarten
ÖK, BMN-Blatt 163 oder UTM-Blatt 4228; FB-WK 132; lokale Wanderkarte

Erlebnispunkte

Hitzendorf: Erlebnisbad Thermarium (Tel. 03137/6177); Pfarrkirche „Maria zu den drei Feichten" (erbaut 1453); Bauernmarkt jeden Freitagnachmittag vor dem Marktgemeindeamt; Kletterwand der OeAV-Ortsgruppe Hitzendorf am Gebäude des Bio-Energiebetriebes.

Johannes-Kepler-Volkssternwarte Steinberg: Führungen jeden Freitag bei Schönwetter, vorausgesetzt, mehr als die Hälfte des Himmels ist wolkenlos; Führungsbeginn während der Winterzeit 19 Uhr, bei geltender Sommerzeit 21 Uhr. Vereinbarung von Sonderterminen unter der Handynummer 0699/10055067 oder per E-Mail: stav@gmx.at
www.stav.at, www.astroverein.info

Stift Rein, Annateich und St. Ulrich

Kultureller Mittelpunkt des Ausfluges: Das Stift Rein

Diese von Gegensteigungen mitgeprägte Rundstrecke enthält einen erlebenswerten Mix an Eindrücken, weil zusammengesetzt aus naturnahen und erfahrenswerten Einzelheiten: Brunnenwasser, Teiche und Bächlein vertreten das nasse Element. Breit angelegte Bauernhöfe und kuppenreiche Fluren strukturieren dank gewachsener Formen das Kulturland. Zwischendurch: Ein kleines Bauernmuseum stillt – just im Zeitgeist der Moderne – die Sehnsucht jener Menschen, die alten Handfertigkeiten neue Gewohnheiten abgewinnen: Beispielsweise mit „Einkaufen ab Hof". Jedoch alles „Ahhh" und alles „Ohhh" vereinen sich im Stift Rein. Es ist der kulturelle Mittelpunkt dieses Ausfluges.

Auf dem Gehweg entlang der südseitigen Mauer des **Stiftes Rein** (453 m) und die anschließende Straße, leicht bergan, zur Gabelung beim **Josefsheim** (480 m). Auf einer Flurstraße bzw. dem Weg

Stift Rein

Das weltweit älteste durchgehend bewohnte Zisterzienserkloster – gegründet 1129 – hat wesentlich eingewirkt auf den Landesaufbau und auf die politische Entwicklung im Herzogtum Steiermark. Die Bibliothek enthält älteste Urkunden des Landes, dazu 400 Handschriften, 150 Inkunabeln (Frühdrucke bis zum Ende 15. Jh.), 100.000 Bücher. Aktueller Kulturbezug mit Konzerten und Ausstellungen.

Führungen: Ende März bis Anfang Jänner, täglich;
10:30 Uhr: Bibliotheksführung;
13:30 Uhr: Stiftsführung;
Sondertermine für Gruppen nach Voranmeldung bei Pater August Janisch, Tel. 03124/51621-53;
E-Mail: gruppe@stift-rein.at

Sonderausstellung in der Stiftsbibliothek;
27. März 2009 – 6. Jänner 2010, „Reisen bis zu den Sternen"

Informationen: An der Stifts-Pforte,
Tel. 03124/51621-0;
E-Mail: info@stift-rein.at – www.stift-rein.at

77

Gegründet im Jahr 1129: Das Zisterzienserstift Rein.

Die Wanderstrecke

Unterschiedlich markiert und beschildert
Gehzeit 4 Std.
Weglänge 14,5 km
Anstieg 430 Hm
Abstieg 430 Hm
Höchster Punkt Kehr, ehem. Glöcklwirt (670 m)
Tiefster Punkt Anglerzentrum (405 m)

Ausgangs-/Zielpunkt

Bushaltestelle Rein Gemeinde (453 m)

Anfahrt

Mit dem Auto über Gratwein nach Rein; großer Parkplatz nahe dem Gemeindeamt
Mit dem Zug ÖBB; S-Bahn-Linie 1, Bahnhof Gratwein-Gratkorn; umsteigen in den Bus
Mit dem Regionalbus Linie 110 Graz – Enzenbach, Haltestelle Rein Gemeinde

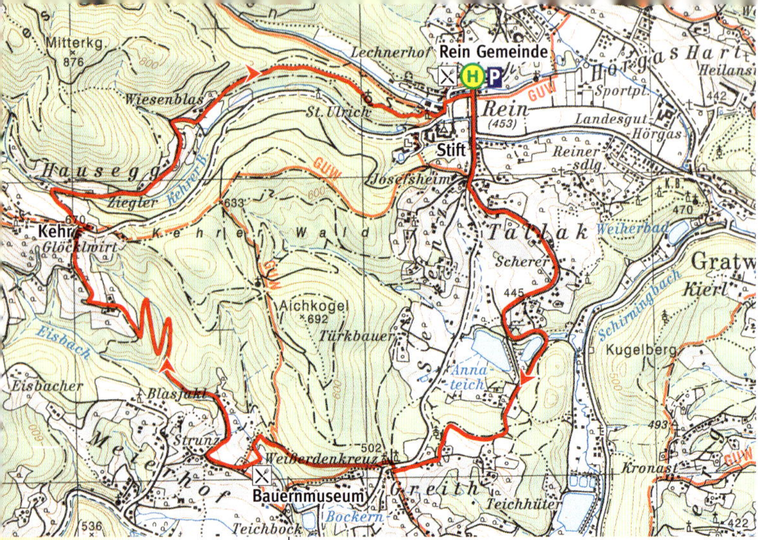

Einkehrstätten

Stifts-Taverne Rein (kein Ruhetag; an So und Fei ab 17 Uhr geschl.); Tel. 03124/51623 www.stiftstaverne-rein.at
Mostschenke beim Kleinen Bauernmuseum, geöffnet Ostern bis Allerheiligen; Familie Stoimaier, Handy 0664/4749051

Nummer 15 folgend – vorbei an einem Pferdehof – zu einer Weggabelung und an ihr rechtshaltend zum **Eintrachtbrunnen** (445 m). An der Gabelung linker Hand die Straße abwärts zur nächsten Straße. Nach dem **Anglerzentrum** (405 m) bzw. nach dem kleinsten der drei Teiche rechtshaltend. Eine Sandstraße leitet zum **Großen Annateich** (410 m). Auf einem Fahrweg geradeaus. Beim rot-weißen Wegschranken die Straße aufwärts, geradewegs in den Wald und bergan. Nahe am Waldrand rechts. Auf einem Pfad, entlang von Brombeerhecken, zuletzt einen Wiesenweg benutzend und auf ihm bergan zu einer Straße. Zur linken Hand steht ein gelbes Gebäude, es gehört zum **Gehöft Greithschneider.** Davor hält man sich jedoch rechts. Vorbei an einem Hubertuskreuz (err. 1968) zum **Weißerden-Kreuz** (502 m); Straßenkuppe; Bushaltestelle Greith. Ab

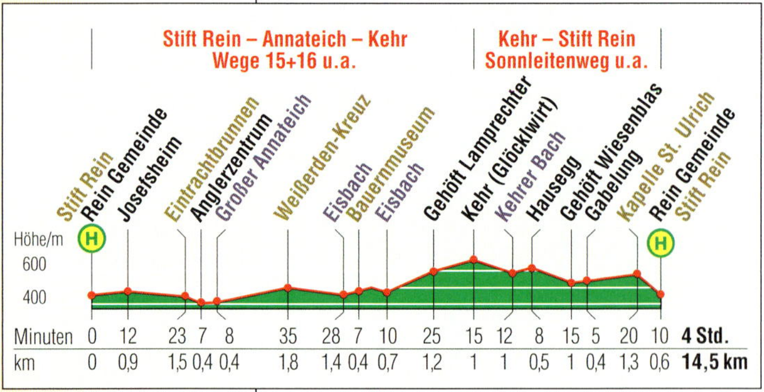

hier dem Weg 16 durch Waldgelände folgen; er leitet allmählich abwärts. Auf einem Steg über den **Eisbach** (455 m); er wird auch Bockernbach genannt. An dessen rechtem Ufer kurz abwärts. Holzstipfel leiten über eine Wiese und bergan zum **Kleinen Bauernmuseum** (480 m) in Meierhof. An der Straße weiter zum benachbarten Gehöft Stampler. Nun abwärts und beim Anwesen Oitzinger über den **Eisbach** (470 m). Auf Fahrwegen durch Wald bergan zu den Gehöften **Lamprechter** (600 m) und Gmeinbauer sowie in die Siedlung **Kehr** (670 m). Vom ehemaligen Glöcklwirt knapp 100 Meter entlang der Straße abwärts; links abzweigen: Der Flurweg führt bergab zu einem Anwesen im Grabengrund. An der rechten Uferseite bachabwärts. Man überquert den **Kehrer Bach** (590 m) auf einem Brett. In einer Gegensteigung zum Sonnleitenweg; Rastbank. Nun zum Gehöft Ziegler in **Hausegg** (620 m). Der Sonnleitenweg führt allmählich in Richtung Talboden. Davor, bei einem A-Mast, über die Wiese: Auf diese Weise umgeht man das **Gehöft Wiesenblas** (530 m). Am Waldrand zweigt man vom Sonnleitenweg ab; **Gabelung** (540 m): Bergseitig auf einem Steig zu einer Forststraße. Auf ihr geht man den Waldrücken so weit entlang, bis man einen Steig erreicht. Über begraste Felsköpfel zur **Kapelle St. Ulrich** (580 m). Den Waldrücken abwärts zu einem Bildstock und zur Straße im Mühlbachgraben. In Sichtweite stehen die Stifts-Taverne und das **Gemeindeamt Eisbach-Rein** (453 m).

Steirische Merkmale – Blumen, Holz und Mais – in Kehr.

Information/Orientierung

Fahrplan im Internet
www.busbahnbim.at
Gemeindeamt Eisbach-Rein
Tel. 03124/51762
www.eisbach-rein.at
Wanderkarten
ÖK, BMN-Blatt 163 oder UTM-Blatt 4228; FB-WK 132

Erlebnispunkte

Eintrachtbrunnen: In Tallak; von 2006; Sölker Marmor. Inschrift: „Durch Eintracht werden kleine Dinge groß, durch Zwietracht wird man große los."

Kleines Bauernmuseum: In Meierhof (Moahof), mit Hauskapelle und ehem. Feuerwehr-Rüsthaus. Geöffnet Ostern bis Allerheiligen, nach telefonischer Anmeldung; Familie Stoimaier, Handy 0664/4749051

St. Ulrich: Kapelle oberhalb der Ortschaft Rein

Weißerden-Kreuz: Bildstock, errichtet 1864, erneuert 1913 und 1992

78

Die Wanderstrecke

Unterschiedlich beschildert und markiert
Gehzeit 7.15 Std.
Weglänge 25,6 km
Anstieg 780 Hm
Abstieg 840 Hm
Höchster Punkt Heigger-Bergkreuz (1040 m)
Tiefster Punkt Bahnhof Gratwein-Gratkorn (385 m)

Ausgangs-/Zielpunkt

Bushaltestelle Rein Gemeinde (453 m)

Die vier Tausender bei Rein

Die Zeit, die alte Bügelfrau, macht alles wieder glatt

In der Gemeinde Eisbach-Rein gedeiht, in verlässlicher Kontinuität, die Symbiose „Natur und Kultur". Diese ringt jedoch zeitweilig mit Gegenkräften von elementarer Wucht: Insbesondere der „Jahrhundert-Sturm" vom 26./27. Jänner 2008 hat den das Stift Rein umgebenden Wäldern innerhalb großer Flächen atemraubend zugesetzt: Wortecht auf einen Hieb stürzten gut 100.000, vermutlich gar 120.000 Festmeter Holz zu Boden. Diese Menge entspricht dem Einschlagsvolumen von zehn bis zwölf Jahren. Der weitläufige Erholungsraum bleibt – infolge des von Naturkräften urwild verursachten Kahlschlages – auf lange Zeit nachhaltig beeinflusst. Jedoch eint folgendes Überziel alle Betroffenen: Bis zum Sommer 2009 werden alle Wanderwege wiederhergestellt sein. Allein der Jägersteig wird auf einer neuen Trasse entstehen müssen, da die Wurzkörper den Boden der ehemaligen Strecke irreparabel verwüsteten. Insgesamt jedoch keimt Zuversicht: Die Zeit, die alte Bügelfrau, macht alles wieder glatt. So verbleiben die vier Tausender namens Pleschkogel, Heiggerkogel, Walzkogel und Mühlbacherkogel im Auswahlregister der 100 Ausflüge um Graz.

Traditionsreiche Einkehrstätte: An diesem Gasthaus führt kein Weg vorbei.

1. Abschnitt:

Rein – Pleschwirt
Gehzeit 2.30 Std.; Anstieg 570 Hm; Weglänge 7,5 km
Ab der **Bushaltestelle Rein Gemeinde** (453 m) die Kehrer Straße am Stift entlang. Auf dem **Sonnleitenweg** über Hausegg (620 m) zum **Pechelgraben** (680 m) und **Stiebergraben** (700 m). Aus diesem zum Gehöft Lippbauer und dem dazugehörenden **Lippbauerkreuz** (760 m); Gabelung an einer Waldecke; Rastplatz. Durch Wald zum **Pleschwirt** (1016 m).

2. Abschnitt:

Pleschwirt – Mühlbacherhütte
Gehzeit 2 Std., Anstieg 180 Hm, Abstieg 200 Hm; 7,6 km
Vom **Pleschwirt** (1019 m) am Rand einer Bergwiese zum **Hans-Hermann-Kreuz** (1030 m); Inschrift: „Gewidmet von den Schierninger Bergsteigern." Östlich davon entweder über den **Pleschkogel** (1061 m) oder an dessen Südseite, entlang des Fahrweges, zu einem **Sattel** (910 m). Aus ihm leicht bergan zu einer **Kapelle** (940 m); an ihr sind die Jahreszahl 1999 und die Inschrift „Alles, was atmet, lobe den Herrn" ablesbar. An der Rückseite der Kapelle ist ein Rastplatz eingerichtet, und in Sicht-

Anfahrt

Mit dem Auto bis Gratwein, P+R-Platz am Bahnhof; umsteigen in den Regionalbus
Mit dem Zug ÖBB; S-Bahn-Linie 1, Bahnhof Gratwein-Gratkorn; umsteigen in den Regionalbus
Mit dem Regionalbus Linie 110 Graz – Gratwein Bahnhof – Enzenbach, Haltestelle Rein Gemeinde

Rückfahrt

Mit dem Zug ÖBB; S-Bahn-Linie 1, ab Bahnhof Gratwein-Gratkorn
Mit dem Regionalbus Linie 110 Enzenbach – Graz, ab Haltestelle Enzenbach Heilstätte oder ab Gratwein Bahnhof

Zwischen Pleschwirt und Pleschkogel: Das Hans-Hermann-Kreuz.

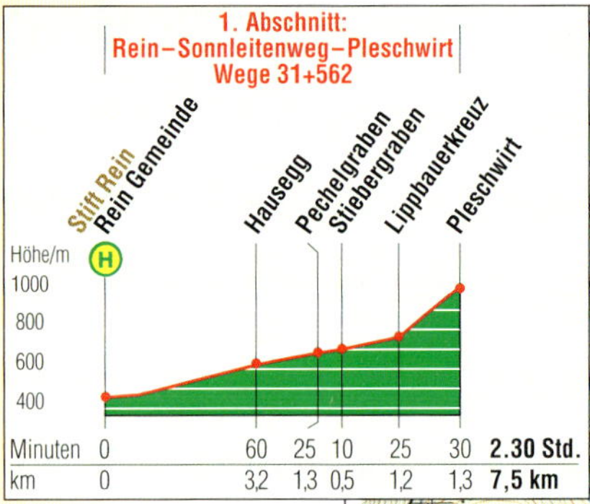
1. Abschnitt:
Rein–Sonnleitenweg–Pleschwirt
Wege 31+562
Stift Rein
Rein Gemeinde
Hausegg
Pechelgraben
Stiebergraben
Lippbauerkreuz
Pleschwirt
Höhe/m
1000
800
600
400
Minuten 0 60 25 10 25 30 2.30 Std.
km 0 3,2 1,3 0,5 1,2 1,3 7,5 km

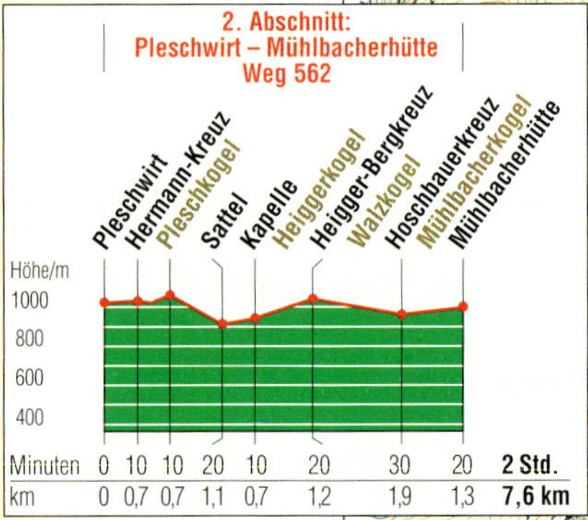
2. Abschnitt:
Pleschwirt – Mühlbacherhütte
Weg 562
Pleschwirt
Hermann-Kreuz
Pleschkogel
Sattel
Kapelle
Heiggerkogel
Heigger-Bergkreuz
Walzkogel
Hoschbauerkreuz
Mühlbacherkogel
Mühlbacherhütte
Höhe/m
1000
800
600
400
Minuten 0 10 10 20 10 20 30 20 2 Std.
km 0 0,7 0,7 1,1 0,7 1,2 1,9 1,3 7,6 km

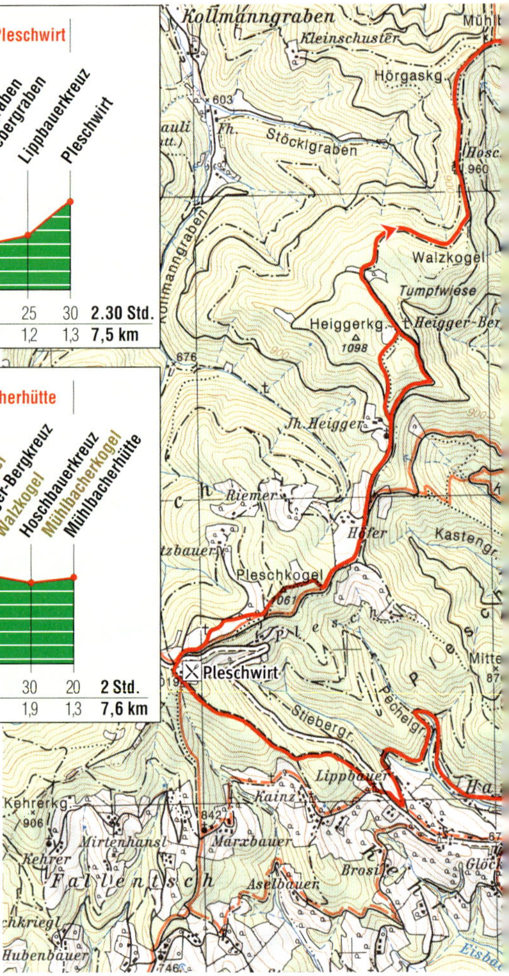
Kollmanngraben
Kleinschuster
Hörgaskg.
Stöcklgraben
Walzkogel
Tumpfwiese
Heiggerkg.
1098
Heigger-Ber
Jh. Heigger
Riemer
Höfer
Kastengr.
Pleschkogel
Pleschwirt
Stiebergr.
Pechelgr.
Lippbauer
Kainz
Kehrerkg.
906
Mirtenhansl
Kehrer
Marxbauer
Faltentsch
Aselbauer
Brosi
Hubenbauer

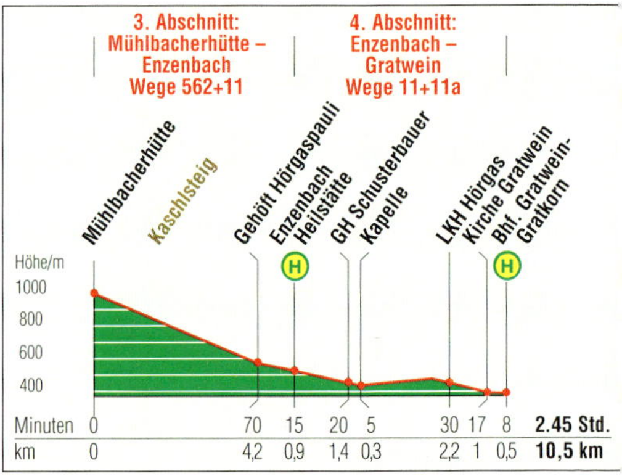
3. Abschnitt:
Mühlbacherhütte –
Enzenbach
Wege 562+11
4. Abschnitt:
Enzenbach –
Gratwein
Wege 11+11a
Mühlbacherhütte
Kaschlsteig
Gehöft Hörgaspauli
Enzenbach
Heilstätte
GH Schusterbauer
Kapelle
LKH Hörgas
Kirche Gratwein
Bhf. Gratwein-
Gratkorn
Höhe/m
1000
800
600
400
Minuten 0 70 15 20 5 30 17 8 2.45 Std.
km 0 4,2 0,9 1,4 0,3 2,2 1 0,5 10,5 km

weite steht das Jagdhaus Heigger. An der Ostseite des **Heiggerkogels** (1098 m) gelangt man auf einem Fahrweg – oder abkürzend auf einem Steig – zu einer Gabelung (960 m). Auf der geradeaus führenden Forststraße zum **Heigger-Bergkreuz** (1040 m). Nordseitig um den 1075 Meter hohen **Walzkogel** und zu einem Bildbaum, genannt **Hoschbauerkreuz** (960 m). Von diesem geht man nordwärts in Richtung **Mühlbacherkogel** (1050 m). Waldlücken ermöglichen Ausblicke in Richtung Gleinalpe und zur Hochalpe. Der Wanderweg verbindet direkt, unterhalb des Mühlbacherkogels, zur **Mühlbacherhütte** (994 m).

Alpines Flair: Am Kaschlsteig.

Einkehrstätten

Gasthaus Schusterbauer (Ruhetage: Mo, Di) in Hörgas an der Weingartleiten; Familie Lanz, Tel. 03124/51768
Mühlbacherhütte von Mai bis Oktober an Sonn- und Feiertagen geöffnet; außerhalb der Bewirtschaftungszeit ist ein Schutzraum eingerichtet, Truhe mit Getränken, Hüttenbuch; Johann Gruber, Handy 0664/1737514
Pleschwirt (Ruhetage: Mo, Di); Tel. 03149/2231
Stifts-Taverne Rein (kein Ruhetag; an Sonn- und Feiertagen ab 17 Uhr geschlossen); Tel. 03124/51623 www.stiftstaverne-rein.at

Information/Orientierung

Fahrplan im Internet
www.busbahnbim.at
Gemeindeamt Eisbach-Rein
Tel. 03124/51762
www.eisbach-rein.at
Wanderkarten
ÖK, BMN-Blatt 163 oder UTM-Blatt 4228; FB-WK 132

3. Abschnitt:
Mühlbacherhütte – Kaschlsteig – Enzenbach

Gehzeit 1.25 Std.; Abstieg 470 Hm; Weglänge 5,1 km

Von der **Mühlbacherhütte** (994 m) zum **Kaschlsteig** und an diesem abwärts zur Rastbank beim Apfelstein (720 m). An der Bank ist eine Widmung von Werner Steiner angebracht. Vom gratähnlichen Gelände am Kaschlsteig steigt man ab in den Geländesattel beim **Gehöft Hörgaspauli** (568 m). Nun entlang der Straße abwärts zur **Heilstätte** in **Enzenbach** (523 m); Bus-Endhaltestelle.

4. Abschnitt:
Enzenbach – Bahnhof Gratwein-Gratkorn

Gehzeit 1.20 Std.; Anstieg 30 Hm, Abstieg 170 Hm; Weglänge 5,4 km

In **Enzenbach** (523 m) entlang von Straßen die Weingartleiten abwärts zum **Gasthaus Schusterbauer** (450 m). Kurz danach den rot-weiß-roten Farbmarken des Weges Nummer 11a folgen: Die Route leitet entlang der oberen Flurstraße leicht bergan. Man durchquert ein Siedlungsgebiet und gelangt über eine Kuppe (480 m) zum **LKH Hörgas** (450 m). Anschließend verbindet ein Fußweg durch ein Waldstück talwärts: Beim Rüsthaus der Feuerwehr Gratwein gelangt man zum Schulgelände und zur **Kirche** (392 m). Nächst davon, ab den Häusern Kirchengasse Nummer 11 und 13, leitet ein Fußweg zwischen Gärten zu einer Straßenunterführung. Anschließend erreicht man den Park+Ride-Platz am **Bahnhof Gratwein-Gratkorn** (385 m).

Erlebnispunkte

Die vier Tausender: Pleschkogel (1061 m), Heiggerkogel (1098 m), Walzkogel (1070 m), Mühlbacherkogel (1050 m). Erstiegen wird eventuell der Pleschkogel. Die drei anderen Tausenderkogel werden aufgrund des Waldgeländes umgangen.

Kaschlsteig: Er gilt als der populärste Wanderweg im Gemeindegebiet Eisbach-Rein. Das leicht felsige Gelände strahlt alpines Flair aus.

Naturschutzgebiet Plesch: Handschriftliche Kundmachung beim Lippbauerkreuz: „Seit 3. 12. 1972 ist das Gebiet des Plesch, um Walzkogel und Mühlbachgraben Naturschutzgebiet. Jede Entnahme von Pflanzen jeder Art mit oder ohne Wurzeln ist verboten. Bergwacht.“

Österreichisches Freilichtmuseum Stübing

79

Im Tal der Bauernhöfe

Derzeit gibt es rund 100 originale Objekte. Deren stattliche Anzahl ermöglicht einen repräsentativen vergleichenden Überblick zum bäuerlichen Leben in den Bundesländern sowie in Südtirol. Das „Tal der Bauernhöfe“ verläuft in Ost-West-Richtung und entspricht somit der geografischen Situation Österreichs vom Burgenland bis Vorarlberg.

Die Gründung des Museums und dessen Aufbau ist Universitätsprofessor Viktor Herbert Pöttler (Graz) zu verdanken.

Am 7. September 1970 konnte das Österreichische Freilichtmuseum (ÖFM) – es enthielt damals 32 Gebäude – durch den damaligen Bundespräsidenten Franz Jonas der Öffentlichkeit übergeben werden.

Nunmehr leitet Mag. Egbert Pöttler, ein Sohn des Gründers, dieses bundesweit einzigartige „Museum unter freiem Himmel“; eine Stiftung fungiert als Trägerschaft. Der Museumsbetrieb prosperiert seit dem Jahr 2004 auf der Basis einer erneuerten Betriebsphilosophie: Insbesondere Kinder, Jugendliche und Familien nehmen den Inhalt des Österreichischen Freilichtmuseums Stübing als eine lebendige Materie wahr. Ein dicht besetzter Kalender offeriert dem von allen Altersgruppen geprägten Publikum einen von der Osterzeit bis in den späten

Dynamischer Wegzeiger: Dieser Holznagel weist zum Freilichtmuseum.

Objekt Nr. 3: Das „Berglerhaus“ aus Neustift bei Güssing (Burgenland).

Die Wanderstrecke

Unterschiedlich beschildert und markiert
Buggy-tauglich sind der Zugang ab der Bahnhaltestelle Stübing und das gesamte Areal des Freilichtmuseums
Gehzeit 4.30 Std.
Weglänge 11 km
Anstieg 300 Hm
Abstieg 290 Hm
Höchster Punkt Gsollerkogel (675 m)
Tiefster Punkt Gratwein (385 m)

Ausgangspunkt

Bahnhaltestelle Stübing (391 m)

Zielpunkte

Bahnhof Gratwein-Gratkorn (385 m)
Bushaltestelle Enzenbach Heilstätte (450 m)

Herbst reichenden Bogen aktiven Mitwirkens an unterschiedlichsten Brauchtum-bezogenen Tätigkeiten; vom Palmbuschenbinden und Ratschenbauen über textile Handarbeiten bis zum Hinterglasmalen und Salbensieden. Stark nachgefragt sind alle Veranstaltungen, in denen traditionell-bodenständige Handfertigkeiten anschaulich vorgeführt und gelehrt werden, wie beispielsweise das Backen, Häkeln, Kochen, Mähen, Schnitzen, Spinnen, Stricken.

Das Freilichtmuseum in Stübing pflegt für seine Gäste ebenso alle Brauchtumsfeste: So wird im Tal der Bauernhöfe auch fleißig gesungen, musiziert, getanzt und derart lebensfroh der Jahrlauf mit allen Sinnen miterlebt.

Bahnhaltestelle Stübing – Freilichtmuseum

In **Stübing** (391 m) entlang des Bahnsteiges 2, den braunen Wegweisern folgend, zur Straßenkreuzung. Über den Zebrastreifen zum bergseitigen Gehsteig und auf diesem zur Stübingbachbrücke. Gleich gegenüber leitet ein schmaler **Bahndurchlass** (Südbahn-km-Marke 194,872) an das rechte Ufer der Mur. Auf dem Rad- und Fußweg flussabwärts. Am Rand der urigen Aulandschaft gelangt man zur Eisenbahnkreuzung (EK km 196,193). Ab hier auf dem asphaltierten Weg zum Eingangsbereich: Ein mas-

Das Freilichtmuseum in Stübing belebt und bewegt

Die Neuerung	**Das Eingangsgebäude** – in Betrieb ab 2009
Das Jubiläum 2009	**Zum 150. Todestag von Erzherzog Johann**
Themen	**Schwerpunkt Frauen** – „Bürgerin, Bäuerin, Kuchldirn" – mit Ausstellung auch in den Häusern **Hausbau**

Brauchtumspflege und Erlebnistage
Allgemeiner Erlebnistag alljährlich am letzten Sonntag im September. Weitere Erlebnistage: Palmbuschenbinden am Schmerzhaften Freitag ab 5 Uhr morgens, Maibaum aufstellen (1. Mai), Hoam-Art (Ende Mai), Kinder-Erlebnistag (Mitte Juni), Kräuterweihe (Mitte August), Tannengraß und Lebzeltstern (um den Krampustag). Außerdem erlernt man Korbnähen und Sensenmähen.

Informationen
Österreichisches Freilichtmuseum Stübing
Tel. 03124/53700 – www.stuebing.at
Öffnungszeiten: 1. April bis 31. Oktober, täglich 9–17 Uhr (Ruhetag: bis 30. April und ab 17. September an Montagen, ausgenommen Feiertage)

siver Holznagel weist – durch die Bahnunterführung – zum **Freilichtmuseum.**

Im Museum:
Tal der Bauernhöfe – Enzenbach
Innerhalb des Museumsgeländes folgt man grundsätzlich dem **Viktor-Herbert-Pöttler-Weg;** dieser leitet durch das gesamte Tal der Bauernhöfe.
Empfehlenswert ist auch der **Panoramaweg;** er zweigt beim Museums-Gehöft Groß-Schrotter ab: Die Wegtrasse – man quert auf ihr einen Hang – ermöglicht einen umfassenden Blick auf steirische sowie auf Kärntner und auf oberösterreichische Hofgruppen.
Schließlich erreicht man die Tiroler Bauernhöfe; ein Stichweg führt in die Almsiedlung. Man folgt erneut dem **Viktor-Herbert-Pöttler-Weg** und gelangt zur Alphütte aus dem Bregenzerwald; sie wurde an ihrem ursprünglichen Standplatz bereits im Jahr 1641 errichtet. Von diesem Objekt Nr. 80 geht es kurz bergan zum bergseitigen **Ausgang** (500 m). Nach dem Drehkreuz leiten rot-weiß-rote Farbmarken durch ein Waldstück zur **Heilstätte** in **Enzenbach** (523 m); Bus-Endhaltestelle.

Rückweg:
Enzenbach – Gsollerkogel – Gratwein
Linker Hand weist die Wegnummer 11a ein: Ein Flurweg leitet bergan. Zwischendurch erreicht man Rastbänke; sodann schmiegt sich der Weg in jene Wiesenhänge beim Gehöft Gsoller. Kurz danach

Objekt Nr. 66: Der „Hanslerhof“ aus Alpbach (Tirol).

Anfahrt
Mit dem Auto nach Gratwein, Park+Ride-Platz am Bahnhof; umsteigen in den Zug
Mit dem Zug ÖBB; S-Bahn-Linie 1, Bahnhaltestelle Stübing

Rückfahrt
Mit dem Zug ÖBB; S-Bahn-Linie 1; ab Bahnhof Gratwein-Gratkorn
Mit dem Regionalbus Linie 110 Enzenbach – Graz; ab Endhaltestelle Enzenbach Heilstätte oder ab Haltestelle Gratwein Bahnhof

Ein Refugium zum Gesunden: Die Heilstätte Enzenbach.

erreicht man den zirka 675 Meter hohen **Gsollerkogel;** zwei Rastbänke.

Abstieg: Vom Sendemast geht es den südseitigen, teils ausgeholzten Bergrücken abwärts. Man kommt an einer „fünfstämmigen Buche" vorbei. Der Weg leitet schließlich zum Wildgehege bei der **Waldschenke Bäckerseppl** (480 m). Die Hofzufahrt abwärts zur **Gabelung** (450 m) beim kleinen Gehöft Eberl vlg. Hiden. Nun linkshalten: Rot-weiß-rote Farbmarken des Weges 11 leiten an der Flurstraße zur **Tierpension** Robert's Farm. (Schräg gegenüber steht das urtümliche Gehöft Erkinger vlg. Schaupn.)

Man gelangt zum Oberen Panoramaweg und steigt von dessen Ende bzw. in Höhe von Hausnummer 16 ein kurzes Stück Forstweg ab. Gleich nach dem Wegschranken beginnt das Areal des **LKH Hörgas** (450 m). Hinter dem neuen Wegschranken erreicht man einen Bildbaum, benannt „Maria am Waldweg". Auf dem Geimskögerlweg noch bis zur nächsten Gabelung; nun halblinks, dem markierten Fußweg folgend, bergab.

Zwischen dem Rüsthaus und dem Musikvereinshaus leitet ein Durchgang zur **Volksschule Gratwein;** bei ihr rechts abzweigen und nach dem Schranken kurz links weiter. Noch vor der Kirche rechts, zum Haus Kirchengasse 11; hier links abwärts zum Haus Nr. 13. Auf einem Fußweg gelangt man zur Straßenunterführung; danach über einen Steg zum **Bahnhof Gratwein-Gratkorn** (385 m); Bushaltestelle, Park+Ride-Platz.

Einkehrstätten

Gasthaus Binder/Hauptmannwirt (Ruhetag: Mo); an der Bahnhaltestelle Stübing; Erich und Stefanie Binder, Tel. 03127/41336
Gasthaus Klöcklwirt (Ruhetag: Mo), am Eingang zum Freilichtmuseum, Tel. 03124/53880
Raststätte beim Laarer-Hof (Museums-Objekt 43)
Waldschenke Bäckerseppl (Ruhetage: Di, Mi), geöffnet ab 12 Uhr; Familie Pignitter, Tel. 03124/53980

Information/Orientierung

Fahrplan im Internet
www.busbahnbim.at

Wanderkarten ÖK, BMN-Blatt 163 oder UTM-Blatt 4228; FB-WK 131

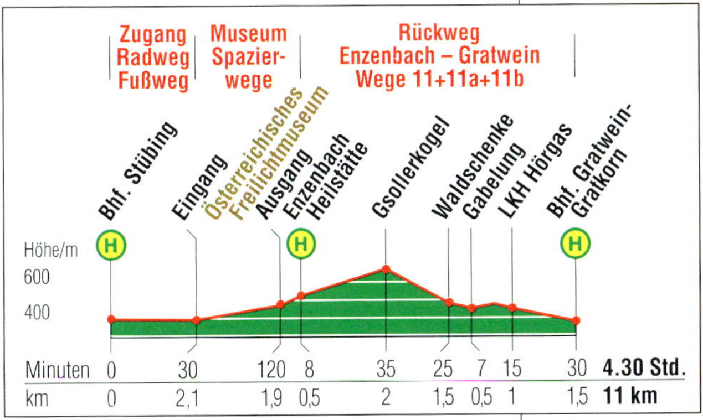

80 Über den Schererkogel

Den Orientierungssinn schärfen

An der Südostseite der Gleinalpe: Vom Abraham bergwärts.

Eine gut drei Kilometer lange Hofzufahrt leitet südseitig an den Schererkogel heran: Diese Sonnenlage schätzt man vor allem während des Winterhalbjahres. Hinzu kommt jedoch folgende spannende Komponente: Auf den Schererkogel führt kein bezeichneter Weg. Dennoch: Es schadet nicht, den Orientierungssinn zu schärfen. Der Lohn folgt auf den Fuß: Mit Panoramen aus raren Blickwinkeln.

Vom **Abrahamwirt** (661 m) auf Steigspuren über die bergseitige Wiese hinauf zu einer Flurstraße. An ihr entlang. Nach mehreren Gehöften und dem Hinweis „Wennegg 40“ erreicht man eine Anhöhe samt **Bildstock** (850 m); „Weineggkreuz“ genannt. Man folgt derselben Straße bis zu einer bergseitigen Ausbuchtung. Hier abzweigen zur **Tafel Forststraße** (880 m). Bergan zur Einsattelung bei einem **Wegkreuz** (909 m). Ab diesem, dem „Paggerkreuz“, auf dem Ziehweg den bewaldeten Rücken direkt bergan. Ab der Gabelung im Steilstück folgt man, halblinks, roten Grenzzeichen und erreicht eine **Lichtung** (1070 m); Mauerreste in der Forststraßenkurve. Aus ihr geradewegs bergan. Der steile Ziehweg leitet zu einer kleinen freien Kuppe mit Hochsitz. Auf dem anschließenden Höhenrücken des **Schusterkogels** (1145 m) stehen seit der Sturmkatastrophe im Jänner 2008 nur noch wenige Bäume. Man folgt am Höhenrücken roten Grenzzeichen und erreicht, nach einem Gegenan-

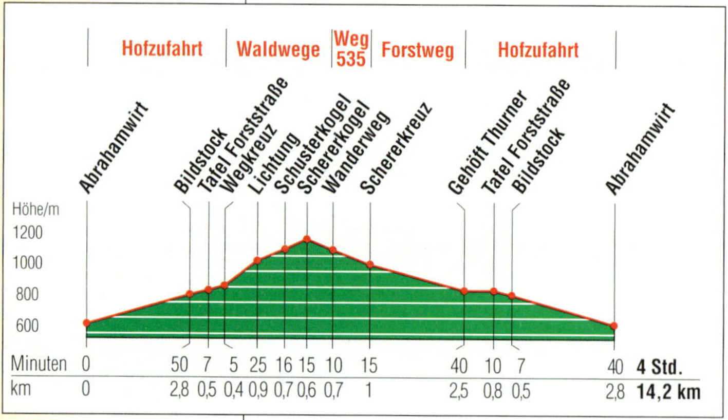

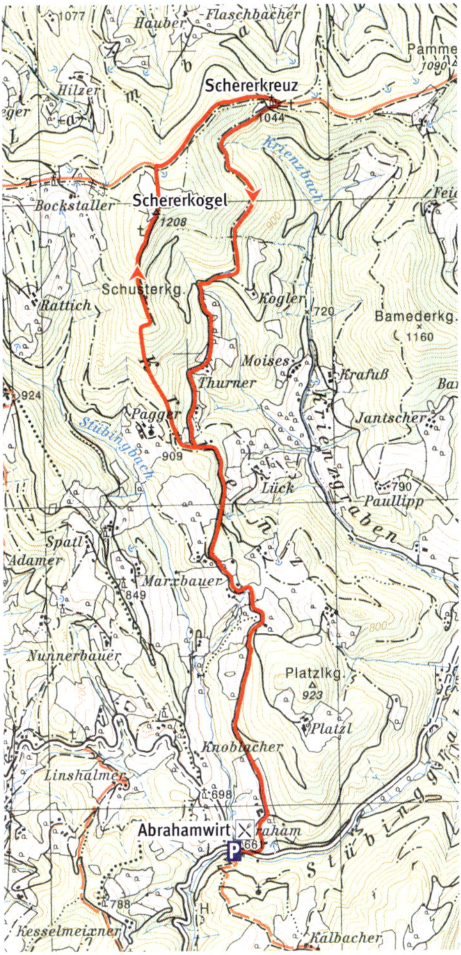

Die Wanderstrecke

Größtenteils unbezeichnet

Gehzeit 4 Std.

Weglänge 14,2 km

Anstieg 550 Hm

Abstieg 550 Hm

Höchster Punkt Schererkogel (1208 m)

Tiefster Punkt Abrahamwirt (661 m)

Ausgangs-/Zielpunkt

Abrahamwirt (661 m)

Anfahrt

Mit dem Auto A9 Pyhrnautobahn, Ausfahrt Peggau-Deutschfeistritz; über Friesach (Kreisverkehr) – Kleinstübing – Großstübing in Richtung Geistthal

Von der Gipfelwiese am Schererkogel zu Eiblkogel (links) und Fensteralpe (rechts).

An der Südostseite des Schererkogels: Über den Krienzgraben zur Westseite des Bamederkogels (1160 m).

stieg, ein dem heiligen Hubertus geweihtes Wegkreuz. Es wurde von Mitgliedern der Jagdgesellschaft Gschnaidt im Jahr 1962 errichtet. Gegenüber einer zerzausten Wettertanne betritt man die Bergwiese auf dem **Schererkogel** (1208 m).

Abstieg und **Rückweg:** Nordseitig abwärts. Beim Hochsitz mittels Überstiegl in das Waldgelände. Darin erreicht man einen Fahrweg (1140 m). Auf dem rot-weiß-rot markierten **Wanderweg** (Nr. 535) ostwärts. Inmitten kahler Hänge abwärts zum **Schererkreuz** (1044 m). Der so benannte Bildstock steht am Rand eines Sattels. Aus diesem zweigt man in spitzem Winkel ab: Entlang der Forststraße und auf dem anschließenden Waldweg quert man eben bzw. leicht abwärts die Ostseite des Schererkogels. Im Auslauf des zuletzt steileren Wegstückes gelangt man zu einem Weidetor bei einem Graben. Die anschließende Forststraße verläuft eben und führt vorbei am **Gehöft Thurner** (880 m). Bald darauf erreicht man die eingangs erwähnte Abzweigung bei der **Tafel Forststraße** (880 m). Ab hier dieselbe Strecke abwärts zum **Abrahamwirt** (661 m).

Einkehrstätte

Gasthaus Zum Bergwerk (kein Ruhetag), Großstübing; Familie Jantscher, Tel. 03125/2319

Gasthof Schwaiger (Ruhetag: Di); St. Pankrazen; Familie Schwaiger, Tel. 03149/2214

Orientierung

Wanderkarten ÖK, BMN-Blatt 163 oder UTM-Blatt 4228; FB-WK 132

Über den Kirchberg und Kugelstein

81

Ein steirisches Wahrzeichen

Der Sensenhammer Deutschfeistritz entstand 1849; das Werk gewährleistete während seiner 150 Jahre dauernden Betriebszeit ungezählten Menschen einen sicheren Arbeitsplatz. Noch immer ist die Fluderanlage vollständig erhalten, und sie vermag sechs Wasserräder anzutreiben. Das Sensenwerk Deutschfeistritz ist ein steirisches Wahrzeichen. Seit 1999 dient die historische Anlage als Museum. Der Zugang erfolgt auf Rad- und Wanderwegen.

Auf dem Kalvarienberg von Deutschfeistritz.

In **Peggau** vom **Bahnhof** (405 m) zum Gasthof Post und weiter durch die Bahnunterführung (km-Marke 191,0). Anschließend gelangt man auf dem Fabriksweg, entlang der Firma Air Liquid, zur **Murbrücke** und über sie in das Ortsgebiet Deutschfeistritz. In der Murallee zum Nepomuk-Bildstock (renov. Mai 1999). Ein Fußweg verbindet zum **Sensenhammer.** Gegenüber der **Bahnhaltestelle Deutschfeistritz** (410 m) auf den Kalvarienberg und den **Kirchberg** (473 m). Dahinter auf Asphalt abwärts zu einer Rastbank, **Gabelung** (450 m). Unterhalb des Senders auf einem Steig bzw. entlang von Steigspuren den bewaldeten Bergrücken aufwärts. Man überquert eine Geländekuppe. Ranken wuchern am Anstiegsweg zur zweiten Anhöhe. Es folgt sogleich die dritte Anhöhe am **Kugelberg** (633 m). Linkshal-

Die Wanderstrecke

Überwiegend unbezeichnet
Gehzeit 3.30 Std.
Weglänge 11,5 km
Anstieg 360 Hm
Abstieg 360 Hm
Höchster Punkt Kugelstein (665 m)
Tiefster Punkt Bahnhof Peggau-Deutschfeistritz (405 m)

Vom Kugelstein über das Murtal bei Peggau zum Hiening-Höhenrücken.

Ausgangs-/Zielpunkte

Bahnhof Peggau-Deutschfeistritz (405 m)
Bahnhaltestelle Deutschfeistritz (410 m)

Anfahrt

Mit dem Auto nach Peggau; P+R-Platz am Bahnhof

Mit dem Zug
ÖBB; S-Bahn-Linien 1 und 11, Bahnhof Peggau-Deutschfeistritz; eventuell umsteigen in die S-Bahn-Linie 11
STLB; S-Bahn-Linie 11, Bahnhaltestelle Deutschfeistritz; Züge verkehren auch ab Graz Hbf.

Mit dem Regionalbus
Linie 100 Graz – Bruck an der Mur, Haltestelle Peggau-Deutschfeistritz Bahnhof
Linie 150 Graz – Neuhof, Haltestellen Peggau-Deutschfeistritz Bahnhof, Deutschfeistritz Gemeindeamt

tend auf Waldboden abwärts zu einem deutlich ausgeprägten Weg. Er leitet in einen **Sattel;** Holzhütte. Anschließend leicht bergan und rechtshaltend zu einem Hochsitz. Entlang von Grenzzeichen bergwärts. Man erreicht nach einer Kuppe und nach einem seichten Sattel einen breiten Weg. Auf ihm erreicht man einen großflächigen **Wiesengrund** (660 m). Im Wald am Rand der Geländekante zum kleinen Aussichtsplatz auf dem **Kugelstein** (665 m).

Abstieg und **Rückweg:** Zurück zum **Wiesengrund.** Am Waldrand abwärts zu einem Flurweg und zur Straße. Ihr folgt man bis zur **Leichtbauerkapelle** (636 m) in Eichberg. Südwärts zum anrainenden Gehöft Stoni vlg. Leichtbauer. Vor dem Wirtschafts-

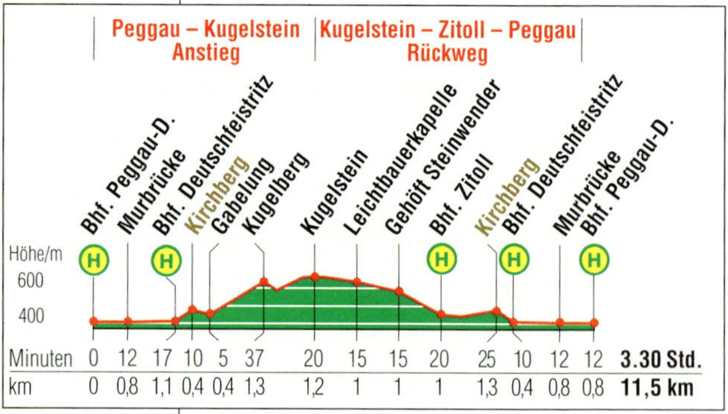

gebäude links, auf einem Flurweg, zum Waldrand. Den Fahrweg abwärts bis zum Waldrand vor dem **Gehöft Steinwender** (580 m); linker Hand abzweigen. Auf Wiesenboden, am Waldrand entlang, zu einem Hohlweg. Darin abwärts zum Gehöft Annerlbauer (Hausnummer Prenning 29) und zum Lindenhof in **Zitoll** (451 m); Bushaltestelle.
Eventuell durch die Pulverwerkstraße zur **Bahnhaltestelle**.
Ab dem Lindenhof auf einem Gehsteig, in Richtung Deutschfeistritz, bis zu einem **Bildstock** (440 m). Der Straße aufwärts zum **Kirchberg** (473 m) folgen. Vor der Mauer beginnt der Kirchbergsteig. Auf ihm abwärts zur E-Werk-Straße in Deutschfeistritz und zum **Sensenhammer**. Auf dem Zugangsweg zurück zum **Bahnhof** in **Peggau.**

Erlebnispunkte

Kalvarienberg: Die Anlage stammt von 1695. Zugang aus der Ortsmitte von Deutschfeistritz.

Kirchberg: Mit Pfarrkirche (Kulturdenkmal) aus dem 13. Jh.; die Bauform entstand anno 1515. Das Mesnerhaus, gegenüber der Kirche, war die erste Schule in Deutschfeistritz.

Peter-Tunner-Platz: Am Aufgang zum Kalvarienberg. Benannt nach Peter Ritter von Tunner. Eine Gedenktafel erinnert an diesen bedeutenden steirischen Eisenhütten-Fachmann (geb. 16.5.1809 in Deutschfeistritz, gest. 8.6.1897 in Leoben). Tunner wirkte als Professor an der Bergakademie in Vordernberg bzw. in Leoben und war enger Berater Erzherzog Johanns (20. Jänner 1782, Florenz – 10. Mai 1859, Graz).

Sensenhammer-Museum Deutschfeistritz: 1. April bis 30. Oktober, Mo–Fr 14–17 Uhr, an Sa, So, Fei 10–17 Uhr; auch nach Vereinbarung; Tel. 03127/42277 oder 03127/41366 – www.sensenwerk.at

Rückfahrt

Wie Anfahrt

Oder ab Zitoll

Mit dem Zug

STLB; S-Bahn-Linie 11, Übelbach – Peggau (– Graz), ab Haltestelle Zitoll Bahnhof

Mit dem Regionalbus

Linie 150 Neuhof – Graz, ab Haltestelle Zitoll/GH Peinhauer

Einkehrstätte

Gasthof Zur Post (Ruhetage: Mi ab 14 Uhr, Do), nächst dem Bahnhof in Peggau; Familie Salomon, Tel. 03127/2203 www.gasthof-salomon.at

Information/Orientierung

Fahrplan im Internet

www.busbahnbim.at

Marktgemeindeamt Deutschfeistritz

Tel. 03127/41355
www.deutschfeistritz.at

Wanderkarten

ÖK, BMN-Blätter 163 und 164 oder UTM-Blätter 4228 und 4229; FB-WK 132

Ein steirisches Wahrzeichen: Das Sensenhammer-Museum in Deutschfeistritz.

82 Burgruine Waldstein und Reicherhöhe

Die Burg Waldstein und ihre Besitzer

Auffallend und am besten erhalten an der Burgruine Waldstein ist deren „zwölf Klafter hoher dreieckiger Turm.“ Noch erkennbar ist die ehemalige romanische Kapelle, in welcher sich eine „Curiosa“ befand: ein Grabstein mit hebräischer Inschrift. Das Bauwerk stammt aus dem 11. Jahrhundert. Die Chronik nennt erst 1129 Friedrich von Waldstein als Besitzer. Ab 1278 besaßen die Herren von Wildon die Burg. Diese kam 1395 an Ulrich von Wallsee, danach an die Grafen von Cilli. Anschließend war die Burg im Besitz der Edlen von Windischgrätz. 1630 wurde sie durch Fürst Johann Ulrich von Eggenberg erworben. Exakt hundert Jahre später scheint Graf von Dietrichstein als Besitzer auf. Seit 1912 gehört die Burg bzw. die Burgruine der auf Schloss Waldstein wohnenden Familie Liechtenstein.

Die Wanderstrecke

Ab Ruine Waldstein unterschiedliche Wegzeichen
Gehzeit 4.15 Std.
Weglänge 14,2 km
Anstieg 600 Hm
Abstieg 510 Hm
Höchster Punkt Wetter-Radarstation (1050 m)
Tiefster Punkt Bahnhaltestelle Waldstein (485 m)

Ausgangspunkte

Bahnhaltestelle Waldstein (485 m)
Bushaltestelle Waldstein Ort (488 m)

Zielpunkt

Bahnhof Übelbach (575 m)

Ab den **Haltestellen** zum **Schloss Waldstein** (488 m). Auf der im Grabengrund verlaufenden Straße taleinwärts zur **Brücke** am **Arzbach** (512 m). Hier zweigt man ab: Die Forststraße leitet bergan zum **Höhenrücken** (693 m). In einem Hohlweg (rote Farbpunkte) südseitig abwärts zum **Bildstock** (675 m) beim Wohnhaus Schlossfranzl (Waldstein 19). Auf einem Steig zur **Burgruine Waldstein** (690 m). Denselben Weg zurück zum **Höhenrücken** (693 m). Man folgt an der Nordseite des Höhenrückens einer Forststraße. Alte Farbmarken für den Weg 15 weisen

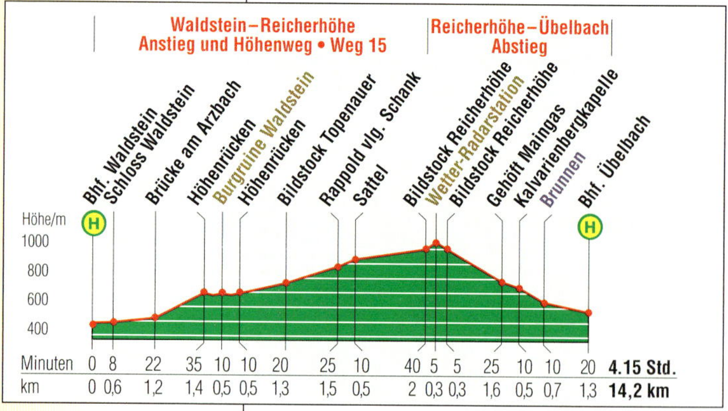

Der Bildstock gegenüber dem ehemaligen Wohnhaus Schlossfranzl.

die Richtung. Ein Waldsteig leitet zu einem waldfreien Bergrücken; welch schöner Platz: Inmitten einer mehrstämmigen Linde und bei einem Kirschbaum steht ein **Bildstock** (765 m); Rastbank. Auf der Flurstraße wandert man zum benachbarten **Gehöft Topenauer** und – vorbei am Gehöft Köppel vlg. Aichbauer – bis zu jener Tafel, welche zum **Gehöft Rappold vlg. Schank** (880 m) weist. Hier jedoch der Straße folgen, aber sogleich rechts abzweigen. In einem Hohlweg (roter Punkt) bergan in jenen **Sattel** (930 m) zwischen Höblkogel und Schankkogel. Linker Hand, entlang der Forststraße, nordseitig am

Anfahrt

Mit dem Auto A9 Pyhrnautobahn, Ausfahrt Deutschfeistritz oder Übelbach; Parkraum an der Bahnhaltestelle Waldstein oder am Bahnhof Übelbach
Mit dem Zug
ÖBB; S-Bahn-Linie 1, Bahnhof Peggau-Deutschfeistritz; umsteigen in die S-Bahn-Linie 11
STLB; S-Bahn-Linie 11, Bahnhaltestelle Waldstein; Züge verkehren auch ab Graz Hbf.
Mit dem Regionalbus
Linie 150 Graz – Neuhof; Haltestelle Waldstein Ort

Rückfahrt

Mit dem Zug STLB; S-Bahn-Linie 11, ab Bahnhof Übelbach oder ab Haltestelle Übelbach Vormarkt (GH Glänzer/Hammerherrenhaus)
Mit dem Regionalbus
Linie 150 Neuhof – Graz, Haltestelle Übelbach/GH Zum Hirschen (Alter Markt)

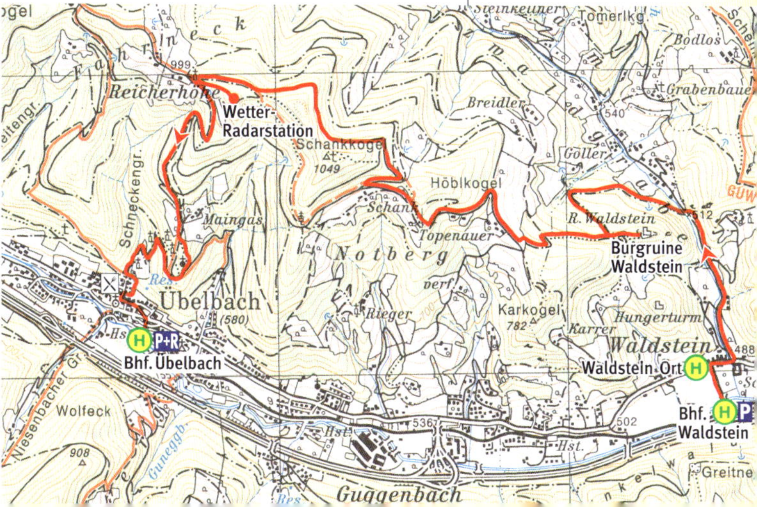

Nach diesem Torbogen endet der Zugang zur Burgruine Waldstein.

Einkehrstätten

Gasthof Altes Hammerherrenhaus (Ruhetage: Mo, Di, ausgenommen Feiertage), an der Bahnhaltestelle Übelbach-Vormarkt; Familie Glänzer, Tel. 03125/2116, Handy 0676/5191356 www.glaenzer.at

Gasthof Brauhaus (Ruhetag: Sa, zusätzlich So ab Mitte November bis Palmsamstag), Alter Markt; Familie Großauer, Tel. 03125/2205 www.brauhaus-grossauer.at

Gasthof Zur Sonne (Ruhetag: So ab 14:30 Uhr), Alter Markt; Familie Schwarzbauer, Tel. 03125/2203 www.gasthof-schwarzbauer.at

Information/Orientierung

Fahrplan im Internet
www.busbahnbim.at

Marktgemeindeamt Übelbach
Tel. 03125/2261
www.uebelbach.gv.at

Wanderkarten ÖK, BMN-Blatt 163 oder UTM-Blatt 4228; FB-WK 132; örtliche Wanderkarte

Schankkogel entlang zum **Bildstock** (999 m) im Sattel der **Reicherhöhe.** Im Wald leitet ein Stichweg zur **Wetter-Radarstation** (1050 m).

Abstieg: Gegenüber dem **Bildstock** weist ein Schild nach Übelbach. In diese Richtung abwärts. Zuerst über eine Weide, danach im Wald. Darin folgt man einer Forststraße bzw. diversen Wegzeichen und erreicht beim **Gehöft Maingas** (780 m) wiesengrünes Gelände. Man nimmt zur Linken einen Mühlstein wahr. An der Hofzufahrt bergab. Ein Schild weist zur **Kalvarienbergkapelle** (740 m); Rastplatz. Dem Kalvarienbergweg folgend talwärts. Die vom Sturmwind „Paula" gestürzten Bäume haben nahezu alle Kreuzwegstationen verschont. Jedoch wurde die Station IV am 27. Jänner 2008 total zerstört. Man erreicht einen **Brunnen** (640 m) und nach der Kreuzwegstation I einen Schranken. Danach, linker Hand, über den Kalvarienbergsteg (errichtet 2000) zum **Bürgersteig**. Man folgt sodann dem Hinweis **Alter Markt;** der Steig mündet in die Dorfstraße. Vom Gasthaus Gundi (Übersichtstafel der Wanderwege) zum **Bahnhof Übelbach** (575 m).

Erlebnispunkte

Burgruine Waldstein: 600 Meter weiter südlich steht – seit geraumer Zeit aus dem Tal gut sichtbar – der Hungerturm.

Wetter-Radarstation Reicherhöhe: Errichtet 2003 von der Steirischen Hagelabwehr-Genossenschaft; Messradius bis zu 160 km, bis zehn Umdrehungen pro Minute, Antenne 2,56 m Durchmesser. Der Standplatz liegt auf einer kleinen, bewaldeten Geländekuppe, daher kein Ausblick.

83

Listen, Gmoa-Alm und Haneggkogel

Ein zügiges Ausflugsziel

Seit dem Fahrplanjahr 2008 bedienen Schnellbahnzüge (S 11) der Steiermärkischen Landesbahnen (STLB) die Linie Graz – Peggau – Übelbach. Somit gelangt man aus der steirischen Landeshauptstadt ohne Umsteigen in das Übelbachtal. Ein solcher Reisekomfort beflügelt und führt zudem so weit wie ebenso hoch hinaus: Aus dem Übelbachtal über Almen in das Murtal bei Frohnleiten. Von hier erfolgt die Rückfahrt per Bahn. Flugs steht ein neues zügiges Ausflugsziel im Tourenbuch.

Almfrieden umgibt das Wöllingerkreuz.

1. Abschnitt: Übelbach – Plotscherbauerhütte

Vom **Bahnhof Übelbach** (575 m) zur Raiffeisenbank und an der Straße „Alter Markt“ zum Beginn der **Kalvarienbergstraße** (580 m); Wegweiser. Aus ihr zum **Sängersteig** und auf Waldwegen, nahezu gleichmäßig steil bergan, zur Hubertuskapelle am **Listen** (1000 m).

Man umgeht den Listkogel (1148 m) an dessen Südseite folgend: Ab dem Wegschranken (rot-weiß-rote Farbmarke) auf dem Forstweg, leicht abwärts, zum **Gehöft Pratter** (950 m). Ab hier die Flurstraße

Willkommener Rastplatz: Auf der Gmoa-Alm.

Die Wanderstrecke

Durchgehend markiert
Gehzeit 6.45 Std.
Weglänge 24 km
Anstieg 1060 Hm
Abstieg 1100 Hm
Höchster Punkt Fuchskogel (1293 m)
Tiefster Punkt Murpromenade in Frohnleiten (420 m)

Ausgangspunkt

Bahnhof Übelbach (575 m)

Zielpunkt

Bahnhof Frohnleiten (434 m)

bergan, vorbei an der Barbarakapelle, zur ersten Kurve. Nun rechter Hand die Forststraße bergwärts zum **Wöllingerkreuz** (1055 m) – so wird diese dem heiligen Josef geweihte Kapelle genannt. Sie steht in einem Wiesensattel. (Anm.: Hier mündet der vom Listen direkt heranführende Wanderweg ein;

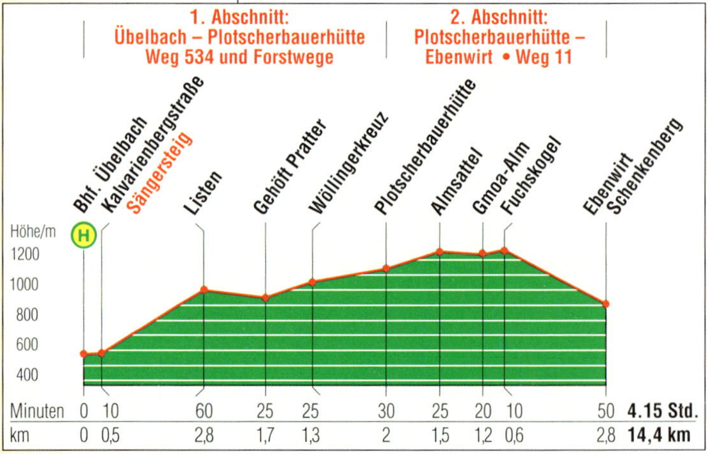

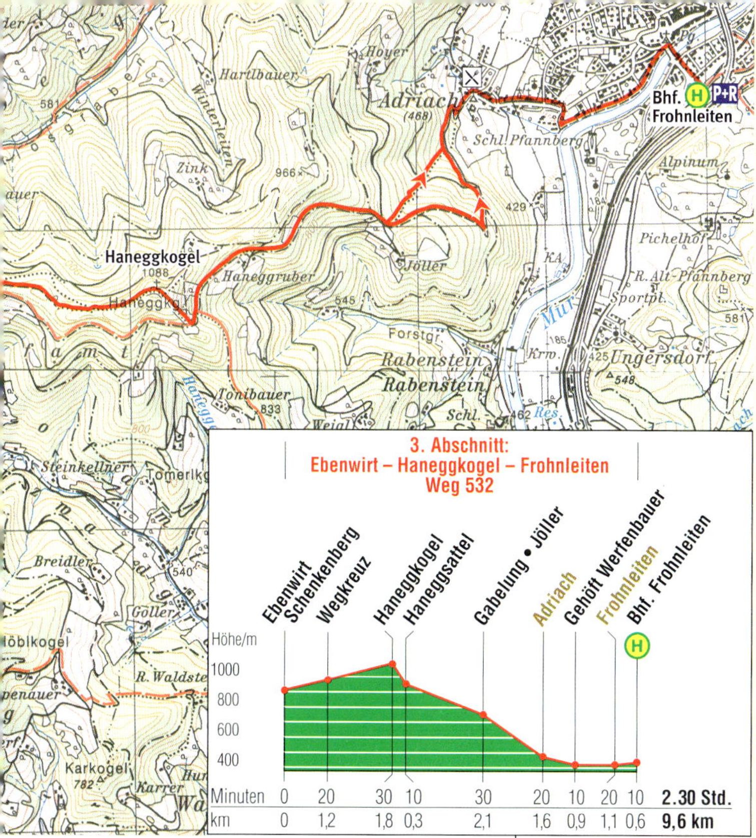

auf ihm umgeht man den Listkogel nordseitig.) Ein naturbelassener Fußweg verbindet nordwestwärts, durch Waldgelände, zum **Thomaskreuz** (1133 m): Dieser Bildstock samt einer Rastbank steht ebenfalls in einem Sattel. Augenblicklich erreicht man die benachbarte **Plotscherbauerhütte** (1140 m). Die Rastgelegenheit nimmt man gerne wahr.

2. Abschnitt: Plotscherbauerhütte – Ebenwirt/ Schenkenberg

Der Forstweg – identisch mit dem Weg 11 – führt zu einer Linkskehre. Ab hier geht man geradeaus, an der Südseite des Zöllerkogels, zu einem **Almsattel** (1253 m); Brunntrog und Wegweiser. Nun in aussichtsreicher Höhenlage über Grasböden zu einer Tränke (Jahreszahl 2004). Unweit davon sind die Hütten wahrnehmbar. Die **Gmoa-Almhütte** (1237 m) erweist sich als ein extra feiner Rastplatz.

Der Wanderweg mündet am **Fuchskogel** (1293 m) in eine Forststraße. Auf ihr zu einer Rastbank an

Anfahrt

Mit dem Zug
STLB; S-Bahn-Linie 11, Endbahnhof Übelbach; Frühzug verkehrt ab Graz Hbf.

Mit dem Regionalbus
Linie 150 Graz – Neuhof; Haltestelle Übelbach/ GH Zum Hirschen

Rückfahrt

Mit dem Zug ÖBB; S-Bahn-Linie 1, ab Bahnhof Frohnleiten

Während der Weidezeit bewirtschaftet: Die Plotscherbauerhütte.

Einkehrstätten

Dorfwirt (Ruhetage: Mo, zusätzlich Di von November bis April), in Adriach; Familie Hörmann, Tel. 03126/3711 www.dorfwirt-adriach.at
Ebenwirt (Ruhetage: Di, Mi), am Schenkenberg; Gerlinde Eisenberger, Tel. 03125/2012
Gmoa-Alm (Ruhetag: Mo), während der Weidezeit bewirtschaftet
Plotscherbauerhütte während der Weidezeit bewirtschaftet

Information/Orientierung

Fahrplan im Internet
www.busbahnbim.at
Tourismusverband Frohnleiten
Hauptplatz 2; Tel. 03126/2374 www.frohnleiten.at
Wanderkarten
ÖK, BMN-Blätter 133 und 163 oder UTM-Blatt 4222; FB-WK 132

einer **Forstwegkehre** (1225 m). Anschließend leitet ein Waldsteig zu einer Flurstraße. Nun, auf Asphalt, zum gepflegten **Gehöft Fuchs** mit Jahreszahl 1568; im Eingangsbereich steht ein Vierzeiler, angebracht im Jahr 1925: „Nicht allzu glänzt das Haus / Doch altehrwürdig sieht es aus / Es sah viel Kampf, Not und Drang / Im wechselvollen Zeitengang."
Im Sattel von **Schenkenberg** (909 m) – in diesem Weiler stehen noch eine Kapelle und die einstige Volksschule – ist das bodenständig geführte **Gasthaus Ebenwirt** eine willkommene Einkehrstätte.

3. Abschnitt: Ebenwirt – Bahnhof Frohnleiten

Auf dem Fahrweg in Richtung Haneggkogel weitergehend, erreicht man zunächst eine Gabelung bei einem **Wegkreuz** (977 m). Man folgt dem linken Weg. Dieser führt – teils als Waldsteig erhalten geblieben – zum **Haneggkogel** (1088 m); das Gipfelkreuz ist von zahlreichen Rastbänken umgeben.
Abstieg: Südostseitig, an der steilen Gipfelwiese, in den **Haneggsattel** (950 m); Wegweiser. Auf einem steinigen Fahrweg durch Hochwald abwärts zu einer **Gabelung** (750 m) oberhalb des **Gehöftes Jöller.** Der anschließend kürzere Weg ist steil, jedoch effizient. Bei der originellen Gemischtwarenhandlung Stadler erreicht man die Ortsmitte von **Adriach** (468 m) und sogleich auch den Dorfwirt.
An der Kreuzung unterhalb der Grünangersiedlung wendet man sich rechter Hand dem **Gehöft Werfenbauer** zu und gelangt an die Murpromenade. An ihr flussaufwärts in die **Stadt Frohnleiten.** Beim Tabor (420 m) betritt man die Murbrücke. Auf ihr über den eingestauten Fluss zum Brückenwirt. In der Mauritzener Straße, leicht bergan, zum nahen **Bahnhof Frohnleiten** (434 m).

Erlebnispunkte

Kirche Adriach: Die romanische Saalkirche, dem heiligen Georg geweiht, wurde um das Jahr 1000 von den Eppensteinern errichtet. Eine Generalsanierung fand 1979–1985 statt.
Kleine Gemischtwarenhandlung Stadler: In Adriach; geöffnet Mo–Sa, 8–12 Uhr.
Stadt Frohnleiten: Die „Perle des Murtales". Zugang vom Tabor in das Zentrum. Der Europapark ist am linken Murufer angelegt und enthält Biotope, Rastplätze und Spazierwege.

Wieseralm und Hochalm

Drei Pfarren, Herrenkogel, Wetterkogel

Die Wieseralm ist ein gut erreichbarer Ausgangspunkt in rund eintausend Metern Seehöhe. Vorfreude ist berechtigt: In einem ausgewogenen Verhältnis breiten sich Wälder und Almen. Die Wanderstrecke führt grundsätzlich über Naturboden. Die Kulminationspunkte haben klingende Namen: drei Pfarren, Herrenkogel, Wetterkogel.

Vom **Gasthaus Wieseralm** (1025 m) zunächst entlang einer Almstraße, anschließend auf Waldwegen zur baumfreien **Wieserhöhe** (1200 m). Der einladende Platz beherbergt kleine Felsen und zwei Rastbänke. Man geht bergab und nach einem Überstiegl wieder bergan. Auf die massige „Kandelaber"-Fichte (1234 m) folgt der Grenzstein 338 HP. Das **Gendarmeriekreuz** (1198 m) steht auf einer kleinen Lichtung. Nun durch einen Waldgürtel ins Almgelände: An einer **Gabelung** (1350 m) erinnert eine Inschrift an „25 Jahre Ferngas 1970–1995". Man steigt auf Almboden geradewegs an zu einer Höhenkuppe, genannt **Bei den drei Pfarren** (1428 m). Der Höhenrücken verläuft südwestwärts in einen Sattel. Daraus ersteigt man – inmitten schütteren jungen Waldes – einen Höhenrücken (1555 m), überquert einen Wiesensattel und erreicht eine baumfreie Kuppe (1620 m). Nun, bloß kurz bergan, auf den **Herrenkogel** (1642 m); Gipfelbuch; Rastplatz; Steinkral (Windschutz).

84

Die Wanderstrecke

Unterschiedlich beschildert und markiert
Gehzeit 5.15 Std.
Weglänge 18,2 km
Anstieg 800 Hm
Abstieg 800 Hm
Höchster Punkt Wetterkogel (1643 m)
Tiefster Punkt Wieseralm (1025 m)

Ausgangs-/Zielpunkt

Almgasthaus Wieseralm (1025 m)

Anfahrt

Mit dem Auto S35 Brucker Schnellstraße, Ausfahrt Laufnitzdorf oder Röthelstein; Bergstraße Laufnitzdorf – Wieseralm, 10 km

Von den drei Pfarren in Richtung Herrenkogel.

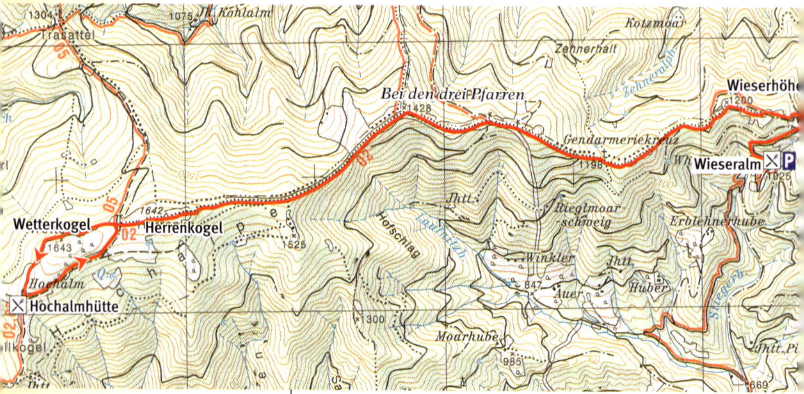

Einkehrstätten

Almgasthaus Wieseralm (Schutzhütte) geöffnet Juni bis September täglich, im Mai und Oktober an Sa, So, Fei; auch Nächtigung; Familie Wieser, Tel. 03126/3350

Hochalmhütte (Almwirtschaft) während der Weidezeit geöffnet; mit Rastplatz und Brunnen; außerhalb der Bewirtschaftungszeit freier Zugang zu einem Unterstandsraum

Information/Orientierung

Wanderkarten
ÖK, BMN-Blatt 133 oder UTM-Blatt 4222; FB-WK 132

Westwärts bergab in einen breiten **Sattel** (1600 m); Wegtafeln. Weglos bzw. auf Steigspuren bergan zu den Gipfelfelsen am **Wetterkogel** (1643 m). Südseitig, eher am Rand des Weidebodens, abwärts zur **Hochalmhütte** (1583 m).

Rückweg: Dem markierten Steig folgend, somit südostseitig um den Wetterkogel herum, in den erwähnten **Sattel** (1600 m). Ab hier wie beim Zugang zurück zur **Wieseralm.**

Erlebnispunkte

Gendarmeriekreuz: Neu errichtet von Sepp Affenberger am 24. 3. 1994 zur Erinnerung an den „Februar-Aufstand“ vor 70 Jahren: „Hier gefallen fürs Vaterland am 14. 2. 1934; Johann Puschnigg, Gendarmerie-Rayonsinspektor und Johann Buttinger, Gendarmerie-Assistenzmann.“

Hochalm: Alpine Landschaft mit weiträumigen Panoramen über das Grazer Bergland, die Obersteiermark und die Gleinalpe.

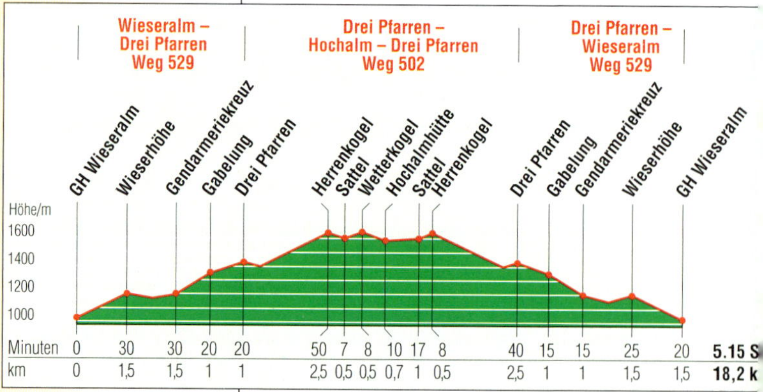

Terenbachalpe, Stierkreuz und Steinplan

85

Dem Bratenduft entgegen

Knittelfelds Hausberg, der 1670 Meter hohe Steinplan, und das gleichnamige Schutzhaus sind von guter Nachbarschaft umgeben: Südwärts liegt das Gaberl, hingegen verbindet ostwärts ein ausgesprochen schöner Wanderweg, in Richtung Terenbachalpe, zum Oskar-Schauer-Haus. Somit lässt sich aus dem Raum Voitsberg/Köflach eine empfehlenswerte Wanderstrecke erreichen, steht doch an jedem der beiden Endpunkte jeweils eine Einkehrstätte.

Das Steinplan-Schutzhaus – es besteht seit dem Jahr 1926 – ist im Besitz der Naturfreunde-Ortsgruppe Knittelfeld. Deren Obmann, Josef Steinberger, setzte alle Hebel in Bewegung, damit das Steinplanhaus mustergültig saniert dasteht. Vor der geschindelten Hüttenwand breitet sich, sonnseitig, eine große Terrasse. Schwebt Bratenduft darüber, dann läuft der Küchenbetrieb auf vollen Touren. Der Schweinsbraten nach „Art des Hauses" zieht Gäste scharenweise an.

Die Orientierung ist recht einfach: Ab dem **Oskar-Schauer-Haus** (1394 m) folgt man den parallel

Die Wanderstrecke

Markiert und beschildert
Gehzeit hin und zurück 5 Std.
Weglänge insgesamt 18 km
Anstieg 380 Hm
Abstieg 380 Hm
Höchster Punkt Steinplan (1670 m)
Tiefster Punkt Oskar-Schauer-Haus (1394 m)

Ausgangs-/Zielpunkt

Oskar-Schauer-Haus (1394 m)

Anfahrt

Mit dem Auto über Köflach – Krenhof – Graden – Jägerwirt; ab hier Bergstraße zum Oskar-Schauer-Haus

Ein starkes Symbol für die Stadt Knittelfeld: Das Steinplan-Schutzhaus.

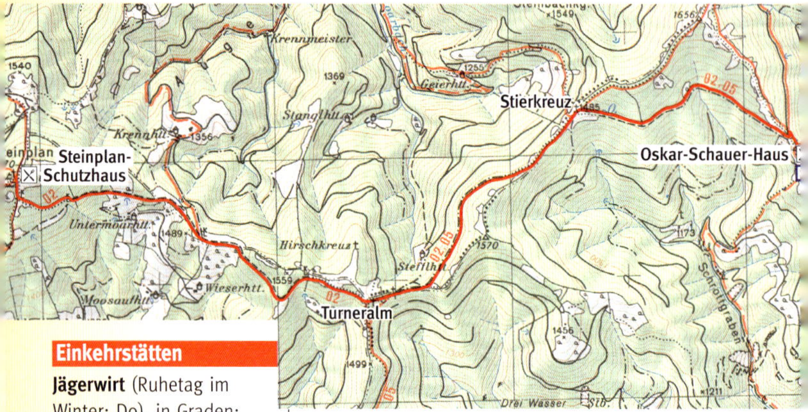

führenden Weitwanderwegen Nummer 02 und Nummer 05. Die Wanderroute leitet halbwegs eben zu einer **Quelle** (1480 m) und zum nahen **Stierkreuz** (1485 m). Auf Waldwegen, südwärts, zur **Turneralm** (1500 m); beim ersten **Wegkreuz** gabeln sich die Wege 02 und 05. Ab hier folgt man dem Weitwanderweg Nummer 02. Man geht nun westwärts, teils durch schütteren Baumbestand, und erreicht eine **Gabelung** (1450 m). Ab hier leitet der WW 02 großteils über Almflächen zum Gipfelkreuz auf dem **Steinplan** (1670 m). Nur wenige Meter unterhalb steht das gleichnamige **Schutzhaus**.
Rückweg auf gleicher Strecke.

Einkehrstätten

Jägerwirt (Ruhetag im Winter: Do), in Graden; Familie Wipfler, Tel. 03144/8213
Oskar-Schauer-Haus bewirtschaftet 1. Mai bis Mitte/Ende Oktober; Harald Blümel, Tel. 03144/80090, Handy 0664/310889
Steinplan-Schutzhaus bewirtschaftet 1. Mai bis 31. Oktober jeweils Freitag bis Sonntag sowie an Feiertagen, Mitte August bis Mitte September durchgehend; Familie Horvath, Tel. 03512/72210, Handy 0699/12695296

Information/Orientierung

Wanderkarten
ÖK, BMN-Blatt 162 oder UTM-Blätter 4227 und 4228; FB-WK 132

Erlebnispunkt

Stierkreuz: Gedenkkreuz; die Inschrift gemahnt an ein Vorkommnis tragischen Ausganges: „Hier fand man am 23. 6. 1828 Anton Schachner vlg. Möschbauer aus Mitterbach tot auf; durch Ochsen zu Tode geschleift.“

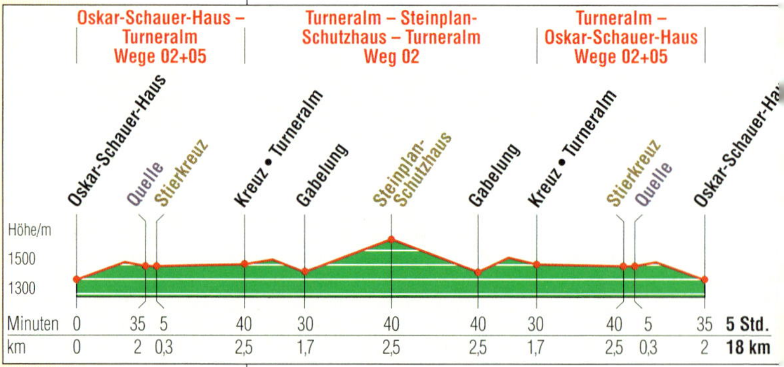

Gleinalmsattel, Speikkogel und Krautwasch

86

An die Almheiligen komfortabel heran

Grundsätzlich ist der Parkplatz beim Hoyer der allgemeine Ausgangspunkt für Ausflüge in Richtung Gleinalmspeik. Der „gefürstete Auto-Fahrplan" gestattet jedoch das Zufahren mit Privatautos bis in den Gleinalmsattel zu folgenden Zeiten: Von Juni bis September jeweils am ersten Wochenende des Monats; zusätzlich an den Tagen der Almheiligen. Außerdem ist der Gleinalmsattel während des Sommers per Taxi jederzeit erreichbar. Ebenso lassen sich Bus und Zug mit Taxi-Transfers kombinieren: In jedem Fall ergeben sich individuell gestaltbare Wanderstrecken, wobei Anfahrt, Zufahrt und Rückfahrt vor allem auch Verkehrsmittel-übergreifend erfolgen können, also beispielhaft im Sinn der Umweltverkehr-Philosophie: „Benutze zur rechten Zeit das rechte Verkehrsmittel." Dank dieser Logistik kommt man sowohl an die Almheiligen am Gleinalmsattel komfortabel heran als auch vom Krautwasch – wiederum per Taxi – komfortabel talwärts.

Die **Gesamtstrecke** setzt sich aus drei Abschnitten zusammen; diese können in beliebiger Weise kombiniert werden.

Auf dem Speikkogel.

Die Wanderstrecke

Markiert und beschildert
Buggy-tauglich im Abschnitt Hoyer – Gleinalmsattel
Gehzeit 6 Std.
Weglänge 20,4 km
Anstieg 1235 Hm
Abstieg 950 Hm
Höchster Punkt Speikkogel (1988 m)
Tiefster Punkt Hoyer (843 m)

Ausgangspunkt

Parkplatz Hoyer (843 m)

Zielpunkt

Krautwasch (1126 m)

Anfahrt

Mit dem Auto A9 Pyhrnautobahn, Ausfahrt Übelbach; über Neuhof zum Parkplatz Hoyer
Mit dem Zug STLB; S-Bahn-Linie 11, Endbahnhof Übelbach; Frühzug verkehrt ab Graz Hbf.
Mit dem Regionalbus Linie 150 Graz – Neuhof; Endhaltestelle Neuhof/GH Wallner

Im Jahr 2004 wieder aufgebaut: Die Kirche Maria Schnee.

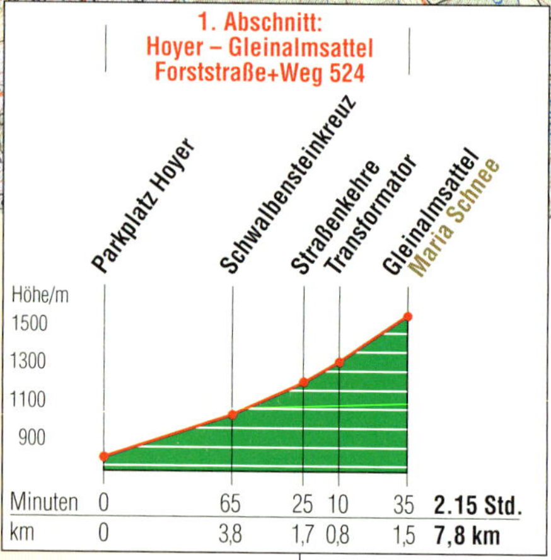

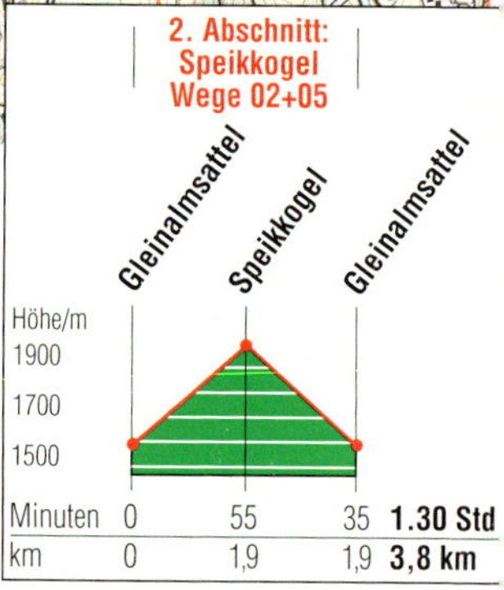

1. Abschnitt: Hoyer – Gleinalmsattel
Ab dem **Parkplatz Hoyer** (843 m) entlang der Forststraße den Neuhofgraben einwärts zum **Schwalbensteinkreuz** (1070 m) und von diesem zur **Straßenkehre** (1240 m), wo sich die Route gabelt:
a) Fußweg: Geradeaus zu einem **Transformator**

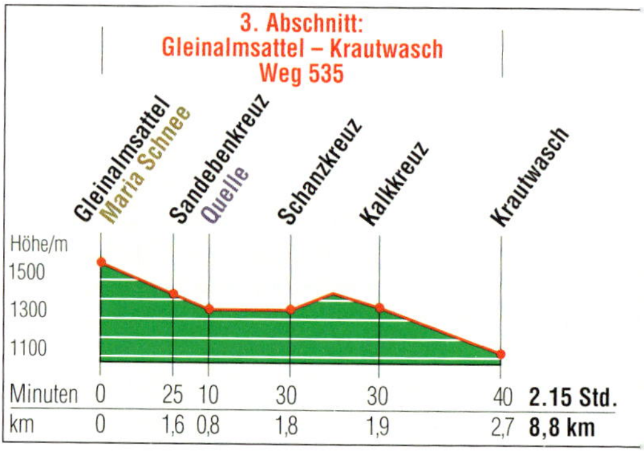

Transfer/Wandertaxi

Zum Gleinalm-Schutzhaus: Ab Bahnhof Übelbach oder ab Parkplatz Hoyer
Rückholdienst: Ab Krautwasch oder nach Vereinbarung
Fahrpreis: Pro Taxi (7 Plätze) bzw. nach Vereinbarung
Informationen: Beratung, Reservierung bei Josef Handl, Handy 0664/3102120

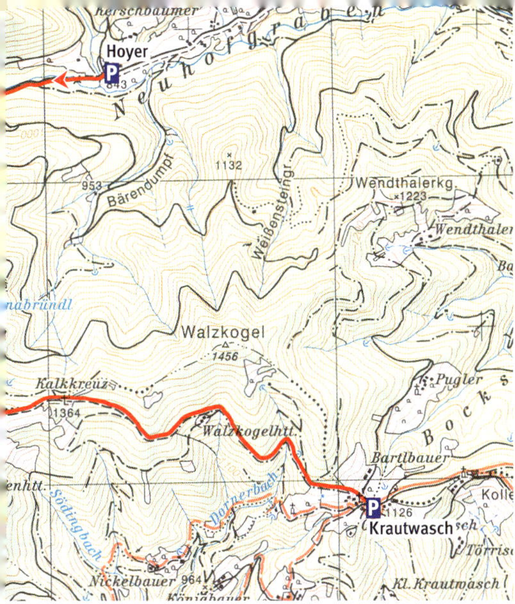

(1350 m). Ab hier folgt man einem markierten Steig in den **Gleinalmsattel** (1586 m).

b) Buggy-taugliche Strecke: Gehzeit rund 15 Minuten länger. Ab der erwähnten Straßenkehre, entlang der Forststraße, in den **Gleinalmsattel.**

2. Abschnitt: Auf den Speikkogel

Aus dem **Gleinalmsattel** (1586 m) entlang eines Almsteiges geradewegs auf den **Speikkogel** (1988 m).

Abstieg wie Anstieg.

3. Abschnitt: Gleinalmsattel – Krautwasch

Aus dem **Gleinalmsattel** (1586 m) auf einem holprigen Weg zum **Sandebenkreuz** (1430 m). Im Almgelände ostwärts: Zunächst zur **Quelle** (1350 m) an der Südseite des Ochsenkogels (1580 m). Oder, weglos, den Ochsenkogel überqueren. Anschließend auf Waldwegen zum **Schanzkreuz** (1347 m) im Tiefsattel. Entlang des Geländerückens – über ihn verläuft die Bezirksgrenze Graz-Umgebung/Voitsberg – zum **Kalkkreuz** (1364 m). Man verlässt nun den Höhenrücken und umgeht den Walzkogel südseitig. Schließlich verbindet ein Fahrweg zum **Krautwasch** (1126 m); das Gasthaus ist derzeit geschlossen.

Transfer: Ab dem Krautwasch per Taxi zum Parkplatz beim Hoyer oder zum Bahnhof in Übelbach.

Zufahrt zum Schutzhaus

Mit dem Auto
Von Juni bis September
Jeweils am ersten Wochenende des Monats
Zusätzlich an den Tagen der Almheiligen
24. Juni (Johannes);
2. Juli (Maria Schnee), mit Kirchweihfest;
25. Juli (Jakob), mit Jakobi-Kirtag;
5. August (Oswald);
24. August (Bartholomäus)

Einkehrstätte

Gleinalm-Schutzhaus ab 2009 neu bewirtschaftet; Mitte Mai bis 14. September

Information/Orientierung

Fahrplan im Internet
www.busbahnbim.at
Wanderkarten
ÖK, BMN-Blätter 162 und 163 oder UTM-Blätter 4227 und 4228; FB-WK 132

Erlebnispunkt

Gleinalmsattel: Mit Schutzhaus und Kirche Maria Schnee. Anfang Oktober 2003 brannte infolge Blitzschlages die Kirche ab; sie wurde im darauffolgenden Jahr wieder aufgebaut. An den Tagen der Almheiligen (siehe Zufahrt) werden Messen gelesen.

87 Vorderleitenhütte, Lenzmoarkogel, Speikkogel und Wildeggkogel

Auf der Oberen Vorderleitenalm: Die Vorderleitenhütte.

Gut erreichbar und bodenständig gastlich

Die Obere Vorderleitenalm hat einen klingenden Namen: Die einladende Kombination setzt sich zusammen aus guter Erreichbarkeit, bodenständiger Einkehrstätte und almfrischem Wandergelände. Wer sich stärker fordern will, fügt die Zusatzstrecke hinzu und steigt somit ab dem Almgasthof Spitzer bergwärts. Daraus ergeben sich in Summe 1240 Höhenmeter. Außerdem: Das Gelände zwischen Wildeggkogel und Speikkogel wird auch für Wintertouren genutzt.

Ab der **Vorderleitenhütte** (1578 m) über Almweideböden bis über die Waldgrenze und sodann in einen **Wiesensattel** (1750 m). Es lohnt, nicht unmittelbar den um den Hahnstein leitenden Wegzeichen zu folgen, sondern auf Steigspuren den **Hahnstein** (1894 m) zu ersteigen. Von ihm abwärts in einen schmalen Sattel, das sogenannte **Türkentörl** (1863 m). Nun, auf kargem Bergwiesenboden, den breiten Rücken aufwärts zum Gipfelkreuz auf dem **Lenzmoarkogel** (1991 m). Ein beschaulicher Höhenweg verbindet, leicht ab und auf, zum **Speikkogel** (1988 m).

Abstieg: Dieselbe Strecke zurück zum eingangs erwähnten **Wiesensattel** (1750 m). Aus diesem folgt man einem Almpfad; er leitet ostseitig auf den **Wildeggkogel** (1792 m).

Die Wanderstrecke

Beschildert und markiert
Gehzeit 3.30 Std.
Weglänge 12,2 km
Anstieg 610 Hm
Abstieg 610 Hm
Höchster Punkt Lenzmoarkogel (1991 m)
Tiefster Punkt Vorderleitenhütte (1578 m)

Ausgangs-/Zielpunkte

Almgasthof Spitzer (950 m)
Vorderleitenhütte (1578 m)

Anfahrt

Mit dem Auto S36 Murtal-Schnellstraße, Ausfahrt St. Stefan ob Leoben; Preg – Preggraben – GH Spitzer 5,5 km
Mautstraße zur Vorderleitenhütte 7 km; Abzweigung 500 m vor dem GH Spitzer

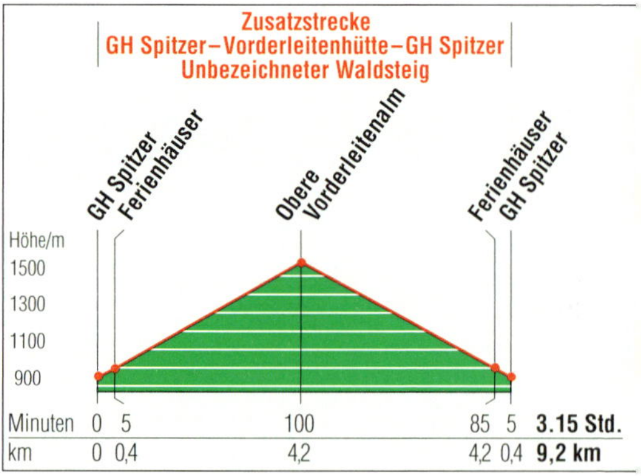

Spitzer
Poigerkogel
969
Spitzeralm
Walteralm
956
Illsattel
Ebner
Wanglerhube
Sennerhtt.
(verf.)
841
Waldgraben
Jhtt.
Tanzmeistergraben
Hocheck
1378
Stegm
Kapellgraben
1291
Jhtt.
986
Steyrerhtt.
Jhtt.
1359
Unt. Vorderleitenhtt.
1410
1578
1650
Weiblofen
Obere
Vorderleitenalm
Vorderleitenhütte
1121
Lichtriesenhtt.
(Jhtt.)
Schloafer-Ochsenalm
Krumeckgraben
1242
Jhtt.
1539
Jh.
1792
Wildeggkogel
Hahnstein
1894
Türkentörl
1863
Kapellgraben
1507
Moar-in-Pichl-Htt.
Hohe Sinn
1638
Lenzmoarkogel
1991
Eberhardhtt.
1224
Speikkogel

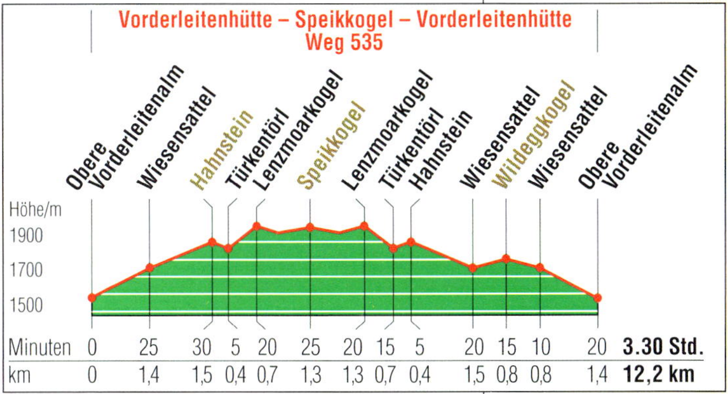
Vorderleitenhütte – Speikkogel – Vorderleitenhütte
Weg 535
Obere Vorderleitenalm
Wiesensattel
Hahnstein
Türkentörl
Lenzmoarkogel
Speikkogel
Lenzmoarkogel
Türkentörl
Hahnstein
Wiesensattel
Wildeggkogel
Wiesensattel
Obere Vorderleitenalm
Höhe/m
1900
1700
1500
Minuten 0 25 30 5 20 25 20 15 5 20 15 10 20 3.30 Std.
km 0 1,4 1,5 0,4 0,7 1,3 1,3 0,7 0,4 1,5 0,8 0,8 1,4 12,2 km

Vom Lenzmoarkogel in Richtung Vorderleitenhütte; im Hintergrund die Eisenerzer Alpen.

Zurück in den **Wiesensattel** und auf dem markierten Weg zur **Vorderleitenhütte** (1578 m).

Zusatzstrecke

GH Spitzer – Vorderleitenhütte – GH Spitzer
Gehzeit 3.15 Std.
Weglänge 9,2 km
Anstieg/Abstieg jeweils 630 Hm
Vom **GH Spitzer** (950 m) an der Straße zu den **Ferienhäusern** (996 m); Wegweiser. Bergan zum Wald. Darin leitet ein Steig unmittelbar entlang eines Rückens zur **Vorderleitenhütte** (1578 m). **Abstieg** wie Anstieg.

Winterweg

Mautstraße – Obere Vorderleitenalm
Gehzeit 2 Std.; Weglänge 7 km; Anstieg 610 Hm

Erlebnispunkte

Hahnstein: Hervorragender Aussichtspunkt.
Speikkogel: Der polpulärste Gipfel der Gleinalpe.
Wildeggkogel: Das Gedenkkreuz für Erzherzog Johann widmete die Gemeinde St. Lorenzen bei Knittelfeld.

Einkehrstätten

Almgasthof Spitzer (Ruhetag: Di, wenn Schultag); Tel. 03832/2525
www.almgasthof-spitzer.at
Vorderleitenhütte
Almwirtschaft, Anfang Juni bis zirka 20. September; Hannes Walzl, Handy 0664/2230132

Information/Orientierung

Tourismusverband Gleinalm
Rachau, Tel. 03512/44599
www.gleinalm.at
Wanderkarten
ÖK, BMN-Blätter 132 und 162 oder UTM-Blätter 4221, 4222, 4227 und 4228; FB-WK 132; örtliche Wanderkarte

Speikkogel und Lärchkogel

88

Solche Wege beflügeln

Die Strecke wird großteils auf Wegen zurückgelegt, welche – wie insbesondere der Schwalbensteig – wahrhaftig beflügeln. Mehr wird nicht verraten als die Andeutung: Diese Rundtour mag Gefallen finden.

Ab dem **Parkplatz Zechnerboden** (1300 m) auf der zur Alm führenden Straße bergan. Bei einem Wiesenstück liegt die **Gabelung** (1440 m): Man folgt dem Hinweis „Eibl über Kreuzsattel". Auf einem Waldsteig zu einer Quelle (1520 m). Kurz danach erreicht man den Waldrand und sogleich den **Kreuzsattel** (1583 m); Sitzbankerl, Grenzstein Nr. 3055. Das Wegkreuz wurde im August 1990 von der Berg- und Naturwacht St. Stefan renoviert.

Nun südwärts und zu einem unbezeichneten Pfad, dem **Schwalbensteig**: Links des Almzaunes den Bergrücken bergan. In 1640 Meter Höhe linker Hand, auf Weideboden, zu einem **Steinmann**. Der anfangs ebene Schwalbensteig leitet abwärts zu einer **Quelle** (1615 m). Man umgeht inmitten von Erlen den Schwalbenstein an dessen Ostseite und erreicht einen **Wiesensattel** (1638 m) mit Felsblöcken. Rund 50 Meter davor leiten, westwärts, Trittspuren zu einem **Drehkreuz** (1628 m) am Waldrand. Alsbald quert man unterhalb der Felsen des Schwalbensteins – ein alpines Motiv – einen steilen Hang. Im anschließenden Waldstück wird zuerst ein **Gerinne**

Verlässliche Bergsommer-Botschaft: „Alpenrosen-Nest" am Schwalbensteig.

Die Wanderstrecke

Teilweise bezeichnet und markiert
Gehzeit 5.15 Std.
Weglänge 17 km
Anstieg 870 Hm
Abstieg 870 Hm
Höchster Punkt Speikkogel (1988 m)
Tiefster Punkt Parkplatz Zechnerboden (1300 m)

Beim Windfang auf dem Speikkogel.

Im Gleinalmsattel: Die Kirche Maria Schnee und das Schutzhaus.

(1549 m) überquert und nach diesem der **Schwalbensteinbach** (1556 m). Der klassisch trassierte Steig verbindet durch Waldgelände zu einem **grünen Anger** (1578 m). Alsbald erreicht man einen Brunntrog und kurz danach die **Bergrettungshütte** (1556 m); Brunnen, Rastplatz. Nun, an der Südseite des Speikkogels, auf einem Fahrweg zur **Ursprungrinne** (1545 m); Ursprung des Übelbaches. Leicht bergan zum **Gleinalmsattel** (1586 m). Darin stehen das **Kirchlein Maria Schnee** und das **Schutzhaus;** Wegweiser.

Die Jause sollte nicht zu üppig sein: Man steigt südseitig rund 400 Höhenmeter geradewegs bergan zum Kreuz auf dem **Speikkogel** (1988 m). Auf dessen Gipfel stoßen die Grenzen der Bezirke Graz-Umgebung, Knittelfeld und Leoben aneinander.

Der Weitwanderweg 05 leitet entlang des Höhenrückens – nordostwärts – in einen weiten **Sattel** (1818 m); dessen Umgebung ist als Gamsweidege-

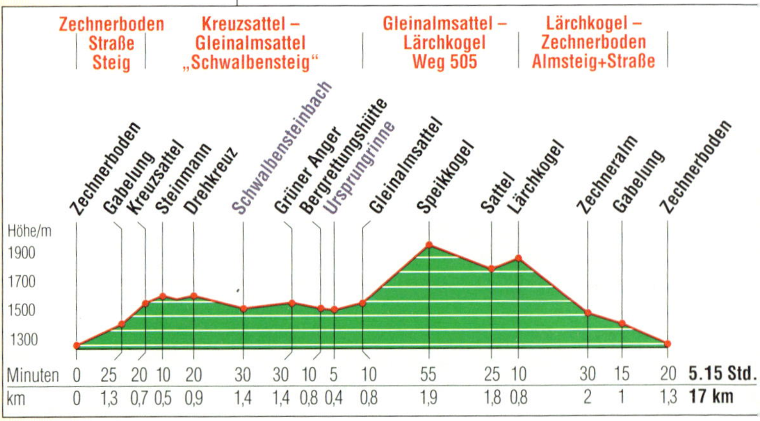

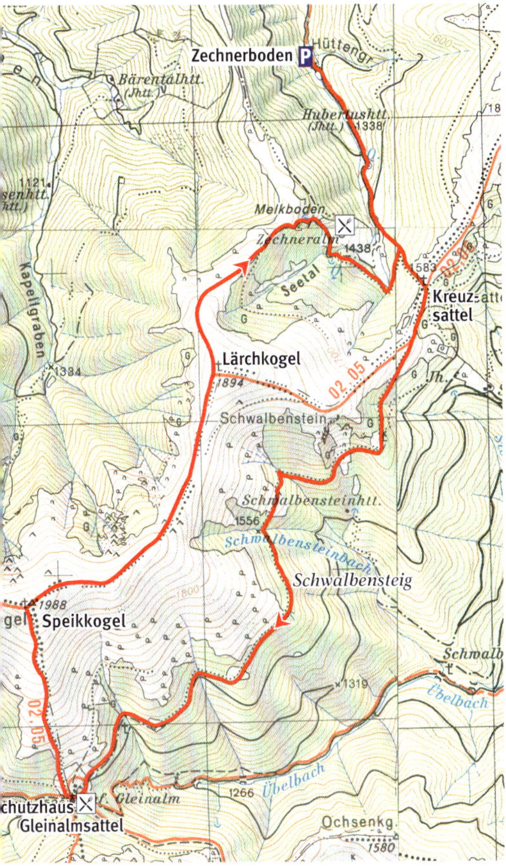

biet ausgewiesen. Kurz und bündig sonnseitig bergan zum Gipfelkreuz auf dem **Lärchkogel** (1894 m). Nordwärts steht eine Stange. Von ihr leiten Steigspuren ins Almgelände: Man gelangt zu einem Ansitz (1730 m) und zu einem Überstiegl (1695 m). Ab diesem geht man über Weideböden zur **Zechneralm** (1515 m), eine gepflegte Hütte, mit Brunnen und Rastplatz.

Der Abschluss erfolgt geradlinig: Entlang der Almstraße zur eingangs erwähnten **Gabelung** (1440 m) und die Straße abwärts zum **Parkplatz Zechnerboden** (1300 m).

Erlebnispunkte

Die gesamte Strecke erweist sich als ein potenzielles Erlebnis; insbesondere zur Zeit der Almrauschblüte (Juni/Juli).

Ausgangs-/Zielpunkt

Parkplatz Zechnerboden (1300 m)

Anfahrt

Mit dem Auto S36 Murtal-Schnellstraße, Ausfahrt St. Stefan ob Leoben; durch Hinterlobming zum Parkplatz Zechnerboden 11 km

Einkehrstätten

Gleinalm-Schutzhaus ab 2009 neu bewirtschaftet; Mitte Mai bis 14. September

Zechneralm (Halterhütte) zur Weidezeit meist bewirtschaftet

Information/Orientierung

Wanderkarten
ÖK, BMN-Blätter 132, 133, 162, 163 oder UTM-Blätter 4221, 4222, 4227, 4228; FB-WK 132

89

Mittelpunkt der Steiermark und Walteralm

Zum Nabel der Grünen Mark

Exakt vermessen, jedoch versteckt belassen: Der Mittelpunkt der Steiermark.

Pssst, bitte nicht weitersagen: Der Standort des Mittelpunktes der Steiermark ist zwar offiziell als solcher bezeichnet, er wird jedoch scheinbar geheim gehalten. Bescheiden nehmen sich die Wegzeichen aus, um den Nabel der Grünen Mark ausfindig zu machen. Wer schließlich davor steht und den Tafeltext lesen will, muss jedoch geländegängig sein, denn eine steile Forstweg-Böschung ist zu erkraxeln. Schlüssig sieht die ganze Sache (bisher) nicht aus, aber wer weiß, was man in St. Stefan ob Leoben noch alles vorhat. Noch ein Detail: Auf der Walteralm haben Jäger Vorrang – und diese wünschen sich möglichst ruhiges Verhalten in allen Revieren.

Vom **Jagawirt** (765 m) an der Straße zur **Kirche** in **Hinterlobming** (758 m); davor rechtshaltend. Beim braunen Holzhaus (Nr. 336) rechter Hand zum Sackgassenzeichen, jedoch links die Straße weiter. Sie führt durch eine ebenmäßige Flur zur Brücke im **Kapellgraben** (710 m). Man folgt der Wegnummer 12. Von der Häusergruppe zum Gehöft Gruber. Im **Grubergraben** entlang der Forststraße zu einer Kreuzung; an ihr rechtshaltend. Alsbald setzt ein Waldsteig an. Er leitet in den **Illsattel** (956 m); Hinweis „Zum Mittelpunkt". Diesem folgend die Forststraße bergan. An der markanten **Forstwegkehre** (1150 m) weiter bergan und durch eine Rechtskehre an das bewaldete Hocheck heran. Kurz danach nimmt man an der bergseitigen Böschung

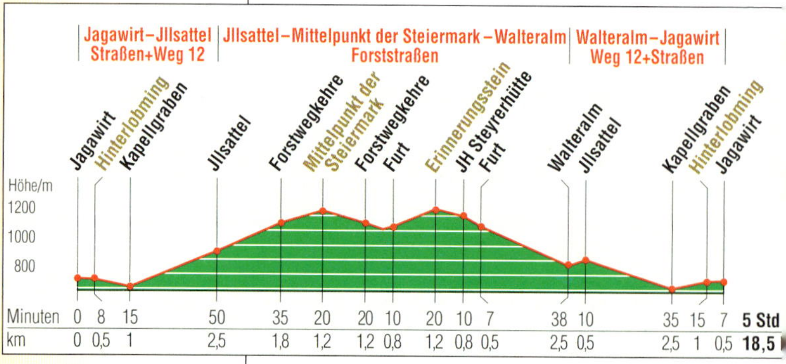

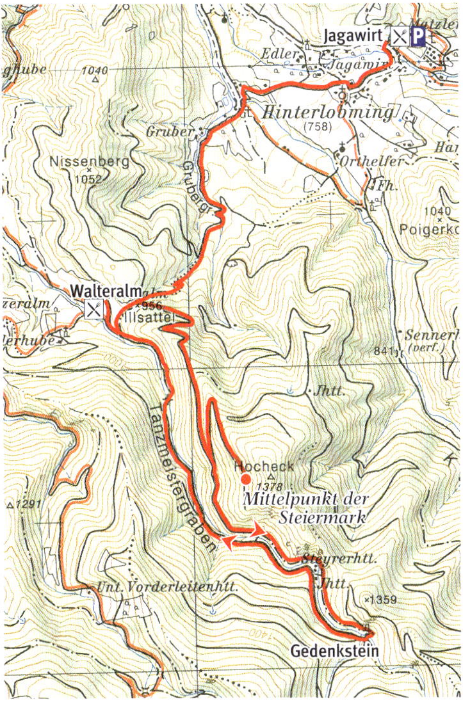

eine Tafel wahr: Sie markiert den **Mittelpunkt der Steiermark** (zirka 1235 m). Der Standort liegt am Waldrand; es gibt keine Aussicht. Eine solche erlebt man jedoch entlang der die Forststraße säumenden Kahlschläge.

Rückweg: Zurück zur erwähnten **Forstwegkehre** (1150 m). Nun linker Hand weiter: Auf der hier einmündenden Forststraße taleinwärts bergab. Nach einer kurzen Gegensteigung erreicht man eine **Furt** (1130 m) am Tanzmeisterbach.

Die Wanderstrecke

Unterschiedlich markiert und beschildert
Gehzeit 5 Std.
Weglänge 18,5 km
Anstieg 740 Hm
Abstieg 740 Hm
Höchster Punkt Erinnerungsstein (1250 m)
Tiefster Punkt Kapellgraben (710 m)

Ausgangs-/Zielpunkt

Jagawirt (765 m)

Anfahrt

Mit dem Auto S36 Murtal-Schnellstraße, Ausfahrt St. Stefan ob Leoben; nach Hinterlobming 6 km

Einkehrstätten

Jagawirt (Ruhetag: Mi) in Hinterlobming; Melitta Schimann, Tel. 03832/2406
Walteralm bewirtschaftet Mai bis September, im Winter an Wochenenden

Einkehrstätte für Jäger und Touristen: Die Walteralmhütte.

Heimatfilmreifes Sujet: Die Hinterlobming.

Information/Orientierung

Tourismusverband Gleinalm
Rachau, Tel. 03512/44599
www.gleinalm.at
www.st-stefan-leoben.at

Wanderkarten
ÖK, BMN-Batt 132 oder UTM-Blätter 4221, 4222; FB-WK 132; örtliche Wanderkarte

Etwaige Abkürzung: Über den Bach zur Straße und auf dieser zur Walteralm.
Grundsätzlich überquert man jedoch nicht die Furt, sondern folgt am rechten Ufer einem grünen Forstweg. Er führt bachaufwärts zu einem **Erinnerungsstein** (1250 m). Dieser – ein hochgestellter Felsblock – trägt folgende Widmung als Dankeszeichen für den Einsatz beim Wegbau: *„Zur Erinnerung an die Erbauer der Lohnegg-Straße / Johann Zechner, Johann Sallegger und deren Helfer, 1990."*
Hier, im engen Grund des inneren Tanzmeistergrabens, fließen zwei Bäche ineinander. Das bloß schmale Stück Himmel lässt die Nähe des Lenzmoarkogels ahnen.
Man benutzt nun die Straße und geht, am linken Ufer, bachabwärts zur **Steyrerhütte** (1200 m). Ab dieser Jagdhütte verläuft die Straße – vorbei an der oben erwähnten **Furt** (1130 m) – direkt zur **Walteralm** (915 m). Ein Fahrweg verbindet zum **Illsattel** (956 m). Von ihm wie auf dem Anstiegsweg zurück nach **Hinterlobming** und zum **Jagawirt.**

Erlebnispunkte

Hinterlobming: Das „liebliche Tal" (Eigendefinition). Tatsächlich liegt auch das gleichnamige Dorf auf einem idyllischen Flecken – wie in einem Heimatfilm. Wer hätte das gedacht?

Mittelpunkt der Steiermark: Zur Lage nach dem UTM-Koordinatensystem: Rechtswert 650.225,050 m; Hochwert 237.577,201 m – daher „ganz leicht zu orten".

Walteralmhütte: 500 Jahre altes Objekt.

Über die Mugel

Im Jahr 2009 wird das Schutzhaus der Mugel erneuert

Der Aufwand kommt nicht von ungefähr: Die Mugel ist ein Hausberg für potenzielle Einzugsgebiete, zählt sie doch zu den Favoriten innerhalb der Aktionsradien von Leoben und Bruck an der Mur – und sie liegt ebenso im Aktionsradius Grazer Ausflugsgäste. Schließlich gewährleisten Bus und Bahn eine leicht nachvollziehbare Logistik. Derzufolge können der Ausgangspunkt und der Zielpunkt auch weiter auseinander liegen, wie anhand dieses Ausflugstipps gut nachweisbar.

Ab dem **Hauptbahnhof Leoben** (540 m) folgend durch das Stadtzentrum: Über die Südbahnbrücke zur Franz-Josef-Straße und zum Hauptplatz; mit Bergmannbrunnen. Durch die Krottendorfer Gasse und Glacisgasse in den Stadtpark. Nun zur großen Kreuzung; jenseits davon steht das **Jakobikreuz** (550 m). Ab hier setzt man auf dem **Weitwanderweg 05** fort: In der Maßenbergstraße zu einer Treppe und über diese zu einem Waldstück. Danach erreicht man einen kleinen Rastplatz, genannt **Marek-Ruhe** (660 m). Erneut durch Waldgelände und darin zu einer Gabelung beim **Rast-Stock** (880 m). Geradewegs, überwiegend im Waldgelände, zum **Spitz Christi** (1120 m). Der so benannte Felsblock trägt die Jahreszahl 1812; Rastbank. Entlang eines Schlages zur Anhöhe am **Kienberg** (1181 m). Hier mündet der über die Moritzhöhe führende Wanderweg ein.

90

Die Wanderstrecke

Markiert und beschildert
Gehzeit 7 Std.
Weglänge 21 km
Anstieg 1220 Hm
Abstieg 1230 Hm
Höchster Punkt Mugel (1630 m)
Tiefster Punkt Bahnhof Niklasdorf (527 m)

Umgeben von prächtigem Zirbenbestand: Das Gasthaus Schmollhube.

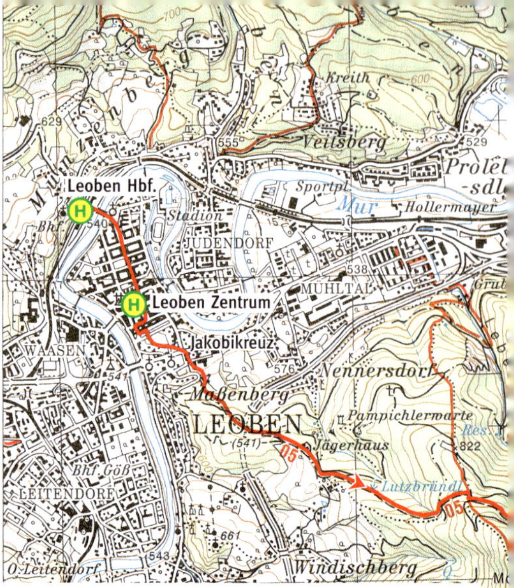

Ausgangspunkt

Leoben Hauptbahnhof (540 m)

Zielpunkt

Bahnhof Niklasdorf (527 m)

Anfahrt

Mit dem Auto nach Niklasdorf; P+R-Platz am Bahnhof, umsteigen in den Regionalzug nach Leoben
Mit dem Zug ÖBB; Leoben Hauptbahnhof (IC-Halt)
Mit dem Regionalbus Linie 100 Graz – Bruck a. d. Mur – Leoben, Haltestellen Niklasdorf/Proleber Straße oder Leoben/Zentrum
Mit dem Stadtbus Linie N Niklasdorf – Leoben

Rückfahrt

Mit dem Zug ÖBB; ab Bahnhof Niklasdorf (Regionalzüge) in alle Richtungen

Nahe davon steht eine Rastbank samt Tisch, genannt **Erwins liebstes Platzerl** (1208 m); gewidmet Erwin Merl. Man folgt dem Zirbenweg zum **Gasthaus Schmollhube** (1146 m).
Das anschließende Wegstück verbindet zu einem Sattel, genannt **Lange Bank** (1190 m), sodann über einen Waldrücken, leicht bergan und bergab, zu der in einem Sattel liegenden **Gstattmoaralm** (1198 m). Die erneuerte Almhütte ist im Sommer hin und wieder geöffnet. Das Wirtschaftsgebäude – es ist eher ein Schuppen – enthält einen frei zugänglichen Notunterstand.
Ein durchwegs steiler Waldsteig (Weg 519) leitet zum **Hans-Prosl-Schutzhaus** auf der **Mugel** (1630 m). Das Gipfelkreuz wurde am 9. 9. 1999 errichtet.

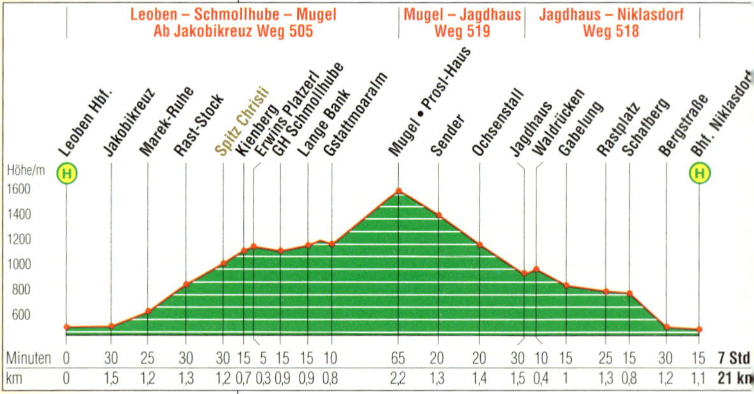

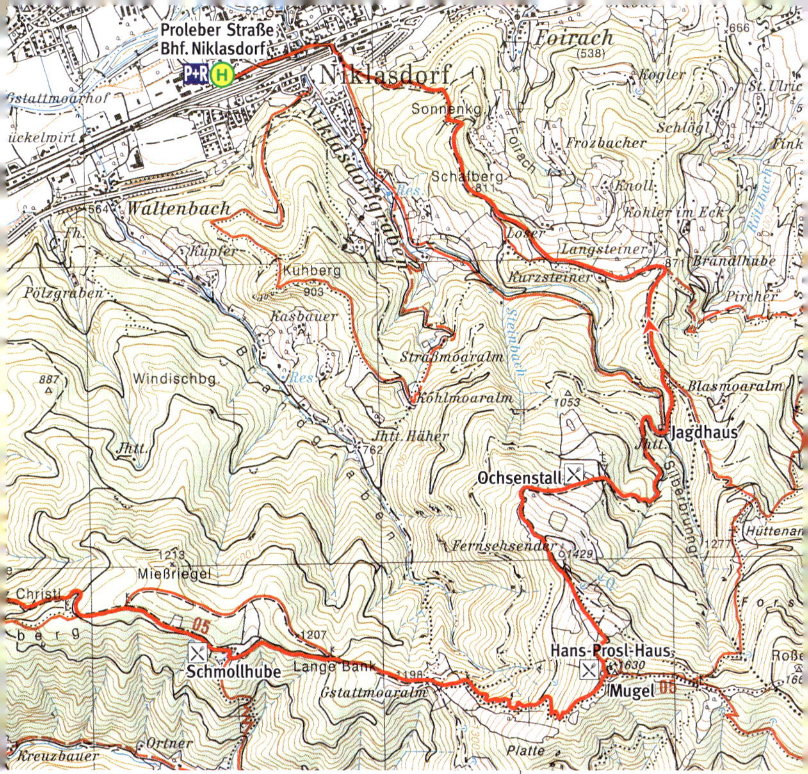

Abstieg: Zunächst zum **Sender** (1429 m) und durch Almgelände zur **Jausenstation Ochsenstall** (1200 m). Auf dem anschließenden Waldsteig, vorbei an einer Quelle, abwärts zum **Jagdhaus** (960 m); Hausnummer Mugelweg 2; kleine Teiche.

Gegenüber dem Jagdhaus die Forststraße bergan und auf ihr, linkshaltend, zu deren verwachsenem Endstück. Ein Pfad verbindet zum nahen **Waldrücken** (1000 m). An ihm erreicht man einen markierten Weg (Nr. 518). Auf diesem abwärts zur **Gabelung** (871 m) an der Hofzufahrt oberhalb des Gehöftes Langsteiner. Linker Hand weiter: Auf der Flurstraße zum Gehöft Kurzsteiner (Birkenweg 6) und zu einem weiteren Gehöft mit einer Pferdekoppel. Am Beginn des Waldweges ist ein kleiner **Rastplatz** (825 m) eingerichtet. Kurz danach überquert man eine Straße und geht beim Holzschranken geradeaus. Nun am **Schafberg** (811 m) in den Hochwald. Darin, steil abwärts, zum Siedlungsrand an der **Bergstraße** (540 m). Schließlich über die Bahnüberführung (km-Marke 10,509) zur Hauptstraße. Auf dem Gehsteig zum **Bahnhof Niklasdorf** (525 m).

Einkehrstätten

Almgasthaus Schmollhube (Ruhetag: Mo, außer an Fei); Wolfgang Troll, Handy 0664/9235109 www.schmollhube.at

Hans-Prosl-Schutzhaus auf der Mugel, ÖTK-Sektion Leoben, ganzjährig bewirtschaftet; Tel. 03842/82680

Jausenstation Ochsenstall während der Weidezeit bewirtschaftet

Information/Orientierung

Fahrplan im Internet
www.busbahnbim.at

Tourismusverband Leoben
Peter-Tunner-Straße 2,
Tel. 03842/48148
www.leoben.cc

Wanderkarten
ÖK, BMN-Blatt 133 oder UTM-Blatt 4222; FB-WK 132

91 Madereck und Brucker Schlossberg

Am „Treffpunkt Madereck“: Die Hauskapelle beim Gasthaus Puster.

Das starke Argument für diesen Ausflug heißt …

Dieser Brucker Hausberg gleicht einer beständigen Einladung: Alle Wege lassen sich zu allen Jahreszeiten begehen. Die Gästescharen sind bunt gemixt: Wandergruppen jeder Altersklasse, Mountainbiker und Spaziergänger stellen sich hier oben ein. Schließlich ist das fein geführte Gasthaus Puster gewiss das starke Argument für Ausflüge zum Madereck.

Von der **Bushaltestelle Paulahof** (499 m) auf Asphalt bergan ins Urgental. An der Gabelung in der Siedlung halblinks weiter. Man folgt, nun steiler bergan, einer Schotterstraße und erreicht einen **Bildstock** (693 m) mit Jahreszahl 1981. Steile Wiesen schließen das Urgental ab. Auf der Hofzufahrt zum **Gehöft Merl** (780 m). Anschließend hält man sich an eine Forststraße. Im Wald an der ersten **Gabelung** (840 m) linker Hand, dem Hauptweg folgend, weiter. Erst kurz danach weist eine Wegtafel ein: Auf einem Waldsteig bergan. Schließlich am Rand einer Weide zum **Gasthaus Puster** (990 m); in Wanderkarten „Gasthaus Zum Madereck“ genannt.
Ein alter Fahrweg führt entlang jenes Angers, auf dessen Kuppe ein Sender steht, zu einem **Geländesattel** (1020 m). Holztafeln weisen zum Madereck sowie zum Rundweg.
Zunächst geht man auf das **Madereck** (1050 m). Auf dem bewaldeten Gipfel steht ein Kreuz. Etliche Sitz-

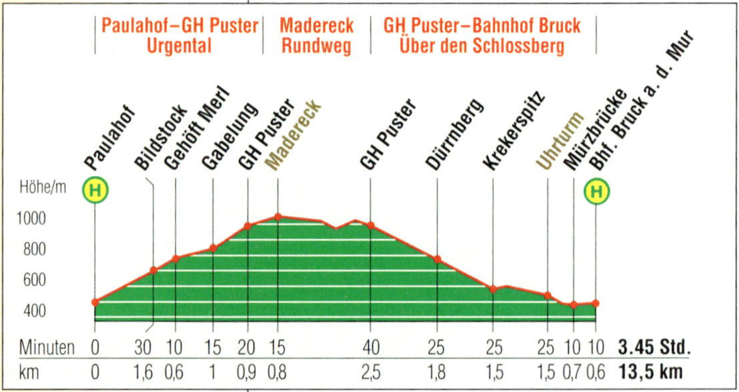

bänke ermöglichen auch größeren Gruppen bequemes Rasten.

Rundweg: Man geht zurück zum erwähnten **Geländesattel** (1020 m). Im Uhrzeigersinn folgt man dem um das Madereck führenden Forstweg. Lücken im Waldbestand ermöglichen weitreichende Ausblicke. Der rundum führende Forstweg mündet nach einer Steigung wiederum in den **Geländesattel.** Die Madereck-Rundstrecke beendet man beim **Gasthaus Puster** (990 m).

Abstieg: In Richtung Bruck an der Mur zunächst auf Waldwegen südostwärts bergab. Alsbald erreicht man eine Forststraße, folgt ihr aber nur kurz, daher nicht dem MTB-Schild folgen (es leitet in den Laminggraben). Erneut auf Waldwegen abwärts. Wo man einen Fahrweg erreicht, kann man dessen Bogen umgehen, indem man einem Pfad folgt; dieser

Errichtet 1495–1505: Das Kornmesserhaus in Bruck an der Mur.

Die Wanderstrecke

Spärlich bezeichnet
Gehzeit 3.45 Std.
Weglänge 13,5 km
Anstieg 645 Hm
Abstieg 655 Hm
Höchster Punkt Madereck (1050 m)
Tiefster Punkt Mürzbrücke (480 m)

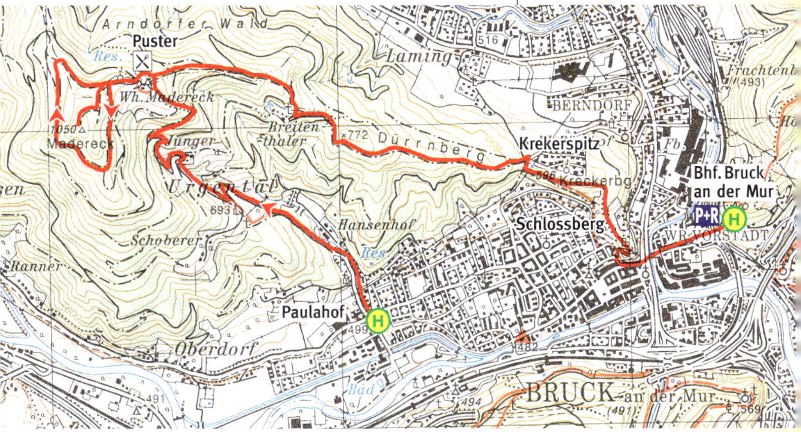

Abschluss eines schönen Ausflugs: Vom Brucker Schlossberg in die Stadt.

führt über den **Dürrnberg** (772 m). Schließlich auf dem Fahrweg zum Waldrand am **Krekerspitz** (580 m). Auf dem Oberen Höhenweg zum Sender auf dem Krekerberg (596 m) und bis zu einem modernen Holzhaus. Danach zweigt man ab: Auf Waldwegen abwärts zu Gärten. Dem Hinweis „Durchgang bis auf Widerruf" folgend zum **Schlossberg** und hier beliebig zum **Uhrturm** (540 m). Auf Treppen zum Primbschweg und Heberplatzl; Tierpräparator Derham. Durch die Kupferschmiedgasse in die Herzog-Ernst-Gasse und aus ihr zur **Mürzbrücke** (480 m). Entlang von Gehsteigen zum **Bahnhof Bruck an der Mur** (488 m).

Erlebnispunkte

Madereck: Waldgipfel mit großem Holzkreuz (errichtet am 14. August 2007). Beim urig-gemütlichen Gasthaus eine Hauskapelle (von 1950).

Stadtzentrum Bruck: Empfehlenswert ist ein Rundgang bis zum Kulturhaus. Am Hauptplatz – seit 2008 fußgängerfreundlich gestaltet – das Kornmesserhaus (errichtet 1495–1505), der Eiserne Brunnen, das Rathaus, die Mariensäule u. v. m.

Schlossberg: Der Uhrturm ist das Stadtwahrzeichen. Treppen und Spazierwege verbinden Teile der einstigen Basteien. Die ehemalige Burg Landskron (erbaut im späten 13. Jh.) wurde 1792 bei einem Stadtbrand zerstört.

Ausgangspunkt

Bushaltestelle Paulahof (499 m)

Zielpunkt

Bahnhof Bruck an der Mur (488 m)

Anfahrt

Mit dem Auto nach Bruck an der Mur; P+R-Platz am Bahnhof (nur für Bahngäste); Parkplätze auch unterhalb der Umfahrungsstraße sowie in der Bahnhofstraße

Mit dem Zug ÖBB; ab Graz S-Bahn-Linie 1; IC-Bahnhof Bruck an der Mur; umsteigen in den Stadtbus

Mit dem Stadtbus Linien 1, 2 oder 30, Richtung Murinsel; Haltestelle Paulahof

Einkehrstätte

Gasthaus Puster (Ruhetag: Di) am Madereck; Johann und Elisabeth Puster, Tel. 03862/53786

Information/Orientierung

Fahrplan im Internet www.busbahnbim.at

Wanderkarten ÖK, BMN-Blatt 133 oder UTM-Blatt 4222; FB-WK 041

Polster und Frauenmauer

92

Durch die Frauenmauerhöhle

Das Höhlensystem ist rund 75 Millionen Jahre alt. Die Frauenmauerhöhle – einst „Rabenkirche" genannt – lässt sich unter sachkundiger Führung sicher durchqueren. Die Strecke ist 720 Meter lang. Im Zuge der Durchquerung – der Weg führt auf und ab sowie durch Engstellen – gelangt man u. a. zur Elisabeth-Halle, in die Baton-Halle (benannt nach dem Namen des Erstvermessers) und zur „Schwarzen Kirche". Auch ist es erforderlich, sich durch die sogenannte Klamm zu zwängen. Diese ist die Schlüsselstelle; sie wurde 1760 von Eisenerzer Bergleuten allgemein begehbar gemacht. Anschließend gelangt man zum 25 Meter hohen Dom und allmählich an das „Tor zum Licht", wo sich, erst gegen Ende der Führung, der Westeingang allmählich erkennen lässt. Die Höhlenführer wissen zu allen markanten Passagen interessante Zusammenhänge.

Während einer Türkenbelagerung im 17. Jahrhundert flüchtete Kunigunde von Gsoll – eine reiche Frau in Eisenerz – mit Frauen und Kindern in die Höhle. Die Geflüchteten blieben unversehrt; sie konnten sich mit Hilfe des Ablassens von Pech und Steinen gegen die am Wandfuß lagernden Türken erfolgreich verteidigen.

Kaiserin Elisabeth besuchte mit Erzherzogin Marie Valerie am 14. September 1885 die Frauenmauerhöhle. Eine Gedenktafel am Höhlen-Osteingang erinnert an diesen hohen Besuch.

Hilfsbereit und kompetent: Höhlenführer Wolfgang Seebacher.

Die Wanderstrecke

Markiert und beschildert
Gehzeit 4.15 Std.
Weglänge 12,1 km
Anstieg 150 Hm
Abstieg 1000 Hm
Höchster Punkt Polster (1910 m)
Tiefster Punkt Gsollkehre (932 m)

Ausgangspunkt

Polsterlift-Bergstation (1790 m)

Anfahrt

Mit dem Auto A9 Pyhrnautobahn, Ausfahrt Traboch; auf der Eisenstraße (115) zur Präbichl-Passhöhe (1232 m)
Mit dem Zug ÖBB; Leoben Hauptbahnhof, IC-Halt; umsteigen in den Regionalbus
Mit dem Regionalbus Linie 820 Leoben – Eisenerz, Haltestelle Präbichl (Stmk)/Passhöhe

Im westlichen Hochschwab: Vor dem Osteingang der Frauenmauerhöhle.

Zugang

Bushaltestelle Präbichl/ Passhöhe – Talstation Polster-Sesselbahn. Gehzeit 10 Min., Weglänge 0,7 km

Bergfahrt

Mit der Polster-Sesselbahn

Einersesselbahn („Präbichl Classic“); Betriebszeit zirka Mitte Mai bis 26. Oktober, jeweils an Wochenenden und Feiertagen, während der Sommerferien täglich. Bei Schlechtwetter kein Betrieb. Siehe auch Absatz „Information“.

Zielpunkt

Gsollkehre (932 m)

Rückfahrt

Mit dem Regionalbus

Richtung Präbichl Linie 820 Eisenerz – Leoben, ab Haltestelle Gsollkehre/Abzweigung; in Leoben Hauptbahnhof umsteigen in den Zug

Ab der **Sesselbahn-Bergstation** bzw. ab dem **Polster-Schutzhaus** westseitig auf einem Steig zu ersten Pulttafeln des Geo-Wanderweges; jeweils mit Sitzbank. Aus dem Polstersattel am schrofigen Gratrücken geradewegs zum **Polster** (1910 m); Gipfelkreuz, Sender, Geo-Tafeln. Ostseitig abwärts in den **Hirscheggsattel** (1699 m); Wegweiser. Auf einem Steig quert man – leicht bergab, bergan – die Schutt- und Latschenhänge der breiten Griesmauerplan. Aus dem **Neuwaldeggsattel** (1575 m) leitet ein mit Drahtseilen gesicherter Steig über einen steilen Rasenrücken zum **Osteingang** (1560 m) der **Frauenmauerhöhle;** Rastplatz vor dem Höhlenportal.

Die **Führung** durch die Höhle dauert knapp eine Stunde. Licht wird beigestellt. In jedem Fall ist es wichtig, sich diszipliniert mit der Gruppe zu bewegen: Ohne exakte Ortskenntnisse ist man in der Höhle verloren.

Am **Westeingang** (1434 m) ist das Illmeier-Platzl eingerichtet.

Der **Abstieg** erfolgt über Eisenleitern und mit Hilfe von Drahtseilen zum steilen Bergwald. Darin abwärts zur **Gsollalmhütte** (1201 m). Nahe am Gsollbach talauswärts zur **Bushaltestelle Gsollkehre** (932 m).

Zusatzstrecke

Osteingang – Frauenmauer

Hin und zurück Gehzeit 1.30 Std.; Weglänge 2,8 km; Anstieg und Abstieg jeweils 350 Hm.

Falls man den Beginn einer Führung versäumt hat, darf man ***keinesfalls auf eigene Faust die Höhle betreten.***

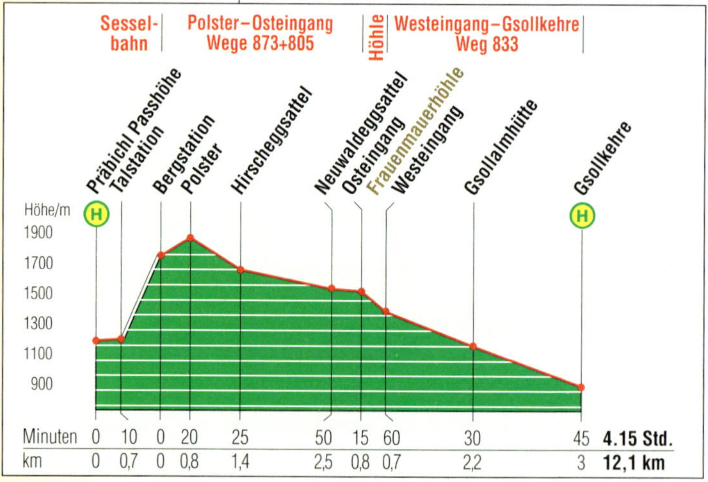

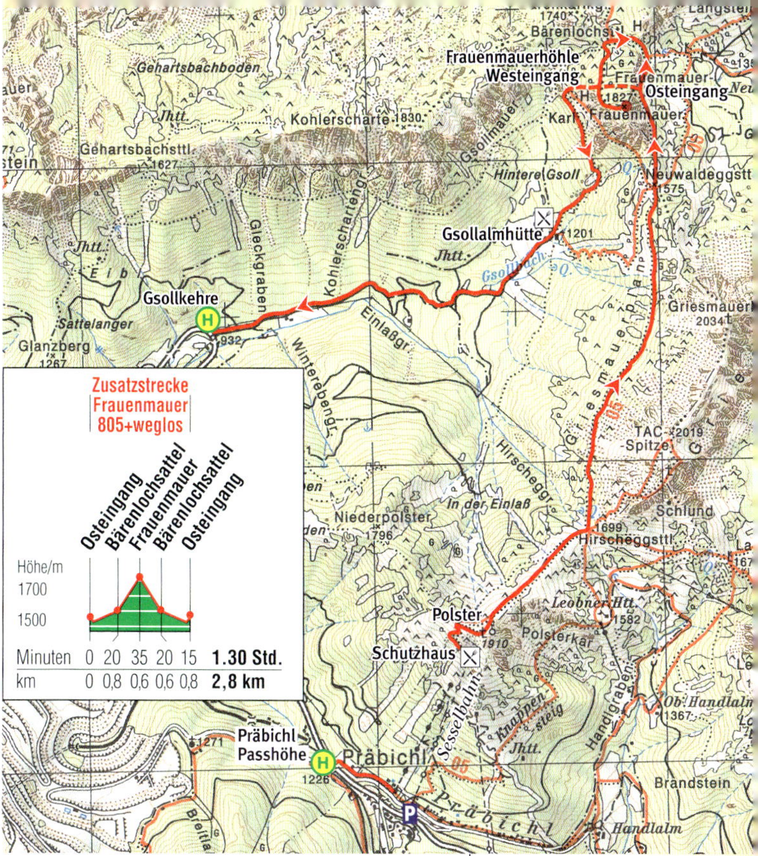

Jedoch lässt sich die Wartezeit gut ausfüllen, indem man Richtung ***Bärenlochsattel*** *(1605 m) wandert. Bis dorthin ist der Steig markiert. Ab einem Felsen mit der Nummer 2 bzw. ab einem Steinmann leiten Steigspuren – anfangs schwach, gipfelwärts deutlicher – auf die mit einer Latschenkrone bedeckte* ***Frauenmauer*** *(1827 m); kleines Gipfelkreuz. Das Buch wurde am 11. 1. 1998 hinterlegt.*

Abstieg *wie Anstieg.*

Erlebnispunkte

Frauenmauerhöhle: Führungen nur bei Schönwetter, Anfang Juni bis Ende Oktober (ausgenommen Jagdzeit, 15. 9.–15. 10.); jeweils an Wochenenden und Feiertagen: ab dem Osteingang um 10, 12 und 14 Uhr, ab dem Westeingang um 9, 11 und 13 Uhr. Höhlentemperatur: Im Sommer maximal 6,5 Grad, im Winter –5 Grad. Informationen: Höhlenführer Rudolf Krenn, Tel. 03849/2827 oder Handy 0664/5711633

Geo-Wanderweg: Am Polster informieren mehrere Geo-Pulttafeln zur Gebirgsbildung. Lesenswert!

Einkehrstätten

Jausenstation Gsollalmhütte bewirtschaftet Mitte Juni bis Mitte September; Handy 0664/4619524

Polster-Schutzhaus geöffnet während der Betriebszeit der Polster-Sesselbahn

Information/Orientierung

Fahrplan im Internet
www.busbahnbim.at

Präbichl Bergbahnen
Talstation Polsterlift,
Tel. 03849/6370
www.praebichl.at

Wanderkarten
ÖK, BMN-Blatt 101 oder UTM-Blatt 4215; FB-WK 041

93

Tauern-Windpark, Lachtal und Schießeck

900 Jahre alte Almnamen

Schlichtes Gipfelzeichen inmitten der Wölzer Tauern: Auf dem Schießeck.

In jüngster Zeit gelang steirischen Historikern, die Almnamen „Setal" und „Cirke", welche urkundlich im Jahr 1103 bzw. 1114 erwähnt werden, zu lokalisieren: „Setal" ist identisch mit einer hinter dem Ingeringsee (Seckauer Tauern) liegenden Alm. Hingegen ist der Name „Cirke" identisch mit der Almlandschaft am Hierzeck (1834 m). Just dort breitet sich westwärts, in Richtung Schönberg (1943 m), der Tauern-Windpark.
Der Höhenweg inmitten der beiden Zinkengipfel und in Verbindung mit dem Schießeck krönt diesen Ausflug mit enormen Panoramen an der Südseite der Wölzer Tauern, einschließend die Höhen des im Süden liegenden Naturparks Zirbitzkogel-Grebenzen.

Die Wanderstrecke

Markierte Wege
Gehzeit 5.45 Std.
Weglänge 20,3 km
Anstieg 875 Hm
Abstieg 875 Hm
Höchster Punkt Schießeck-Gipfelkreuz (2280 m)
Tiefster Punkt Lachtalkapelle (1570 m)

Ausgangs-/Zielpunkt

Tanzstattkapelle (1907 m)

Anfahrt

Mit dem Auto aus Richtung Judenburg oder Hohentauern über Oberzeiring; 3 km westlich des Ortes die Abzweigung zur „Höhenstraße" (6 km; Mautstraße).

Zugang

Ab dem **Parkplatz** im Windpark oder ab der **Klosterneuburger Hütte;** Gehzeit jeweils zirka 10 Min.

1. Abschnitt: Windpark – Zinken – Schießeck

Man sucht zunächst den westlichen Rand des **Tauern-Windparks** auf. Ab der **Tanzstattkapelle** (1907 m) leitet die Wegnummer 958 den breiten südostseitigen Bergrücken geradewegs bergan. Wem es gefällt, nützt die Gelegenheit, den **Kleinen Zinken** (2153 m) zu ersteigen und somit in leichter Weise einen Zweitausender einzufügen. Ansonsten geht man direkt in den breiten Sattel. In jedem Fall leitet der Weg 956 – als Variante fügt man eventuell den **Niederen Zinken** (2200 m) ein – zum **Hohen**

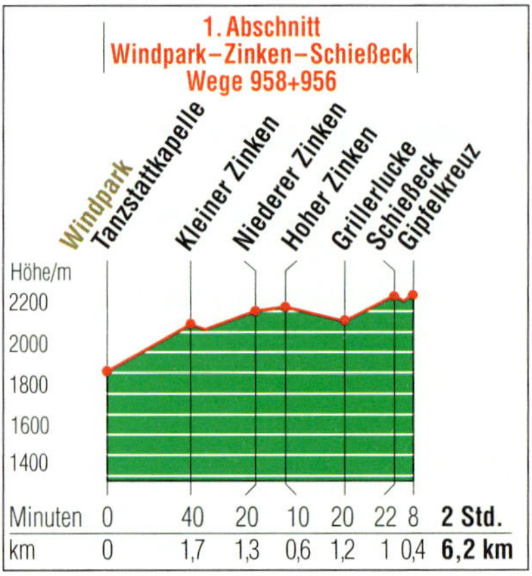

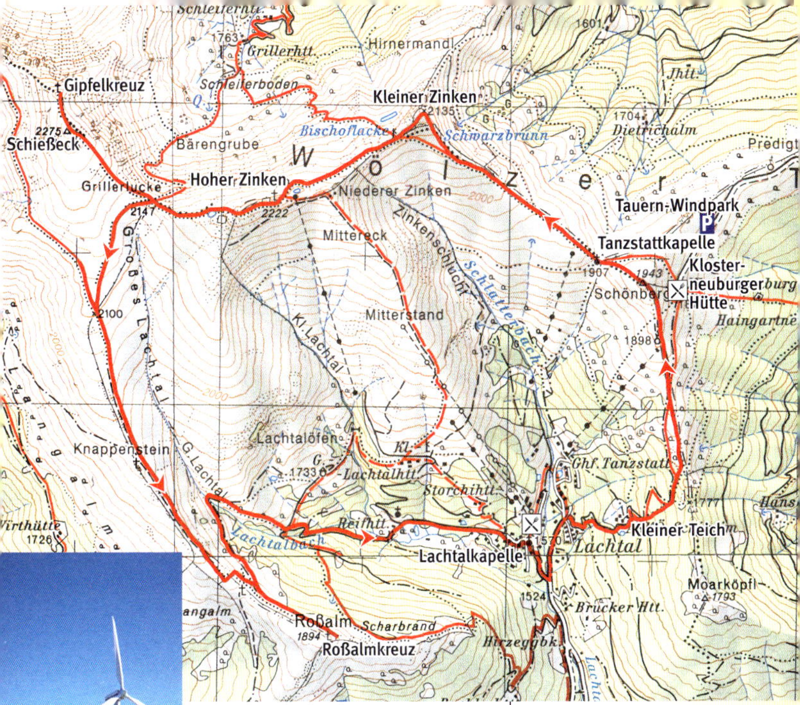

Alles dreht sich, alles bewegt sich

Im Tauern-Windpark – errichtet im Herbst 2002 und damals „Europas höchstgelegener Windpark" (Seehöhe 1900 Meter) – drehen sich die Flügel von nunmehr 13 Mühlen. Inmitten des Windparks informieren Tafeln mit Zahlen und Fakten über die wichtigsten Einzelheiten.
Führungen auf Anfrage; Informationen am Gemeindeamt Schönberg-Lachtal oder beim Tourismusverband.

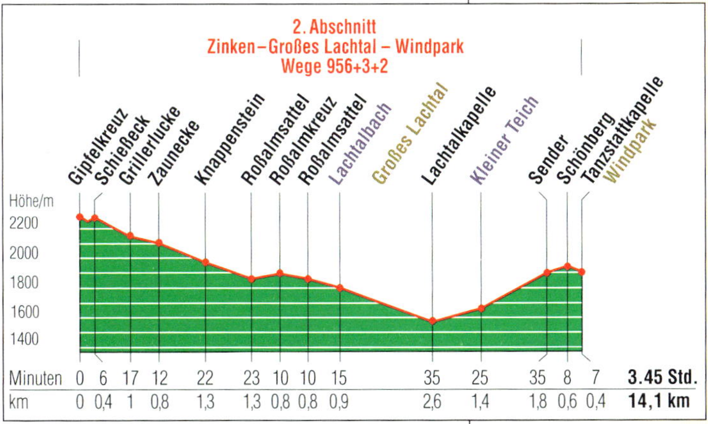

Vom Musikverein Oberzeiring gestiftet: Das Gipfelkreuz auf dem Schießeck-Nordgipfel.

Zinken (2222 m); das Gipfelkreuz datiert vom 16. 9. 2005. Nun leicht nodwestwärts in die so genannte **Grillerlucke** (2147 m). Aus diesem breiten, flachen Sattel bergan zum Steinmann auf einer Rasenkuppe, dem **Schießeck** (2275 m). Das vom Musikverein Oberzeiring aufgestellte **Gipfelkreuz** steht, nur wenige Gehminuten entfernt, auf dem **Schießeck-Nordgipfel** (2280 m).

Abstieg wie Anstieg; Gehzeit 1.45 Std.

Oder in Verbindung mit dem Großen Lachtal; diese Strecke ist zwar wesentlich länger, jedoch landschaftlich ungemein reizvoll.

2. Abschnitt: Schießeck – Großes Lachtal – Windpark

Vom **Gipfelkreuz** (2280 m) zurück in die **Grillerlucke** (2147 m). Auf dem Weg 956 südwärts bergab. Man wandert – oberhalb des Großen Lachtals – zu einer **Zaunecke** (ÖK: Punkt 2100). Entlang des Zaunes den Almrücken abwärts zu Felsen, genannt **Knappenstein** (1970 m). Allmählich gewinnt man Überblick auf das Schidorf Lachtal. Aus dem **Roßalmsattel** (1860 m) – wem es gefällt – in kurzem Anlauf zum **Roßalmkreuz** (1894 m). In jedem Fall steigt man aus dem **Roßalmsattel** in den Auslauf des Großen Lachtals ab. Hier überquert man den **Lachtalbach** (1800 m). Talauswärts im **Großen Lachtal** und in das Siedlungsgebiet. In dessen Zentrum steht die **Lachtalkapelle** (1570 m). Nun zum Gasthof Edelweiß und ab hier erneut bergwärts: Entlang der Bergstraße zu jenem **kleinen Teich** (1660 m) in Höhe zweier Ferienhäuser; hier stand einst das Askö-Schiheim. Den südseitigen Geländerücken aufwärts zum **Sender** (1898 m) und über den **Schönberg** (1943 m) – dessen Name leitet sich ab von der allgemeinen Wertschätzung als „schöner Berg“ – zurück zur **Tanzstattkapelle** (1907 m).

Einkehrstätte

Klosterneuburger Hütte
ganzjährig bewirtschaftet (Privatisierung vorgesehen); Tel. 03587/27370 oder Handy 0664/4443237, Andrea Illeg

Information/Orientierung

Gemeindeamt Schönberg-Lachtal
Tel. 03587/211-0 oder -203, TVB – www.lachtal.at

Wanderkarten
ÖK, BMN-Blätter 129, 130 und 160 oder UTM-Blätter 4219 und 4220; FB-WK 203

Über die Gaaler Höhe

Auf den Spuren des Franz Josef Hödlmoser

Der Anstiegsweg Dietersdorfer Graben – Stoxreiter ist identisch mit dem reichhaltig illustrierten Themenweg „Auf den Spuren Hödlmosers“: In der Natur stehen Tafeln mit Kurztexten zum Leben des Franz Josef Hödlmoser (geb. 23. 12. 1933 in Kumpitz bei Fohnsdorf). Der Weg wurde am 21. März 2007 eröffnet.
Der Autor des gleichnamigen Buches, Reinhard P. Gruber (geb. 20. 10. 1947 in Fohnsdorf), studierte 1966–1973 in Wien Theologie und Philosophie. Gruber war in Graz als Kultur-Redakteur tätig; er schafft seit 1977 als Schriftsteller und ist in Wald bei Stainz, Bezirk Deutschlandsberg, ansässig.

Ab der **Bushaltestelle Fohnsdorf/Hauptplatz** (736 m) an der Hauptstraße zum **Parkplatz Arbeiterheim** (745 m) und hier zur Siedlungsstraße Untere Kolonie. An der ersten Abzweigung verbindet ein schmaler Fußweg zur Oberen Kolonie. Linker Hand entlang dieser Straße zum Hochwiesenweg; auf ihm bergan. Der Sonnenweg mündet in die **Auerlingstraße.** Zwanzig Schritte weiter, an einer Heckenecke, „fädelt“ man in den Wanderweg ein: Rot-weiß-rote Farbmarken leiten entlang des Hangweges zum Beginn des Dietersdorfer Grabens. An der **Brücke** (780 m) Wegtafeln und der Hinweis zum **Themenweg** „Auf den Spuren des Franz Josef Hödlmoser“. Sogleich auf dem Schlapfkogelweg bergan (Wegnummern 908, 989). Man erreicht über einen Weideboden Hödlmosers **Geburtshaus** (900 m);

94

Beim Geburtshaus des Franz Josef Hödlmoser beginnt der gleichnamige Themenweg.

Die Wanderstrecke

Großteils markiert und beschildert
Gehzeit 5.45 Std.
Weglänge 19,1 km
Anstieg 850 Hm
Abstieg 850 Hm
Höchster Punkt Gaaler Höhe (1539 m)
Tiefster Punkt Parkplatz Arbeiterheim (745 m)

Im Oberen Murtal: Über Fohnsdorf und das Aichfeld zum Größenberg.

Ausgangs-/Zielpunkte

Bushaltestelle Fohnsdorf Hauptplatz (736 m)
Fohnsdorf, Parkplatz Arbeiterheim (745 m)

Anfahrt

Mit dem Auto S36 Murtal-Schnellstraße, Ausfahrt Judenburg Ost/Fohnsdorf

Mit dem Zug
ÖBB; IC-Bahnhof Knittelfeld; umsteigen in den Regionalbus 3
ÖBB; Bahnhof Zeltweg, umsteigen an der Bushaltestelle Aichfeldgasse in den Regionalbus 3
ÖBB; IC-Bahnhof Judenburg; umsteigen an der Bushaltestelle Stahlwerk/Bahnhof in den Regionalbus 2

Mit dem Regionalbus
Linie 2 Judenburg – Fohnsdorf; Haltestellen Fohnsdorf/Schulungszentrum (von hier abkürzend zur Auerlingstraße) oder Fohnsdorf/Hauptplatz
Linie 3 Knittelfeld – Zeltweg – Hetzendorf; Haltestelle Fohnsdorf/Hauptplatz
Linie 846 Knittelfeld – Zistl; Haltestellen Fohnsdorf/Hauptplatz oder Fohnsdorf/Schulungszentrum

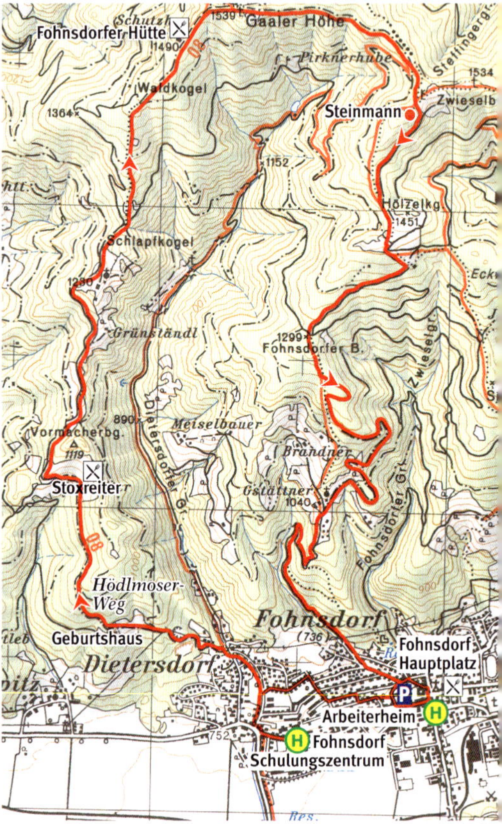

Waldrand, Rastbänke. Hier beginnt der **Hödlmoser-Weg.** Er führt – auf der nun gemeinsam führenden Wanderstrecke – durch Hochwald entlang von Tafeln zur obersten Themenweg-Station „Zu guter Letzt“; mit Gästebuch. Bergseitig durch das Weidetor und entlang eines Weidegrundes zur **Mostschenke Stoxreiter** (1000 m).

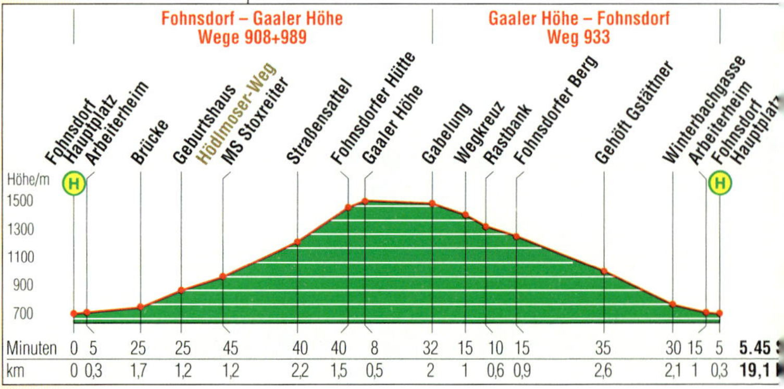

Die Flurstraße bergan – vorbei an einem Wegkreuz – zu einem **Straßensattel** (1250 m); Wegtafel. Auf einem Waldsteig geradewegs bergan zur **Fohnsdorfer Hütte** (1490 m; laut Hüttentafel 1501 m). Das Hüttenbuch ist ganzjährig frei zugänglich: Am Wirtschaftsgebäude ist ein Pult angebracht, unter dessen Deckel das Buch liegt. Auch steht ein frei zugänglicher, gedeckter Rastplatz allgemein zur Verfügung.

Auf einem Forstweg zum bewaldeten Bergrücken der **Gaaler Höhe** (1539 m). Ostwärts zu einer Forstwegkreuzung und danach durch engen Waldbestand zur **Gabelung** (1520 m) am Zwieselberg. Weiter auf dem Weg 933: Entlang von Jungwald zu einer Forststraße; an ihr steht ein hoher Steinmann. Die Forststraße abwärts zu einem **Wegkreuz** (1440 m); es ist Siegfried Ternegg (1944–1967) gewidmet. Stangen leiten über einen Stockhang bzw. Almgrund abwärts zur **Rastbank** am Durchlass beim Objekt Tschucho (1360 m). Der Forstweg leitet in einen Waldsattel (1290 m) am **Fohnsdorfer Berg.** Noch kurz dem alten markierten Steig folgen. Infolge des Windbruchschadens wird bislang der Weg 993 links umgangen. Auf einer groben Forststraße bzw. teils auf einem alten Fahrweg abwärts in einen grünen Sattel (Gabelung) und den Fahrweg weiter zum **Gehöft Gstättner** (1040 m). Die Sandstraße bergab zur **Winterbachgasse** (800 m) am bergseitigen Ortsrand von Fohnsdorf. Entweder durch die Heimgasse zum **Parkplatz Arbeiterheim** oder (kürzer) durch die Schulgasse zur **Bushaltestelle Fohnsdorf/Hauptplatz** (736 m).

Erlebnispunkte

Alle Erlebnispunkte sind mit den Regionalbus-Linien 2 oder 3 erreichbar.

Fohnsdorf: Das „größte Dorf Österreichs" zählt 8523 Einwohner (Stand 2001); die Kirche steht inmitten des Ortes.

Bergbaumuseum: Mit 46 m hohem Förderturm. Öffnungszeiten: 1. Mai bis 31. Oktober, täglich 9–17 Uhr; für Gruppen zusätzliche Zeiten nach Vereinbarung, auch im Winter; Tel. 03573/4647 www.bergbaumuseum-fohnsdorf.at

Therme Fohnsdorf Aqualux: Mit Freibecken und Thermen-Rundwanderweg; Therme täglich ab 9 Uhr geöffnet; Tel. 03573/20780 – www.therme-aqualux.at

Einkehrstätten

Dorfwirt Zum Engelhardt (Ruhetag: Mi); Hauptplatz 6; Tel. 03573/4880 www.home.pages.at/engelh

Fohnsdorfer Hütte/Schutzhaus Gaaler Höhe Selbstversorgerhütte der Naturfreunde-Ortsgruppe Fohnsdorf; 1. Mai bis Ende September jeweils an Wochenenden und Feiertagen einfach bewirtschaftet; für Gruppen auf Anmeldung auch wochentags geöffnet; Informationen: Hannes und Gertrude Platzer, Handy 0664/1618593

Mostschenke Stoxreiter (Ruhetage: Mo, Di), mit Gastgarten und Veranda; Familie Stoxreiter vlg. Vormacher am Berg, Tel. 03573/3554

Schloss Gabelhofen: Hotel-Restaurant; Tel. 03573/5555-0 www.gabelhofen.at

Information/Orientierung

Fahrplan im Internet
www.busbahnbim.at
www.regionalbus-aichfeld.at

Tourismusverband Fohnsdorf
Hauptplatz 9, Tel. 03573/5231
www.fohnsdorf-tourismus.at

Wanderkarten
ÖK, BMN-Blatt 161 oder UTM-Blätter 4226 und 4227; FB-WK 212

95

Die Wanderstrecke

Markiert und beschildert
Gehzeit 7.30 Std.
Weglänge 23,5 km
Anstieg 1580 Hm
Abstieg 1580 Hm
Höchster Punkt Seckauer Zinken (2397 m)
Tiefster Punkt GH Steinmühle (928 m)

Ausgangs-/Zielpunkte

Bushaltestelle Seckau/ Puchschachen Steinmühle (928 m)
Gasthof Steinmühle (928 m)

Goldlacke, Seckauer Zinken und Hämmerkogel

Goldrichtig: Der Dritte im Bunde

Dieser Ausflugstipp inspiriert zu Variationen sonder Zahl: Das Wegenetz ist derart ausgeklügelt, so dass sich Rundstrecken von beliebiger Länge zusammenstellen lassen. In den Wanderkarten sind alle erforderlichen Komponenten gut wahrnehmbar.
In jedem Fall ist die mystisch eingefärbte Goldlacke ein goldrichtiges Ziel. Schließlich führt der Weg auf den Seckauer Zinken zugleich auf den dritthöchsten Gipfel der Seckauer Tauern.
Folgender Reise-Vorteil kommt hinzu: An schulfreien Tagen, wie insbesondere während der Sommerferien, verkehren Busse auch am späten Nachmittag in Richtung Knittelfeld.

1. Abschnitt: Steinmühle – Goldlacke – Seckauer Zinken

In Puchschachen ab dem **Gasthof Steinmühle** (928 m) an der Straße 600 Meter zum Beginn des Waldweges; kleiner Parkraum; Wegweiser. Der Weg Nummer 34 leitet den **Zinkengraben** taleinwärts – dabei überquert man mehrere Male den Zinkenbach – zur **Gabelung am Bach** (1380 m); Wegtafeln.
Der Wegnummer 36 folgend durch gepflegten Hochwald zu einer **Quelle** (1700 m). Alsbald beginnt das baumfreie Gelände. Zwischen Steinblöcken über-

Auf dem Seckauer Zinken, dem dritthöchsten Gipfel der Seckauer Tauern.

quert man urige Bergwiesen und gelangt zur nächsten **Gabelung** (1960 m); in Sichtweite liegt die **Goldlacke** (1958 m). Von ihr zurück zur erwähnten **Gabelung** (1960 m). Mäßig steil und in einem langen S-Bogen zum südseitigen Höhenrücken im oberen Teil der **Mitterplan** (2250 m). Denselben breiten Rücken aufwärts zum **Seckauer Zinken** (2397 m). Das Gipfelkreuz steht etwas abseits des höchsten Punktes.

Abstieg wie Anstieg.

Oder – sehr empfehlenswert – in Verbindung mit dem Übergang zum Hämmerkogel; Gehzeit zirka 45 Minuten länger als auf dem direkten Abstiegsweg.

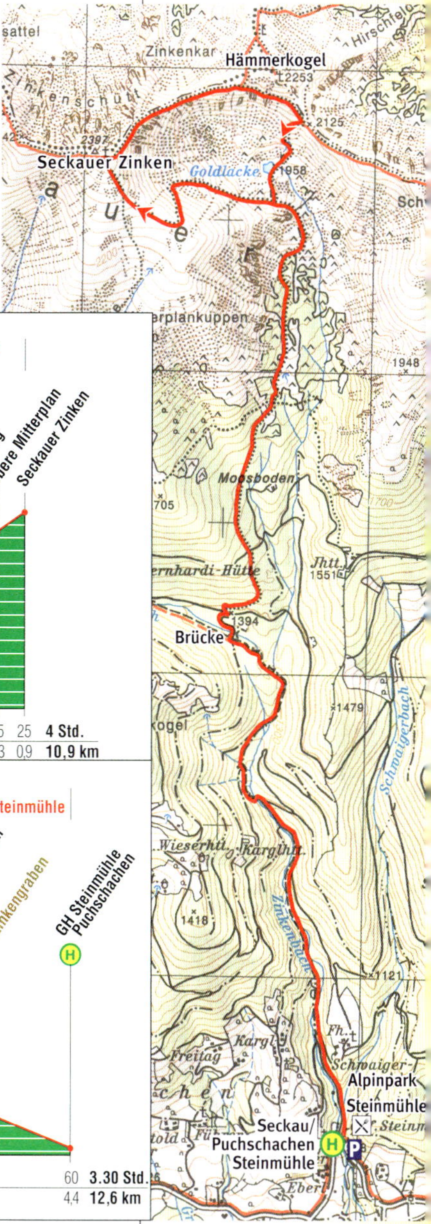

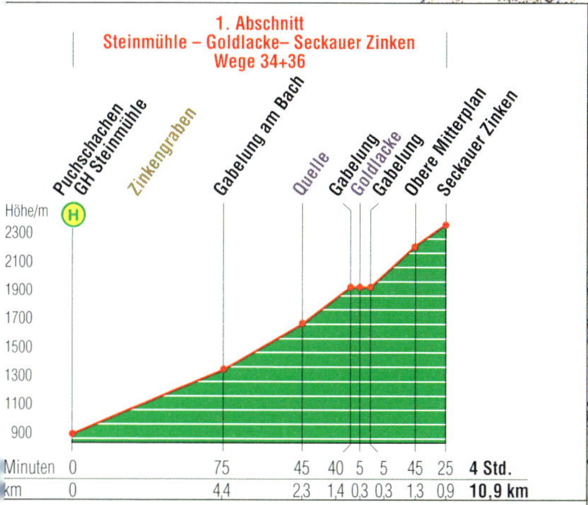

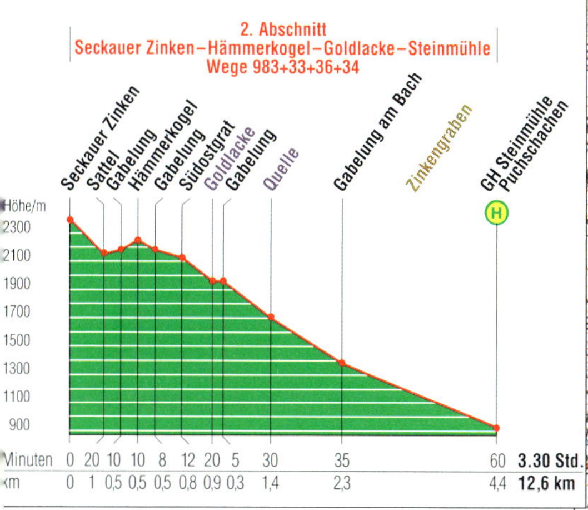

In einer Nationalpark-würdigen Landschaft: Von der Goldlacke zum Zinken.

Anfahrt

Mit dem Auto S36 Murtal-Schnellstraße; Ausfahrten Feistritz/St. Lorenzen oder Knittelfeld Ost, jeweils über Seckau;
oder Ausfahrt Knittelfeld West und durch den Hammergraben nach Puchschachen

Mit dem Regionalbus
Linie 844 Knittelfeld – Gaal, Haltestelle Steinmühle. Diese Verbindung ist eher nur lokal nützlich.

Einkehrstätten

Gasthof Steinmühle (kein Ruhetag); Gabriele Toma, Tel. 03514/54221
www.steinmuehle.at
Gaststätten in Seckau

Information/Orientierung

Fahrplan im Internet
www.busbahnbim.at
Gemeindeamt Seckau
Tel. 03524/5205
www.seckau.at
Wanderkarten
ÖK, BMN-Blatt 131 oder UTM-Blatt 4221;
FB-WK 212

Erlebnispunkt

Alpinpark Steinmühle:
Nächst des Gasthofes. Klettersteige, Kletterrouten, Flying fox. Staatlich autorisierte Bergführer betreuen die Anlage. Informationen: Berg- und Schiführer Ewald Walder, Handy 0664/4431251 oder 0664/4828174 – www.alpineerlebniswelt.at

2. Abschnitt: Seckauer Zinken – Hämmerkogel – Steinmühle

Übergang: Ab dem **Gipfelkreuz** der Wegnummer 983 folgend den nordostseitigen Gratrücken abwärts in einen **Sattel** (2150 m). Aus diesem zu einer **Gabelung** (2180 m). Von ihr linkshaltend bzw. nordseitig zum Gipfelkreuz auf dem **Hämmerkogel** (2253 m).
Abstieg: Auf dem Weg 33 zurück zur erwähnten **Gabelung** (2180 m). Nun linker Hand bzw. in der Südflanke des Hämmerkogels zur Gabelung am **Südostgrat** (2125 m). Von hier steil abwärts zur **Goldlacke** (1958 m).
Im Weiteren talwärts, auf der Route des Anstieges (Weg 36), in den **Zinkengraben** und durch diesen, dem Weg 34 folgend, zur **Steinmühle** (928 m) in Puchschachen.

Über die Weigelmoaralm nach St. Michael

96

Nur eine Bahnstation Hinfahrt – aber zu Fuß weit zurück

Diese Wegekombination ist ein idealer Ausflug im Sinne von „Wandern mit Bus und Bahn". St. Michael und Kammern liegen zwar nur eine Bahnstation voneinander erntfernt, um so mehr ist man am Nachmittag überrascht von der Dauer dieser Wanderung. Guter Orientierungssinn ist vorteilhaft, denn die Wegzeichen – sofern überhaupt vorhanden – sind eher spärlich gesetzt. Das Trostpflästerchen: Eine Besserung in der aktuellen Wegsuche-Situation wurde von den Wirtsleuten der Weigelmoaralm in Aussicht gestellt. Dank im Voraus!

1. Abschnitt • Anstieg:
Kammern – Steineck – Weigelmoaralm

Ab der **Bahnhaltestelle Kammern** (662 m; km-Marke 191,974) geht man auf dem R15 Rastland-Radweg parallel zur Bahntrasse talaufwärts. Durch eine Unterführung der A9 Pyhrnautobahn zur **Liesingbrücke** (670 m) beim Leimsgraben. Darin auf der Forststraße bergan zu einem **Bildstock** (780 m) sowie zum Wirtschaftsgebäude an der **Forstweg-Kreuzung** (846 m). Geradewegs weiter und zum **Gehöft Schöffauer vlg. Wolfger** (978 m); Brunnen, Rastplatz. Anschließend erreicht man das **Objekt Leims 16** (1050 m). Hier, nach der Linkskehre, rechts und wie-

Die Wanderstrecke

Unterschiedliche Wegzeichen
Gehzeit 6 Std.
Weglänge 22,5 km
Anstieg 700 Hm
Abstieg 725 Hm
Höchster Punkt Steineck (1297 m)
Tiefster Punkt St. Michael (596 m)

Ausgangspunkt

Bahnhaltestelle Kammern im Liesingtal (662 m)

Zielpunkt

Bahnhof St. Michael in der Obersteiermark (lt. Höhenmarke 596,417 m)

Auf der Weigelmoaralm.

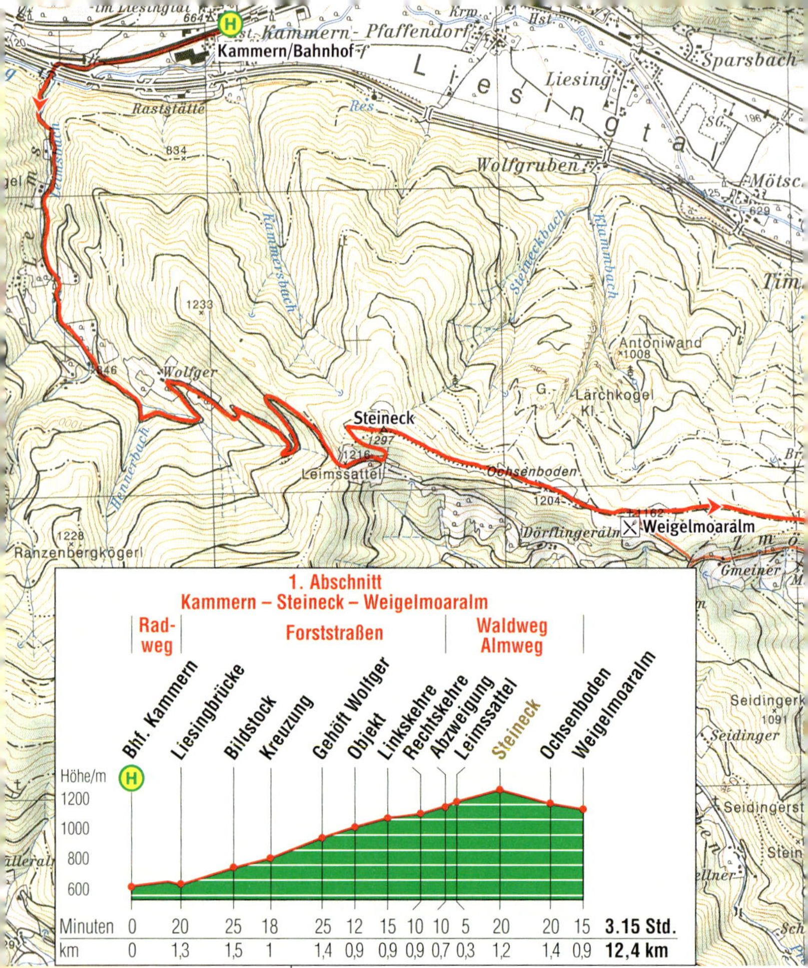

Anfahrt

Mit dem Auto A9 Pyhrnautobahn, Ausfahrt Knoten St. Michael;
Park+Ride-Platz am Bahnhof St. Michael;
umsteigen in den Zug oder in den Regionalbus
Mit dem Zug ÖBB; aus Richtung Graz über Bruck an der Mur (umsteigen), Leoben und St. Michael nach Kammern
Mit dem Regionalbus Linie 830 St. Michael – Wald am Schoberpass, Haltestelle Kammern/Bahnhof

derum auf einer Forststraße weiter. Durch eine Linkskehre (1110 m) und eine Rechtskehre (1140 m) zur **Abzweigung** (1190 m) am Waldrand: Ein Steig schlängelt sich durch Hochwald zum nahen **Leimssattel** (1216 m); Wetter-Ahornbaum mit Leckstein.
Linker Hand bzw. ostwärts auf der Forststraße bergan. Nach deren Linkskehre erstreckt sich ein Waldrücken. An dessen dürrer Seite bergan. Alsbald erreicht man einen Waldpfad; er leitet direkt zum **Gipfelkreuz** auf dem **Steineck** (1297 m); Rastbank. Auf Waldwegen bergab ins Almgebiet. Aus dem halbwegs ebenen **Ochsenboden** (1204 m), dem Fahrweg folgend, zum **Wegkreuz** auf der **Weigelmoaralm** (1171 m). Ein paar Augenblicke später steht man vor der gleichnamigen Almhütte; Rastplatz.

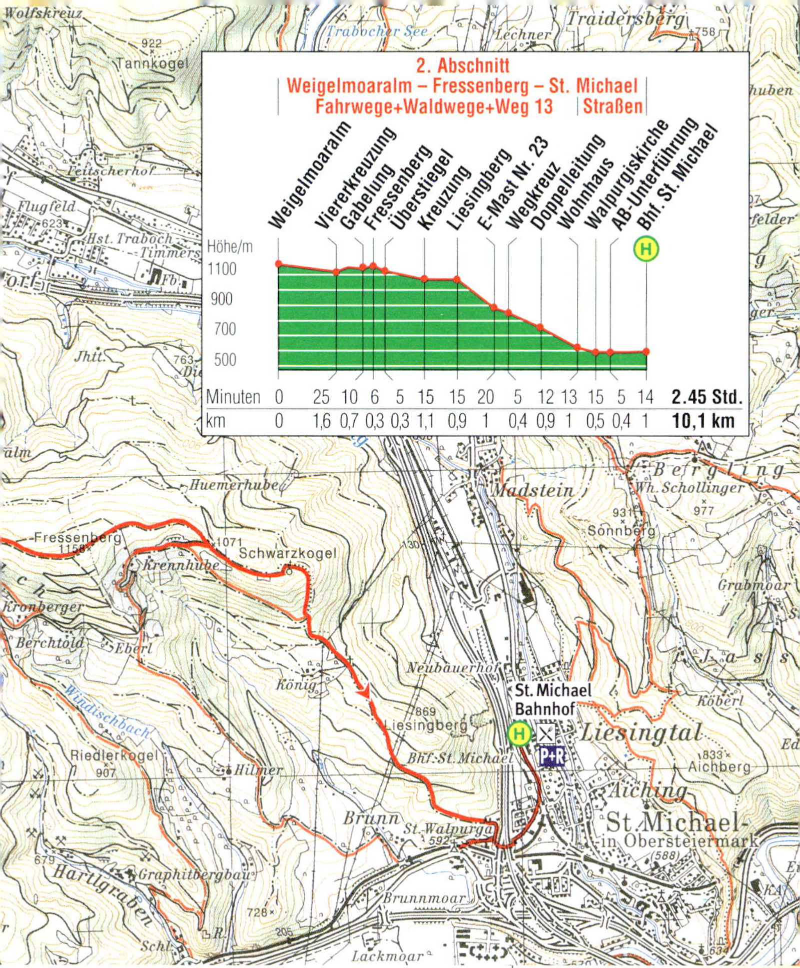

2. Abschnitt • Abstieg: Weigelmoaralm – Fressenberg – Bahnhof St. Michael

Vom oben erwähnten **Wegkreuz** auf einem Fahrweg über den hinter der Hütte liegenden Wiesengrund. Durch den gleich anschließenden Hochwald zu einem Grenzstein (522 FK). Über eine Kuppe zur sogenannten **Viererkreuzung** (1120 m); Wegweiser, Wegschranken, vier Forstwege.

Geradewegs und über eine Gegensteigung zur nächsten **Forstweg-Gabelung** (1140 m). An dieser zunächst links, jedoch nach 50 Metern rechts abzweigen: Bei zwei jungstämmigen Fichten (rote Farbmarken) in das Waldstück. Der Steig leitet über den **Fressenberg** (1158 m) und abwärts zu einer

Rückfahrt

Vom Bahnhof St. Michael

Transfer und Taxi

Firma Hofer St. Michael;
Manfred Hofer,
Tel. 03843/2450,
Handy 0664/1530323

Steirisches Kleinod der Gotik: Die Walpurgiskirche.

Straßenkuppe. Gegenüber, beim Wegtor, mit Hilfe eines **Überstiegels** (1126 m) zum weiterführenden Waldweg. Auf diesem und durch eine seichte Wegmulde zur **Kreuzung** (1071 m) vor dem Schwarzkogel. An dessen Westseite bzw. rechter Hand auf einem Fahrweg zu einem **Transformator;** Standort „Brunn/Fernsehsender". Geradewegs zur **Sendestation Liesingberg** (1070 m). An der Liesingtaler Seite folgt man einem Steig abwärts zu einem groben, steilen Fahrweg; dieser mündet in eine Schotterstraße (930 m). Von ihr zweigt man nach 50 Metern links ab: Die Farbmarken des Weges Nummer 13 leiten durch Wald zum **E-Mast Nr. 23** (880 m). In Höhe des Gehöftes König erreicht man ein **Wegkreuz** (850 m); am Wanderweg und an der Straße die zwei Zusatzschilder „Schifahren und Rodeln verboten". Durch Wald abwärts zur **Strom-Doppelleitung** (750 m) und auf Fahrwegen bergab zum talnahen Waldrand. Ab dem **Wohnhaus** Fressenberg Nr. 6 (620 m) auf Asphalt zur Walpurgisstraße. Empfehlenswerter Abstecher zur **Walpurgiskirche** (592 m). An der Walpurgisstraße zurück. Nun durch die **Autobahn-Unterführung** (595 m). Am Sportplatz St. Michael (Taxi Hofer) entlang und durch die **Eisenbahn-Unterführung** (590 m). Anschließend, linker Hand, in den Bahnweg abzweigen. Auf einem Gehweg, zwischen dem Bahngelände (km-Marke 0,2) und den Heimgärten, zum **Bahnhof St. Michael** (exakt 596,417 m).

Einkehrstätten

Weigelmoaralm (Ruhetage: Mo, Di); Mai bis Oktober; Mittwoch bis Sonntag jeweils 9–19 Uhr; Gerlinde, Handy 0664/1527758
Restaurant Purgat (Ruhetag: Di) am Bahnhofplatz in St. Michael; geöffnet Mo, Mi, Do 11–14 Uhr und ab 17 Uhr; Fr, Sa, So, Fei jeweils ab 11 Uhr; Tel. 03843/2288

Information/Orientierung

Fahrplan im Internet
www.busbahnbim.at
Verkehrsverbund-Freizeitbroschüre
Nr. 250-2 „Entlang der Schoberpass-Linie"
www.verbundlinie.at
Wanderkarten
ÖK, BMN-Blatt 132 oder UTM-Blatt 4221;
FB-WK 132

Bremstein und Wildpark Mautern

97

Ein kunterbunter Freizeit-Mix

Diese Kombination, bestehend aus einer großen Wanderung und einem Bummel durch das Erlebnisland am Elfenberg, ermöglicht, sich verschiedenen Schwerpunkten zu widmen. Auch eine Sesselbahnfahrt bergwärts und eine Sommerrodelfahrt talwärts lassen sich einfügen. Daraus entsteht ein kunterbunter Freizeit-Mix. In diesem Fall jedoch ist dem Wandern der Vorrang eingeräumt. Alle Details zum Elfenberg stehen ja im Internet.

Die Wanderstrecke

Markiert und beschildert
Gehzeit 7.30 Std.
Weglänge 22,5 km
Anstieg 1370 Hm
Abstieg 1370 Hm
Höchster Punkt Bremstein (1868 m)
Tiefster Punkt Bahnhof Mautern (692 m)

Ausgangs-/Zielpunkt

Bahnhof Mautern (692 m)

1. Abschnitt: Bahnhof Mautern – Bremstein

Am **Bahnhof Mautern** (692 m) von dessen Vorplatz zur nahen Bahnunterführung (km-Marke 186,342); durch den Personentunnel zur Liesingbrücke im Ortsteil Walch; Wegweiser. Ab dem **Bildstock** (700 m), einem Flurweg folgend, am rechten Ufer der Liesing flussaufwärts. Alsbald überquert man das Rabenbacherl und erreicht in Höhe der Bahn-km-Marke 185,561 eine Nebenstraße. Auf ihr durch eine Unterführung der A9 Pyhrnautobahn. Nun, leicht bergan, zum **Parkplatz** (710 m) der Sesselbahn am Fuß des Elfenberges.

Am Beginn des Parkplatzes weist eine Wegtafel ein: Bremstein, Weg 984. Die Straße leitet zur ehemaligen **Prüglauer Mühle** (750 m); im Jahr 1659 errich-

Im Wiesensattel unterhalb der Alpsteiger-Jagdhütte: Erster Ausblick auf den Bremstein.

Anfahrt

Mit dem Auto A9 Pyhrnautobahn, Ausfahrt Mautern; Parkplatz an der Sesselbahn-Talstation
Mit dem Zug ÖBB; aus Richtung Graz über Bruck an der Mur (umsteigen), Leoben und St. Michael nach Mautern
Mit dem Regionalbus Linie 830 St. Michael – Wald am Schoberpass, Haltestelle Mautern/Bahnhof

Einkehrstätten

Gasthaus Gramer (Ruhetage: Mo, Di) in Mautern, gegenüber dem Bahnhof; Helmut Gramer, Tel. 03845/2259
Restaurant Elfenberg an der Sesselbahn-Talstation; geöffnet an Wochenenden und Feiertagen; Tel. 03845/2268

Information/Orientierung

Elfenberg Wild- und Erlebnispark
Tel. 03845/2268
www.elfenberg.at
Fahrplan im Internet
www.busbahnbim.at
Verkehrsverbund-Freizeitbroschüre
Nr. 250-2 „Entlang der Schoberpass-Linie“
www.verbundlinie.at
Wanderkarten
ÖK, BMN-Blatt 131 oder UTM-Blatt 4220; FB-WK 212

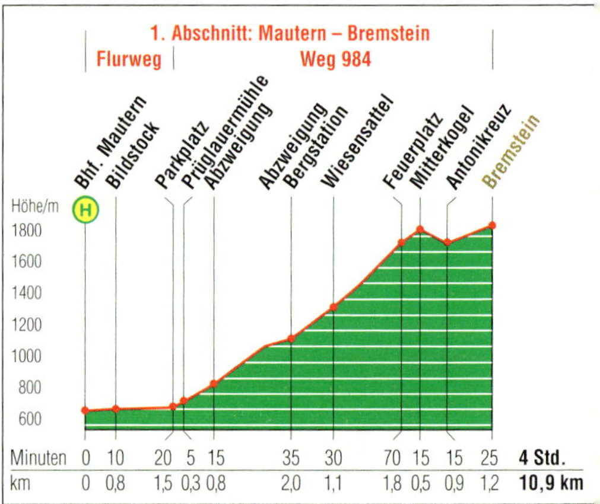

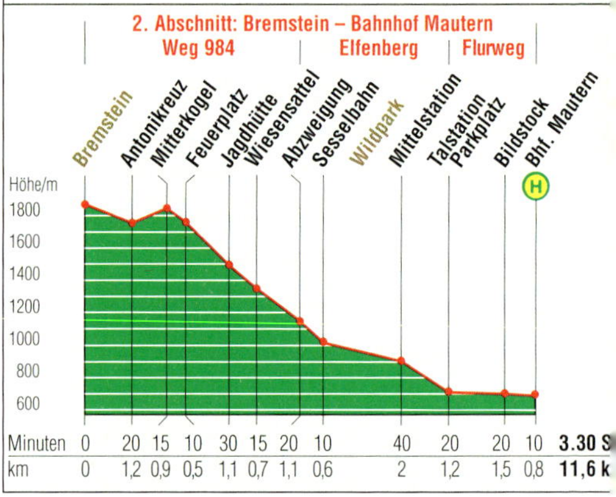

Auf dem Bremstein.

tet. Man beachtet an der nächsten **Abzweigung** (860 m) die Tafel „Bremstein 3 Std.“: Ein steiler, jedoch gut begehbarer Steig leitet durch Hochwald bergwärts. Man lässt die zur **Sesselbahn-Bergstation** weisende **Abzweigung** (1150 m) linker Hand zurück. Weiterhin durch Hochwald bergan zu einem **Wiesensattel** (1350 m); Überblick auf den Bremstein. Dem selben Weg folgend zur Alpsteiger-Jagdhütte (1488 m); Quelle. Die Hütte steht hinter dem Waldrücken. Nochmals durch Wald bergan. Die erste baumfreie Anhöhe ist ein **Feuerplatz** (1760 m). Den breiten Grasrücken aufwärts zum **Mitterkogel** (1847 m). Nordwestwärts in einen breiten Geländesattel, darin steht das schmucke **Antonikreuz** (1753 m). Inmitten kleiner Latscheninseln zum **Gipfelkreuz** auf dem **Bremstein** (1868 m).

2. Abschnitt:
Bremstein – Elfenberg – Bahnhof Mautern
Denselben Weg zurück zur **Abzweigung Bergstation** (1150 m) und von hier auf einem Waldsteig zur Sesselbahn (1017 m). Auf einem Kiesweg von **Tiergehege** zu Tiergehege abwärts. Ab der **Mittelstation** (900 m) entweder entlang der Rollerbahn bzw. Forststraße oder per Sommerrodelbahn zur **Talstation** (710 m). Ab dem **Parkplatz** dem Zugangsweg folgend zurück zum **Bahnhof Mautern** (692 m).

Erlebnispunkte

Bremstein: Informativer Gipfel; ganzjährig erreichbar. Das Gipfelkreuz wurde am 11. Jänner 1956 von der Katholischen Jugend Mautern errichtet; das jüngste Gipfelbuch wurde im November 2006 hinterlegt.

Wild- und Erlebnispark: Geöffnet Mai bis Oktober sowie – neu! – seit 2008 auch während des Winters. Über 250 Wildtiere; Greifvogelschau; im Grünland Spielgeräte für alle Altersgruppen. Ab der Mittelstation eine Sommerrodelbahn (Länge 1200 m, grüne Piste) sowie eine Rollerbahn bzw. Schlittenbahn (Länge 1600 m, Forststraße).

98 Schwarzbeeralm und Großer Schober

Tauern-Blick nach Westen: Von der Wiesenmahd zu den Gamskögeln.

Die Wanderstrecke

Markiert und beschildert
Gehzeit 5 Std.
Weglänge 13,2 km
Anstieg 1050 Hm
Abstieg 1050 Hm
Höchster Punkt Großer Schober (1895 m)
Tiefster Punkt Bahnhof Wald am Schoberpass (852 m)

Ausgangs-/Zielpunkt

Bahnhof Wald am Schoberpass (852 m)

Kundenbindung der natürlichen Art

Die Ortschaft Wald am Schoberpass ist eine maßgeschneiderte Destination für „Wandern mit Bus und Bahn". Diesen Zusammenhang erkennt man erst recht in Verbindung mit der Sonnberg-Seite: Von hier aus lässt sich die Nordostseite des Großen Schobers gut überblicken. Als dessen Schmankerl entpuppt sich die Schwarzbeeralm: Auf der Kohlbacherhütte „kast und buttert" die Sennerin nach Herzenslust; erst recht weiß die Maria mit Gästen umzugehen. Diese natürliche Art angenehmen Umganges zeitigt eine nachhaltige Kundenbindung: Die Schwarzbeeralm und der Große Schober – beide sind weithin als Ziele geschätzt – scheinen in den Tourenbüchern der Stammgäste verlässlich alljährlich auf: Die von Erwin Steinwender ganzjährig geführte Grazer „Eisenbahner-Wandergruppe" ist für diese Besucher-Treue das beste Vorbild.

Vom **Bahnhof Wald am Schoberpass** (852 m) auf dem Rad- und Fußweg entlang der Lärmschutzwand zur südlichen **Überbrückung** (850 m) der Bahnstrecke.
Hierher gelangt man ebenso aus der Ortsmitte: In Höhe der Schule ab dem Haus Nr. 47 – auf einem Kiesweg – oder, ab dem Nordic-Walking-Infopunkt, auf dem Hans-Leitner-Weg.
Am Beginn der Bahnüberbrückung weist eine Tafel ein: Großer Schober, Weg 968. An der Bergseite,

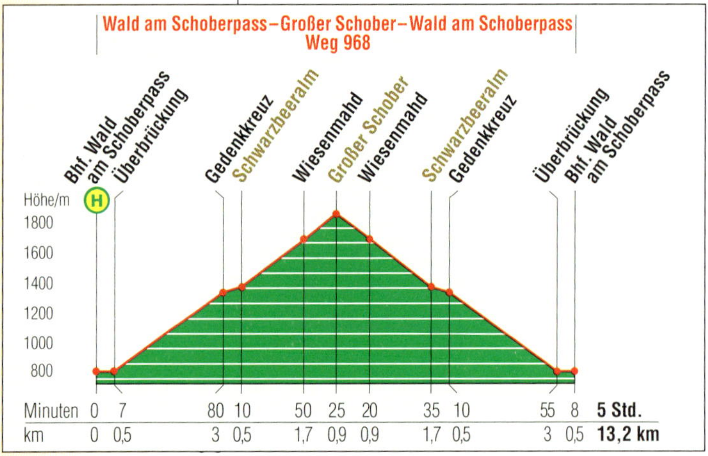

nach der Zyklopenwand, schlängelt sich der Steig durch einen Stockhang. Von hier aus lassen sich das Dorf und der Sonnberg umfassend überblicken. Anschließend steigt man eine Zeit lang durchwegs im Hochwald an. Das unmittelbar am Weg stehende **Gedenkkreuz** (1370 m) ist Franz Gruber gewidmet (geb. 3. 2. 1957, verunglückt am 17. 3. 2002 bei einer Schiabfahrt).
Nur noch ein kurzes Wegstück durch Waldgelände bergan, danach betritt man die schmuck erhalten gebliebene **Schwarzbeeralm** (1410 m). Nach der **Kohlbacherhütte** verläuft der Steig erneut im Hochwald. Nun jedoch quert man alsbald den ostseitigen Fuß des Kleinen Schobers und gelangt aus der Erlenzone in einen Sattel, genannt **Wiesenmahd** (1730 m). Von diesem prächtigen Platzerl sieht man u. a. zu den Gamskögeln in den Triebener Tauern. Den einfach begehbaren südostseitigen Bergrücken

Die Kohlbacherhütte auf der Schwarzbeeralm.

Anfahrt

Mit dem Auto A9 Pyhrnautobahn, im Süden Ausfahrt Kalwang, im Norden Ausfahrt Treglwang; P+R-Platz am Bahnhof
Mit dem Zug ÖBB; aus Richtung Graz über Bruck an der Mur (umsteigen), Leoben und St. Michael nach Wald am Schoberpass
Mit dem Regionalbus Linie 830 St. Michael – Wald am Schoberpass, Haltestelle Wald am Schoberpass/Schule

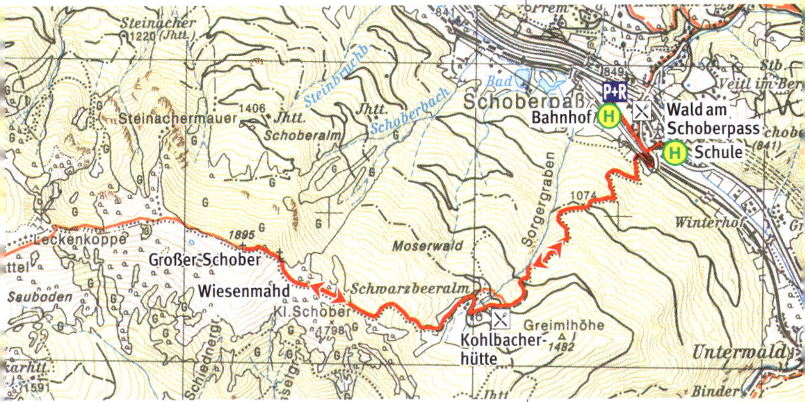

Von der Wiesenmahd zum Großen Schober.

Einkehrstätte

Kohlbacherhütte auf der Schwarzbeeralm; Almprodukte; bewirtschaftet Mitte Juni bis in die erste Septemberwoche; Sennerin Maria Kohlbacher, Handy 0676/6729594

Information/Orientierung

Fahrplan im Internet
www.busbahnbim.at
Gemeindeamt Wald am Schoberpass
Robert Rothleitner, Tel. 03834/700-23
www.schoberpass.at
Verkehrsverbund-Freizeitbroschüre
Nr. 250-2 „Entlang der Schoberpass-Linie"
www.verbundlinie.at
Wanderkarten
ÖK, BMN-Blatt 131 oder UTM-Blatt 4214 (Ost) und 4215 (West); FB-WK 062

aufwärts zu einem alten Gedenkkreuz (1790 m); es ist drei jungen Menschen gewidmet, welche am 7. März 1954 verunglückten. Ein Pfad leitet einen Rasenhang gipfelwärts. Das Kreuz auf dem **Großen Schober** (1895 m) fußt auf einem Felsblock; er dient zugleich als „Rastbank": Von diesem nunmehr höchsten Punkt überblickt man, wahrhaftig in Traumbildern, die Panoramen der Eisenerzer Alpen und Niederen Tauern.

Der **Abstieg** erfolgt auf demselben Weg zurück zur **Schwarzbeeralm** (1410 m), wo man auf der **Kohlbacherhütte** natürlich gern zukehrt. Anschließend – vielleicht gar schweren Herzens – talwärts zum **Bahnhof Wald am Schoberpass** (852 m).

Nordic-Walking-Strecken

Fünf beschilderte Strecken in der Umgebung von Wald am Schoberpass. Zentraler Ausgangspunkt in der Ortsmitte; Orientierungstafel.

Blaue Strecke: Element Wasser. Rundkurs via Melling und Veitlberg; Länge 7,62 km.

Gelbe Strecke: Element Erde. Am Sonnberg bergan; Länge 2,13 km.

Grüne Strecke: Element Holz. Rundkurs via Loipentrassen und Badesee; Länge 3,59 km.

Rote Strecke: Element Feuer. Rundkurs über die Schwarzbeeralm; Länge 7,51 km.

Schwarze Strecke: Element Metall. Am Sonnberg bergab; Länge 1,92 km.

Pilgerweg der Weltreligionen und Stein am Mandl

99

Jesus, Buddha und Halbmond in den Bergen

Das Gesamtprojekt entstand gleichermaßen ideologisch beziehungsvoll wie im Sinne von „Kunst am Berg", geprägt aus einer Idee in der Alpenvereinssektion Rottenmann: Die unter freiem Himmel stehenden Skulpturen mögen bewusst machen, dass – weltweit gültig – nur gelebte Toleranz und, erst recht, nur solcherart gelebter Frieden ein Zusammenleben der Menschen in Eintracht ermöglichen.

Das Projekt basiert auf den fünf Weltreligionen. Die Themen der Skulpturen sind so unterschiedlich wie die Inspirationen der Kunstschaffenden. Mittlerweile wurden entlang des zur Rottenmanner Hütte führenden, neu trassierten Weges acht Skulpturen platziert. Insgesamt sind bislang zwölf Kunstobjekte realisiert worden; Erich Knapp hat sie fotografiert und in eine Internet-Bildgalerie gestellt. Mit dem „Pilgerweg der Weltreligionen" haben die Initiatoren Sepp Ahornegger, Fritz Iglar, Erich

Bewacht die Rottenmanner Hütte: Sonnengott Inti.

Abschluss des Pilgerweges: Der Glohbuckensee.

Die Wanderstrecke

Markiert und beschildert
Gehzeit 3.30 Std.
Weglänge 10,6 km
Anstieg 750 Hm
Abstieg 750 Hm
Höchster Punkt Stein am Mandl (2043 m)
Tiefster Punkt Parkplatz Materialseilbahn-Talstation (1300 m)

Ausgangs-/Zielpunkt

Parkplatz Materialseilbahn-Talstation (1300 m)

Anfahrt

Mit dem Auto A9 Pyhrnautobahn, Ausfahrt Rottenmann; durch die Burgtorsiedlung und Stadtwaldsiedlung zur Materialseilbahn-Talstation; ab Stadtmitte 5 km
Mit dem Zug ÖBB; IC-Bahnhof Stadt Rottenmann

Transfer und Taxi

Mit dem Taxi zum Parkplatz an der Materialseilbahn-Talstation;
Firma Lemmerer,
Handy 0664/3459721

Zusatzstrecke

Bahnhof Stadt Rottenmann – Parkplatz Materialseilbahn: Bezeichneter Weg; Gehzeit 2 Std.; Weglänge 6,1 km; Anstieg 640 Hm

Einkehrstätte

Rottenmanner Hütte, OeAV-Sektion Rottenmann; bew. Mitte Mai bis Mitte Oktober; Handy 0664-1462923; im Winter frei zugänglicher, beheizter Unterstandsraum

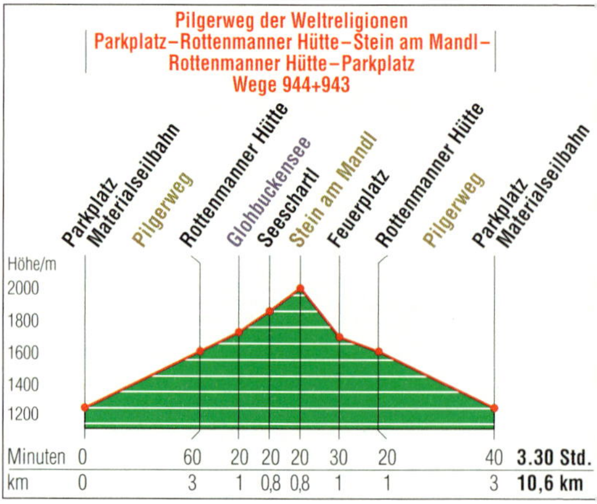

Knapp, Karl Schnuderl – allesamt Mitglieder des Oesterreichischen Alpenvereins (OeAV) – starke Zeichen auch im Sinne gelebter Ökumene in der Natur platzieren lassen. Eine Ausweitung des „Pilgerweges der Weltreligionen“ ist vorgesehen.

Es ist gut möglich, die Wanderung bereits am **Bahnhof Stadt Rottenmann** (667 m) zu beginnen: Im Personentunnel weist eine gelbe Pfeiltafel ein. Man geht stadtwärts.
Bereits in der **Burgtorsiedlung** (700 m) stimmt das *Glaskreuz* auf den Pilgerweg ein. Die grünen Scheiben symbolisieren Hoffnung. Dennoch: Zu jedem hochgesteckten Ziel ist der Weg weit.
Der eigentliche **Pilgerweg** beginnt unmittelbar am **Parkplatz** (1300 m): Die *Fünf Hände* stehen für die fünf großen Weltreligionen. Die anschließend platzierte Skulptur heißt *Taoismus 2*, die nachfolgende bezieht sich auf den *Islam*.
In einer engen Wegkurve kommt man hautnah an das *Bild des in Meditation versunkenen Menschen* heran.
Geschützt von einer Zirbe, steht *Christus* am Standplatz der ehemaligen Schutzhütte (1560 m). Diese war in den Jahren 1952 und 1953 errichtet worden. Eine Staublawine zerstörte am 30. Jänner 1982 die Hütte. Gut einhundert Meter oberhalb der Unglücksstelle wurde das Ersatzobjekt errichtet.
Im Umkreis der sozusagen neuen **Rottenmanner Hütte** (1684 m) – sie ging 1984 in Betrieb – hat *Sonnengott Inti* einen behutsam auserwählten Platz erhalten.

Rückblick und zugleich Vorfreude: Vom Feuerplatz zum Stein am Mandl.

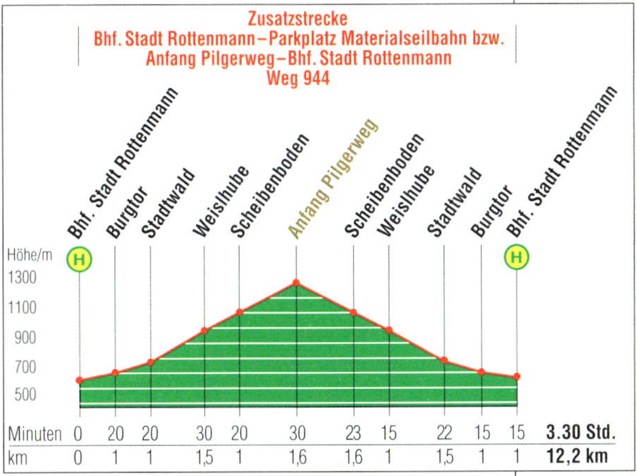

Hoch über dem Paltental bei Rottenmann: Der namengebende Gipfel-Steinmann.

Folgt man nun dem klassischen Wanderweg bergwärts, erreicht man einen in sich verflochtenen *Davidstern,* sodann einen *Buddha* und – ganz in Schwarz – den *Regengott Deng-Dit.*

Wasser ist das Symbol der Reinheit: Am **Glohbuckensee** bzw. **Globukensee** (1770 m) schließt die *Christenzirbe* diese ansehnliche Reihe von „Kunst am Berg“ ab.

Wer ein höheres Bergziel im Sinne hat, steigt an zum **Seeschartl** (1900 m). Anschließend, oberhalb eines breiten Bergwiesenrückens, steht der namengebende Steinmann zum Greifen nahe. Auf der Gipfelkuppe, genannt **Stein am Mandl** (2043 m), steht auch ein Kreuz.

Im 360-Grad-Panorama liegen das Paltental und die Gesäuseberge ebenso wie die Zweitausender der Rottenmanner Tauern und des Toten Gebirges. Schließlich – quasi als die „höchste Einladung“ unter all diesen „100 Ausflügen um Graz“ – glänzen die Firne des Dachsteins.

Abstieg: Den steilen, teilweise schrofigen Ostgrat abwärts zum **Feuerplatz** (1740 m). Von hier quert man zur **Rottenmanner Hütte** (1684 m). Auf dem Hüttenweg bzw. Pilgerweg zum **Parkplatz** (1300 m).

Eventuell auch zu Fuß – siehe das Profil „Zusatzstrecke“ – zum **Bahnhof Stadt Rottenmann** (667 m).

Information/Orientierung

Bildgalerie zum Pilgerweg
www.alpenverein.at/rottenmann

Fahrplan im Internet
www.busbahnbim.at

OeAV-Sektion Rottenmann
Obmann Karl Schnuderl,
Tel. 03614/2833,
Handy 0664/1441608
www.alpenverein.at/rottenmann

Wanderkarten
ÖK, BMN-Blätter 99 und 130 oder UTM-Blatt 4214;
FB-WK 062 oder 203

Der Himmelsweg am Dachstein

100

Spannend: Mit dem Kopf in die Gletscherspalte

Dieses Panorama bannt jedes Menschen Sinne. Die Basis, auf welcher man steht, kragt, ähnlich einem Sprungturm-Aufbau, schwindelerregend weit ins Leere. Der Rundgang wird Dachstein Sky Walk genannt; die Plattform gleicht treffenderweise einem „Balkon der Alpen". Hier muss man gewesen sein! Dieser Standort, gleich einem stilisierten Adlerhorst, bannt jeden Dachstein-Gast: Die Panoramen-Variationen sind Legende; umhaucht von einem dämmernden Morgen wie errötend in einem wortechten Alpen-Glühen. Das Pendant, in Form eines Eispalastes, liegt, oberflächlich betrachtet, nur wenige Schritte von der Bergstation entfernt. Jedoch erweitert sich derselbe Eispalast in das Innere des Hallstätter Gletschers. Im Zuge der Installation des Eispalastes – vollbracht unter Mithilfe chinesischer Künstler – wurde eine massive Gletscherspalte entdeckt. Ein Bullauge, in welches Gäste ihre Köpfe stecken sollen, ermöglicht tiefen Einblick in dieses ansehnliche Detail der Eiszone. Die Maße derselben Gletscherspalte – sie ist 40 Meter lang, 17 Meter tief und zwei Meter breit – flößen jedem Laien,

Bergfahrt

Mit der Dachstein-Gletscherbahn

Sommerbetrieb, täglich:
Erste Bergfahrt 7:50 Uhr
Letzte Talfahrt 17:10 Uhr
Winterbetrieb, täglich:
Erste Bergfahrt 8:30 Uhr
Letzte Talfahrt 16:50 Uhr

Präparierter Gletscherweg: Aus dem Schatten beim Dirndlkolk über den Hallstätter Gletscher bergwärts. Hoher Dachstein (links) und Niederer Dachstein (rechts).

Die Wanderstrecke

Präparierter Gletscherweg
Unterwegszeit zirka 2 Std.
Weglänge 4,4 km
Anstieg 150 Hm
Abstieg 150 Hm
Höchster Punkt Seethalerhütte (2741 m)
Tiefster Punkt Dirndlkolk (2640 m)

Ausgangs-/Zielpunkt

Gletscherbahn Bergstation Hunerkogel (2700 m); Höhe des Tragseiles exakt 2700,15 m; Höhe des Bahnsteiges 2687 m

Anfahrt

Mit dem Auto von Schladming, Pichl oder Weißenbach in die Ramsau; Mautstraße zur Talstation der Gletscherbahn; die Mautgebühr ist im Seilbahn-Ticket inkludiert
Mit dem Zug ÖBB; IC-Bahnhof Schladming; umsteigen in den Regionalbus
Mit dem Regionalbus Linie 960 Schladming Bahnhof – Ramsau am Dachstein – Gletscherbahn, Endhaltestelle Talstation bzw. Türlwandhütte

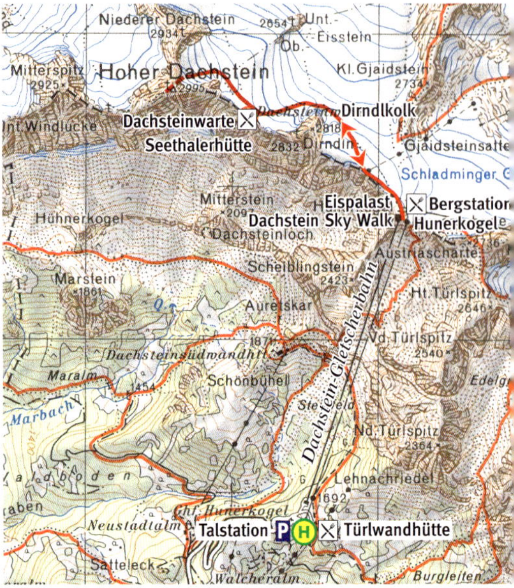

vermutlich noch mehr jedem Fachmann Respekt ein: Als ein dräuendes Loch ewiger Kälte und ebenso lang währender Finsternis. Erst im Schein künstlichen Lichtes zaubert die eisige Materie märchenhafte Effekte hervor.
Wer schließlich vom Hunerkogel auf dem grundsätzlich sorgfältig trassierten Schneepfad über den Hallstätter Gletscher zur Dachsteinwarte wandert, sollte bedenken, dass sich mitunter bereits im Randbereich, in jedem Fall nicht weit unterhalb der Schuhsohlen, ein allein von Naturkräften erschaf-

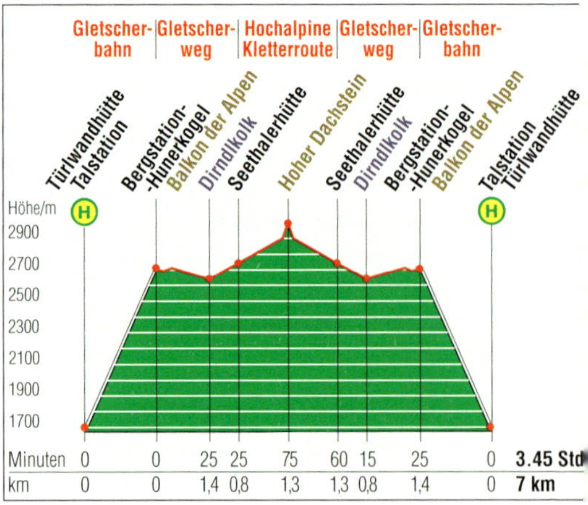

fener Eispalast – in Form von Gletscherspalten! – erstreckt. Wer von außen unfreiwillig eindringt, ist zumeist und unbarmherzig verloren. Um so bedeutungsvoller ist in dieser Höhenlage das Motto: „Beachte die hochalpinen Gefahren!"

Ab der **Bergstation** auf dem **Hunerkogel** (2700 m) benutzt man den präparierten, mit Stangen markierten Schnee- bzw. Gletscherpfad. Anfangs kurz bergan zur Bergstation des Doppelschleppliftes. Anschließend abwärts zum tiefsten Punkt am Rand vom **Dirndlkolk** (2640 m). Erneut bergan. Der deutlich ausgewalzte Pfad leitet durch das Nährgebiet des Hallstätter Gletschers und führt direkt zur **Seethalerhütte** auf der **Dachsteinwarte** (2741 m).
Falls eingeplant, von hier weiter zur Randkluft (zirka 2900 m). Entlang des **Klettersteiges** (B) zum Gipfelkreuz auf dem **Hohen Dachstein** (2995 m). **Abstieg** und **Rückweg** wie Zugang bzw. Anstieg.

Die Dachstein-Gletscherbahn
Eröffnet am 21. Juni 1969 durch Bundespräsident Franz Jonas

Technische Daten
Bahn, schräge Länge: 2174,91 m (Betriebslänge)
Bahn, waagrechte Länge: 1933,76 m
Bergstation Hunerkogel: 2700,15 m (Seilhöhe)
Betrieb: ganzjährig (ausgenommen Revisionszeiten)
Bodenabstand: max. 210 m
Fahrbetriebsmittel: 2 Kabinen
Fahrgeschwindigkeit: 6–10 m pro Sekunde
Fahrzeiten: kürzeste Dauer 6,4 Min.
Fassungsvermögen: 70 Fahrgäste + 1 Wagenbegleiter
Förderleistung pro Stunde: max. 540 Personen
Hauptantrieb, Lage: in der Bergstation
Hauptantrieb, System: Drehstrom-Asynchronmotor
Hauptantrieb, Motorenleistung: 2 x 315 kW
Höhenunterschied: 997,15 m
Neigung: max. 86 % (Durchschnitt 51,5 %)
Nennfahrgeschwindkeit: 10 m pro Sekunde
Seilbahnsystem: Einseil-Pendelbahn
Spanneinrichtungen: in der Talstation
Stützen: keine! (jedoch Abspannungen seitwärts)
Talstation Türlwandhütte: 1703 m (Seilhöhe)
Tragseile-Abstand: Talstation 23 m;
Bergstation 6,10 m
Tragseile: Anzahl 2; Nenndurchmesser 56 Millimeter

Einblick in die Südwand: Am besten von der Dachsteinwarte.

Einkehrstätten

Bergstation/Panorama-Restaurant geöffnet nur tagsüber, während der Seilbahn-Betriebszeiten; Tel. 03687/22042-820
Seethalerhütte auf der Dachsteinwarte; Juni bis Oktober durchgehend bewirtschaftet;
ab 25. Dezember Winterbetrieb, geöffnet bei Schönwetter;
Wilfried Schrempf, Handy 0664/3240640

Am Ziel der „100 Ausflüge um Graz“: Der Balkon der Alpen am Dachstein Sky Walk.

Auf den Hohen Dachstein (2995 m)
Jeden Samstag.
Route: Ab/bis Bergstation am Hunerkogel.
Anmeldungen: Alpinschule Dachstein im Haus Peter Rosegger; Fritz Walcher, Tel. 03687/81223 – www.alpinschuledachstein.at

Gletscherwanderung
Jeden Dienstag.
Route: Bergstation Hunerkogel – Landfriedtal – Guttenberghaus – Hotel Feisterer.
Anmeldungen: Bergführerbüro Ramsau, Tel. 03687/81424

Information/Orientierung

Dachstein-Gletscherbahn
Talstation,
Tel. 03687/22042-800;
Schnee- und Wetterberichte, Tel. 03687/22042-555 – Revisionszeiten beachten (Spätherbst bzw. Winterbeginn; spätes Frühjahr)
www.dachsteingletscher.at
Fahrplan im Internet
www.busbahnbim.at
Tourismusverband Ramsau am Dachstein
Kulm, Tel. 03687/81833
www.ramsau.com
Wanderkarten
Alpenvereinskarte Nr. 14;
ÖK, BMN-Blatt 127 oder UTM-Blatt 3218;
FB-WK 281

Erlebnispunkte

Balkon der Alpen/Dachstein Sky Walk: An der Seilbahn-Bergstation; Terrasse mit 360-Grad-Panorama; 1000-Meter-Tiefblick; im Gitterboden ist eine begehbare Glasplatte eingelassen.

Dachsteinwarte: Von hier aus nimmt man den besten Einblick in die Dachstein-Südwand wahr (Naturdenkmal).

Eispalast: Im Hallstätter Gletscher. Zugang: Wenige Schritte von der Seilbahn-Bergstation am Hunerkogel.

Hoher Dachstein (2995 m): Hochalpine Ausrüstung und Klettertechnik unbedingt erforderlich. Wer alpin ungeübt bzw. wer ungenügend ausgerüstet ist, wende sich zeitgerecht an eine autorisierte Institution; z. B. an die Alpinschule Dachstein oder an das Bergführerbüro Ramsau.

Sonnenaufgang-Frühstück: Bergfahrt zeitig vor Sonnenaufgang; Frühstück im Bergrestaurant, ab den ersten Sonnenstrahlen; Sonderfahrt-Termine an der Kassa bzw. Talstation.

Stichwortverzeichnis

Alle Zahlen beziehen sich auf die jeweilige Nummer der Tour